Italo Moscati

Sophia Loren

Italo Moscati

Sophia Loren

Biographie

Aus dem Italienischen
von
Maurus Pacher

Mit 76 Fotos
sowie Verzeichnissen
der Filme,
Fernsehrollen,
Preise und Auszeichnungen

Herbig

Titel der Originalausgabe
Italo Moscati: Sophia Loren – Tutto cominciò quando la madre
di una ragazza di Pozzuoli sognò di diventare Greta Garbo

Bildnachweis
Deutsches Institut für Filmkunde, Frankfurt/Main: 12, 18, 34; Filmbild Fundus Robert Fischer, München: 6, 25, 29, 40, 55, 59, 60, 62, 64, 70, 71; Filmdokumentationszentrum, Wien: 32, 38, 54, 69; Interfoto, München: 3, 10, 13, 19, 20–23, 31, 44, 52; Archiv Dr. Karkosch, Gilching bei München: 2, 4, 5, 8, 9, 11, 14, 24, 26–28, 30, 35–37, 39, 41, 43, 45, 47–51, 56–58, 61, 63, 66–68; Ullstein Bilderdienst, Berlin: 1, 7, 15–17, 33, 42, 46, 53, 65, 72–76

Schutzumschlag-Rückseite: Archiv Dr. Karkosch (3)

Der Text der deutschen Ausgabe ist gegenüber dem italienischen Original geringfügig gekürzt.

Die zitierten Filmtitel sind im Textteil kursiv gesetzt. Bei der ersten, ggf. auch bei der zweiten Nennung eines Sophia-Loren-Filmtitels wird nach dem Original- in der Regel der deutsche Verleihtitel genannt, auch wenn dieser mit dem Originaltitel identisch ist – im weiteren Verlauf bleibt es beim Originaltitel. (Diese Praxis wird auch, jedoch lockerer gehandhabt, auf andere zitierte Produktionen angewandt.) Deutsche Titel werden allerdings nur dann angegeben, wenn der Film im deutschen Sprachraum eingesetzt wurde.
Im Bildteil werden nur die in Deutschland verwendeten Verleihtitel (ggf. Doppeltitel) genannt – der Originaltitel, mit deutscher Übersetzung in Klammern, nur dann, wenn der Film im deutschen Sprachraum nicht gelaufen ist. Hier und in den Verzeichnissen des Anhangs beziehen sich die Jahreszahlen, im Gegensatz zum Textteil, auf den Kinostart bzw. die Erstausstrahlung im Fernsehen.

Umschlaggestaltung: Bernd und Christel Kaselow, München
(Foto: action press, Hamburg)
Satz: Filmsatz Schröter, München
Gesetzt aus: 11,25/13 Sabon auf Macintosh QuarkXPress
Reproduktionen: PHG-Lithos GmbH, Martinsried
Druck: Jos. C. Huber, Dießen
Binden: R. Oldenbourg, München
Printed in Germany
ISBN: 3-7766-1924-4

Die Schönheit ist nur
ein Versprechen auf das Glück.
STENDHAL

Es wird zuviel Theater
um die Schauspieler gemacht.
GUSTAF GRÜNDGENS

Inhalt

1. Kapitel

Die letzte Diva

Der selbstbewußte Gang, ein kaum angedeutetes Lächeln, das strahlende Zähne sehen läßt, das leuchtend rote Haar, das professionell gestylt dem Wind trotzt, die langen feingliedrigen Hände, die sich von Zeit zu Zeit zum Gruß an die Menschen in den Fenstern heben – vor allem aber der in vage Fernen schweifende Blick. So schreitet sie die Fifth Avenue in New York hinunter, eine schöne Frau, deren Name vor vielen Jahren aus einer Laune heraus verändert wurde und seither unentschieden zwischen Sofia und Sophia changiert.

Wir schreiben den 12. Oktober 1992. Ein halbes Jahrtausend ist vergangen, seit Christoph Kolumbus in Amerika landete. Das Fest der Fünfhundertjahrfeier verläuft feierlich, aber wie ein Volksfest unter Beteiligung der Schwarzen, Asiaten, Polen, Iren, Spanier und den Millionen all der anderen Einwanderer, die das Land den Rothäuten wegnahmen und daraus einen gewaltigen historischen Film machten, grandioser als die größten Hollywoodfilme: den amerikanischen Traum.

Sophia – die beiden Konsonanten treffen besser die neue Identität –, Sophia also schreitet die Fifth Avenue in Richtung Little Italy hinunter, in der Rolle einer Schauspielerin aus fernem Land, die Amerika erobert hat, ohne ihre eige-

nen Wurzeln zu verleugnen. Keiner, der sie so erlebt, wird vergessen, daß ihr Weg in Pozzuoli begann, einer Vorstadt von Neapel, die aus Ruinen der Römerzeit und einem Haufen Armut besteht.
Die Signora, die bis zu ihrem vierzehnten Lebensjahr spindeldürr war und danach unvermittelt zu üppiger Schönheit erblühte, beherrscht das Pflaster von Manhattan mit der Allüre der Diva und dem Geheimnis einer reifen Frau, die, wiewohl überhäuft mit Ehren, nie ihr eingewurzeltes Mißtrauen, eine kleine heimliche Beklommenheit abgelegt hat.
Wer sie elegant zu Füßen der Wolkenkratzer vorbeigehen sieht, an Modegeschäften und Restaurants mit italienischen Schildern, wird die unmerkliche Erregung nicht gewahr, die sich in Sophias schönem, etwas abgespanntem Gesicht abzeichnet. Im Taumel des Volksfestes erwartet jeder nur, daß es Pfannkuchen regnet und ihm die gebratenen Tauben in den Mund fliegen. Die Diva führt einen langen Zug an, gemeinsam mit politischer Prominenz, Persönlichkeiten, die vermutlich einen italienischen Nachnamen tragen, aber sich John, Geraldine, Perry oder Nancy nennen. Konfetti und Luftschlangen regnen herunter, die Kinder schwenken italienische und amerikanische Fähnchen, die Musikkapellen spielen »Funiculì, funicolà« oder »O' sole mio«. Und im fröhlichen Tumult kreischen die Frauen im neapolitanischen Dialekt »Sufi«, in der Hoffnung, einen Blick, eine Geste der Diva zu erhaschen.

Die Italoamerikaner kennen ihre Sophia. Sie gerieten aus dem Häuschen, als sie 1961 den Oscar als beste Hauptdarstellerin für *La ciociara/Und dennoch leben sie* bekam, und 1964 ebenso über die indirekte Ehrung als Hauptdarstellerin des Episodenfilms *Ieri, oggi e doma-*

ni/Gestern, heute und morgen, für den Vittorio De Sica als bester Regisseur ausgezeichnet wurde. Sie waren überwältigt, als Sophia 1991 den Academy Award für ihr Lebenswerk erhielt und nicht minder 1993, als Federico Fellini die goldene Statuette aus den Händen der Königin unter den Königinnen in Empfang nahm – gemäß dem nostalgischen Mythos Hollywoods, der hartnäckig den Wandel der Zeiten und die Zudringlichkeit des Fernsehens ignoriert.

Aber die Italoamerikaner wissen nicht nur über den Ruhm und die Ehrungen Bescheid, die Sophia in einem Land errang, das ihnen selbst erst nach Jahren schwieriger Anpassung die Arme öffnete. Sie haben alle ihre Filme gesehen, sie sind in ihre wenigen großen Passionen eingeweiht und in ihren Kampf um den Alleinbesitz des Produzenten Carlo Ponti mit dem Happy-End der Eheschließung. Sie fühlten mit ihr bei der Geburt der ersehnten Söhne, sie leben im Geiste in der luxuriösen kalifornischen Villa auf dem Land nicht weit von Los Angeles, wo Sophia in einem Salzsee Hummer für den Familientisch züchtet.

Vor allem aber ist die Geschichte Sophias für die Menschen in Little Italy und die Elite, die sich von hier aus Wohlstand und Ansehen erkämpft hat, ein Symbol. Ein wenig das Märchen vom Aschenputtel, das aus der Anonymität heraus den gesellschaftlichen Gipfel erreichte, ein wenig das Drama eines Menschen, der weiß, welchen Platz er einnimmt, dem aber vielleicht nicht ganz klar ist, wer er wirklich ist, oder dem es so bewußt ist, daß er lieber nicht darüber spricht. Ein wenig der Spielball der Illustrierten mit Skandalen, die keine sind, und Enthüllungen, die nur den krampfhaften Wunsch nach Enthüllungen markieren. Und ein wenig ein Album mit alten Fotos, in

dem sich blättern läßt, um den fast erloschenen Nationalstolz wieder anzufachen oder Risorgimento-Gefühle bei den Nachgeborenen zu wecken.
Aus all diesen guten Gründen ist es durchaus denkbar, daß in einem Laden in Little Italy nicht zufällig ein Bild von Sophia neben dem von Benito Mussolini hängt.
Die beiden Fotos im Schulterschluß bilden ein seltsames Paar, das verblichene und frische Vergangenheit sentimental in Beziehung setzt und verschüttete Leidenschaften freilegt. Während in einer Basilika im kanadischen Montreal die italienischen Emigranten nur den Kopf zu heben brauchen, um auf dem Mosaik in der Kuppel Mussolini zu Pferde mit gezogenem Degen zu erblicken, gibt es andere Orte auf dieser Erde, an denen die Italiener, um ihre Schollenhaftung nicht zu verlieren, ein idealisiertes Denkmal für Sophia errichtet haben. In ihren Herzen und ihren Erinnerungen ist sie eingemeißelt, die Pizzabäckerin aus dem De-Sica-Film *L'oro di Napoli/Das Gold von Neapel*. Sophia – oder der Edelstein der Italiener fern von Haus und Vaterland.

In diesem Festzug im Oktober 1992 zur Feier der Entdeckung Amerikas wird eine Fülle von Emotionen und Erinnerungen wach. Am Zug selber, oder als Fernsehkommentatoren, nehmen zahlreiche berühmte Italoamerikaner teil. Da ist Martin Scorsese, der Regisseur von *Mean Streets* und *Taxi Driver* und einer Reihe von Filmen, in denen die Realität der traditionellen italienischen Familie, die unter Kämpfen und Liebeshändeln in die Randbezirke New Yorks exportiert wurde, in ihren religiösen Obsessionen zum Vorschein kommt: im Sündenbewußtsein, den bitteren Freuden der Reue und der unumstößlichen Gewißheit der Absolution. Da ist Francis Ford Coppola, der

in seiner Produktionsfirma die gesamte Verwandtschaft untergebracht hat und in seinen drei *Pate*-Filmen über die Mafia in einem Taumel aus Verbrechen, Blut, Wein und Leidenschaft die Brücke zwischen Sizilien und Manhattan schlug. Da ist Brian De Palma, der mit seiner Vorliebe für Horror gleichsam die ambivalente Gloriole des Makabren in den amerikanischen Dschungel importiert hat, wie sie auf den Friedhöfen oder in den italienischen Klöstern beschworen wird, in denen Gebeine und Reliquien gehütet werden.
Außer diesen alten und neuen Regisseuren, die unbekümmert über ein Italien berichten, das sie häufig nur aus den Erzählungen von Familienangehörigen kennen, nehmen an der Parade auch Schauspieler wie Robert De Niro, Al Pacino, John Travolta und andere teil, Italiener der zweiten und dritten Generation, die die Sprache der Großväter und Väter vergessen haben, im Slang Brooklyns und der Bronx reden und nur noch durch den dunklen Teint, das dichte Haar, die lebhaften Bewegungen und den blitzenden Blick kenntlich sind. Große Talente, die Hollywoods angestammte, ruhmreiche Aristokratie der Blonden und Blauäugigen unterwandert und ihnen häufig den Boden unter den Füßen weggezogen haben.

Sophia kennt sie alle, jeden einzelnen dieser Kämpen eines Kinos, das den Sieg davongetragen hat. Sie ist ihnen bei festlichen Anlässen begegnet, bei denen sie die umschwärmte Attraktion war, die Verkörperung eines Volkes, das jenseits des Ozeans sein Haupt erhoben trägt. Sie haben ihr geschrieben oder sie angerufen. Sie sagten ihr immer wieder, wie sehr sie sie auf der Leinwand bewundert hätten, und wieviel sich aus Rom und Italien vererbt habe, aus Cinecittà, das viele Jahre das Hollywood

am Tiber gewesen war, und einem Kino, das über Rossellini, Visconti, Antonioni, Fellini den Realismus Scorseses und den epischen Erzählstil Coppolas beeinflußte.
Sophia weiß, daß viele ihrer Filme Fälle von anderer Art sind. Und sie weiß nur allzu gut, daß ihre Ausstrahlung und der prachtvolle Körper ihrer jungen Jahre von der Erinnerung an ein Etwas, das nicht mehr besteht, mitverschlungen wurden; und daß sie selbst, gehüllt in Gewänder von Valentino oder Armani, geglättet durch Schönheitskuren und dennoch von der Staubwolke der unerbittlich rasenden Zeit gestreift, sich immer weniger dieser zeitgemäßen Form der Traumfabrik verbunden fühlt, auf die Gefahr hin, daß sie sanft aufs Altenteil gesetzt wird. Die Italoamerikaner im heutigen Filmbetrieb, aber auch die anderen Regisseure und Produzenten in Hollywood sind nicht faul, wenn es wortgewaltig Sophia, die zeitlose Venus, zu preisen gilt, aber sobald es darum geht, ihr eine Rolle anzubieten und sie zu engagieren, treffen sie inzwischen eine andere Wahl. Offenbar gibt es in einer Zeit, in der neapolitanische Pizzas gnadenlos in Hamburger-Kettenrestaurants verkauft werden, keine guten Stoffe mehr für eine Schauspielerin, die von der seltsamen Aura einer Legende umgeben ist, in der sich Küchengerüche mit edelsten Parfüms mischen.

Sophia leidet nicht darunter. Dank ihrer Einsicht, daß sich die Welt ändert und daß eine Epoche untergegangen ist, liegt es nicht in ihrer Art, der Jugend hinterherzujagen oder der übermäßigen Erinnerung an jene nachzuhängen, die ihr Bestätigung gaben, ein Auskommen und vielleicht eine Liebe, derer sie sonst nie teilhaftig geworden wäre.
In ihrer kalifornischen Villa, nicht weit vom Sunset Boulevard, wo Gloria Swanson lebte, wird es nie einen treuen

Diener wie in dem Film von Billy Wilder geben: Erich von Stroheim, den unsterblich verliebten Ex-Ehemann, den Ex-Regisseur, der sich bis zum Tod den Angelegenheiten seines Stars weiht, der im verwilderten Park den Kadaver eines Äffchens begraben wird. Es wird nie ein gescheiterter Drehbuchautor wie William Holden das Haus betreten, der in der Diva den Wunsch nach einem Comeback weckt und den Drang, gegen das perfide »Nein« der undankbaren Produzenten zu rebellieren, die sie vergessen haben. Und selbst wenn er im »Haus der Hummer« anklopfen sollte, würde er feststellen, daß es nicht zu den Gepflogenheiten Sophias, ihres Ehemannes Carlo Ponti und der Söhne Carlo und Edoardo gehört, sich die alten Filme aus dem goldenen Zeitalter anzusehen, wie es im dunklen Vorführraum der Swanson der Brauch war: er wird keinen tragischen Kult erleben, keine narzißtische Zwanghaftigkeit, sondern eine Familie, die sich in unverkrampfter, liebevoller Einigkeit gegen die Schemen der Vergessenheit feit. Auf ihrem persönlichen Weg dem Sonnenuntergang entgegen scheint Sophia dem Bedauern über die geschwundene Jugend mit dem undurchdringlichen Ausdruck einer Sphinx zu trotzen. »Like a sphinx«, sagen die Amerikaner, die glauben, daß sie die schöne Italienerin längst als eine der ihren vereinnahmt haben.
Während der bezaubernde Ausdruck des Mädchens Sophia die Erwartung oder besser das vertrauensvolle Versprechen kommenden Glücks verhieß, signalisiert das Gesicht der Signora mit seinen härter werdenden Linien und den rastlosen Augen nun einen feinen Abstand und vielleicht sogar ein wenig Unbehaglichkeit. Das fällt bei jedem Auftreten in der Öffentlichkeit auf, auf den Standfotos ihrer letzten halbbiographischen Filme, wenn sie Werbung für gekochten Schinken macht und mit neapoli-

tanischem Charme sagt: »Rauft euch drum«, oder wenn sie als Botschafterin der UNO einem somalischen Kind einen Löffel Suppe reicht.
Worum handelt es sich? Ist es das Zeichen der Entfremdung von einer Welt, die nichts mehr zu würdigen weiß? Ausdruck einer Überlegenheit, die sich mit scheinbarer Nachgiebigkeit maskiert? Vielleicht nichts von beidem. Vielleicht geht Sophia in diesem Unbehagen einen Schritt weiter und erinnert uns an die Schräglage eines Kinos, das mit ihr immer weniger anfangen kann und sie nur noch holt, um Preise in Empfang zu nehmen oder zu überreichen. Eines Kinos, für das das ehemalige Mädchen aus Pozzuoli die »Heldin schlechthin« ist, gemäß dem Porträt, das Anthony Burgess von ihr gezeichnet hat.

Der englische Schriftsteller »kniete«, als er der Schauspielerin begegnete, »vor ihr nieder« und empfand nichts als das Bedürfnis, ihr seine gesamte Bewunderung zu Füßen zu legen. »Früher definierte ich als Heldin eine Frau, die von Sieg zu Sieg geschritten ist. Das ist nicht ausreichend. Es gibt viele Frauen, nicht unbedingt Heldinnen, die alle Hindernisse einer Kindheit in den untersten Schichten – das Manko fehlender schulischer Erziehung, die Verwüstungen eines Krieges und den Makel unehelicher Abstammung – überwunden haben und in den Genuß von Reichtum, gesellschaftlichem Prestige und breitester Wertschätzung gekommen sind. Um begreiflich zu machen, was ich meine, muß ich die alten Griechen bemühen. Im griechischen Kosmos gab es für die mit Vernunft oder vielmehr mit einer Seele begabten Geschöpfe die Rangordnung der Götter, Heroen und Menschen. Der Heros war nicht eigentlich göttlicher Natur, aber er stand weit über der Menschheit. Die Menschheit konnte in ihrem

Unwissen einen Heros für einen Gott halten, indem sie in ihm göttliche Qualitäten zu erkennen glaubte, die in Wirklichkeit zur Potenz erhobene menschliche Qualitäten waren. Und – was zu beweisen war – die Loren ist nicht eine Göttin, sondern eine zur Potenz erhobene Frau. Ihr heroisches Wesen läßt sich als eruptive Kraft definieren, die von einem Wissen um die Hinfälligkeit gezügelt wird, das der Hoffnung trotzdem Raum läßt.« Burgess schrieb diese Zeilen 1984 zum Anlaß des fünfzigsten Geburtstags der Schauspielerin und fällte damit ein Urteil, in dem sich auch die finden können, die tiefer mit Sophias Leben vertraut sind.

Alberto Moravia bat sie, ihm einen Traum zu erzählen. Sie kam seinem Wunsch nach. »Ich träume, daß ich an einem Strand bin. Es ist Sonnenuntergang, das Meer ist eine unbewegliche glatte Fläche, wie unendliche blaue Atlasseide. Die Sonne ist rot wie Feuer und versinkt. Plötzlich renne ich über den Strand und renne, renne, renne. Und während ich immer weiterrenne, wache ich auf.« Nachdem Moravia ihr zugehört hatte, sagte er ihr: »Wollen wir diesen Traum einmal nicht freudianisch interpretieren, und auch nicht nach der neuesten Mode, sondern in der Art, in der die chaldäischen Magier die Träume Nebukadnezars in der Bibel deuteten? Das Meer ist die Normalität, die Sie anstreben. Die rote Sonne ist Ihr künstlerischer Erfolg. Sie könnten stehenbleiben und die ruhige Wasserfläche betrachten, aber statt dessen wollen Sie die Sonne des künstlerischen Erfolgs einholen. Sie wissen doch, was mit denen geschieht, die die Sonne erreichen wollen? Ich werde es Ihnen sagen. Sie gehen einen weiten Weg, gleichsam ohne etwas wahrzunehmen, denn die Sonne, obwohl sie so unendlich weit weg ist, spendet ihnen Trost und Licht auf ihrem Wettlauf mit sich selbst.«

Das Kino war für Sophia immer diese Sonne und wird es bleiben. Sie hat das Rennen nicht aufgegeben.

Sophia Loren ist eine der letzten Diven, die wegen ihres Alters und des gefräßigen sogenannten Fortschritts des Kinos den Jüngeren Platz gemacht haben. In ihrem Leben fehlen die spektakulären Schicksalsschläge, wie sie einer Marilyn Monroe zustießen und so vielen anderen Stars, die mehr oder weniger tragisch in den Kulissen verschwanden. Damit soll aber nicht gesagt sein, daß es sensationeller Ereignisse bedarf, um dem Aufstieg einer Schauspielerin das nötige Volumen zu geben. Für große Kabalen genügen auch Kleinigkeiten.
Sophia Loren hat eine Geschichte mit all den Elementen zu bieten, die sie zum Exempel machen. Sechzig Jahre, die vom Italien des Faschismus und des Krieges über die Nachkriegszeit bis in die Krise unseres Heute reichen. Sechzig Jahre, deren größter Teil im Dienst des Kinos und der leidenschaftlichen Verteidigung ihres Privatlebens standen. Ein Dasein, voll von Überraschungen, bestimmt von dem unbändigen Willen, so weit zu kommen, daß sich die »Vergangenheit, die nicht vorüber ist«, die tiefen Verwundungen der Kindheit auf die leichte Schulter nehmen ließen. Sophia Loren verkörpert ein versunkenes Italien, jenes mediterrane, das nur Sonne und Erde war, und gleichzeitig ein Italien, das auf der Suche nach einer anderen Identität ist. Sie weist janusköpfig in beide Richtungen. Die üppigen Formen der Jugend haben sich natürlicherweise verändert. Die Sprachkadenz hat die ursprünglichen Farben verloren und eine spröde Glasur gewonnen. Ihre Berühmtheit hat die neapolitanischen Viertel um die Fifth Avenue und in Los Angeles miteinander verschmolzen. Doch die Welt, die sie außerhalb ihres Burgfriedens

umgibt, hat mehr von diplomatischer Etikette als vom lärmenden Trubel, wie er einst in Cinecittà herrschte.
Sophia Loren – und das macht sie so signifikant – ist die Zeugin immerwährenden Übergangs, aber gleichzeitig eines Endes: des Endes des Divakults. Wo sind die Starlets geblieben, die sich vor den Studios von Hollywood oder Cinecittà in einer endlosen Parade der Schönheit drängten? Statt ihrer erhoffen sich Millionen Mädchen einen Platz auf den Laufstegen der Mode. Verschwunden sind die Schauspielerinnen, die mit Eselinnengeduld auf ein Röllchen in einem Film hofften, die alles taten, um einem Produzenten aufzufallen, und davon träumten, daß die Protagonistin krank würde, um ihre große Chance zu bekommen. An ihre Stelle sind Tausende austauschbare junge Mädchen getreten, die sich mit Mini-Auftritten auf dem Bildschirm zufrieden geben.
Im Kino sind die Diven anders als früher, selbst was die jüngere Vergangenheit betrifft. Die neuen Idole sind das Produkt von Verwandlungskünsten, die erheblich radikaler sind als die Methoden, mit denen früher in den Laboratorien der falschen Vorspiegelungen manipuliert wurde. Wenn früher Rita Hayworth der Haaransatz ausgezupft wurde, um die Stirn höher erscheinen zu lassen, so treten heute ganze Silikongebirge die Reise aus den Schönheitskliniken zum Set an, Hunderte Chirurgenmesser schnitzen Profile oder ganze Gesichter zurecht, und immer zahlreichere Mephistos verheißen Schönheit und ewige Jugend. Die Fabrik der Träume und Illusionen, das Kino, ist zu einer unermüdlichen Schmiede verkommen, die ihre *special effects* den Schauspielerinnen auf und in den Leib bosselt.

In diesem Buch geht es um Sophia, aber es geht auch um ihre Mutter Romilda, den abgesprungenen Vater Riccardo, die zwanziger und dreißiger Jahre, den Krieg, die Wandlungen der Rolle der Frau, die Ansprüche und Anmaßungen der Männer, die ursprüngliche Familie, Pozzuoli, Neapel und die Sehnsucht der kleinen Sofia, eine »bella giornata« ohne Ende zu erleben. Sophia Loren begleitet uns gleichsam auf dem Weg, auf dem sich die italienische Gesellschaft nach wie vor bewegt, ohne recht zu wissen, wie und wo das Ziel zu erreichen ist. Es geht um ihre Filme und ihre Rollen, aber vor allem um sie selbst in den Wechselfällen eines Kinos, das manchmal die Wirklichkeit vorwegnimmt und sie manchmal nur kopiert. Es geht um Ereignisse und um die Menschen, die sie durchmachten. Zwei Filmstreifen, die parallel ablaufen und sich zuweilen überschneiden. Sophia gibt einen einzigartigen Film ab, eine *Comédie humaine*, in der sie die Hauptdarstellerin ist. Zuweilen, ohne sich dessen bewußt zu sein.

Alles begann an einem Vormittag in Cinecittà.

2. Kapitel

Quo vadis?

In Cinecittà stieg die Sonne der fünfziger Jahre auf und wärmte die Hoffnungen der Nachkriegszeit. Die Amerikaner waren gekommen, um einen Kolossalfilm mit Robert Taylor, Deborah Kerr und Peter Ustinov zu produzieren, den ersten in einer langen Reihe, nach dem populären Roman »Quo vadis« von Hendryk Sienkiewicz. Der Titel nimmt auf die Legende des Apostels Petrus Bezug, dem auf seiner Flucht aus Rom vor Neros Verfolgungen der Erlöser erscheint und ihm auf die Frage: »Wohin gehst du?« antwortet: Nach Rom, um sich aufs Neue kreuzigen zu lassen, weil ihn nun auch seine Getreuen verließen.

Als der Regisseur Mervyn LeRoy Komparsen aussuchte, fiel sein Blick auch auf Sofia Scicolone, damals noch nicht Sophia Loren, die in Begleitung ihrer Mutter Romilda Villani gekommen war, und ließ sie beide für 45 000 Lire engagieren. Für die Zukunft Sophias bekam der Titel des Films schicksalhafte Bedeutung. Sie wußte, wo sie anfangen mußte, aber sie wußte nicht, wo sie ankommen würde.

Cinecittà hatte 1947 mit *Cuore* von Duilio Coletti und Vittorio De Sica als Hauptdarsteller den Betrieb mühselig wiederaufgenommen. Die Studios trugen noch immer die Spuren der Bombardements und Plünderungen, der Evakuierten und der deutschen Truppen, die die letzteren wieder vertrieben und die Studios in Kasernen umfunktioniert hatten. Die Deutschen hatten die gesamten Filmapparaturen konfisziert und sie nach Deutschland abtransportiert. Luigi Freddi, Mussolinis Vertrauensmann für den Film und Präsident von Cinecittà, war es gelungen, in Verona elf Eisenbahnwaggons zu stoppen und sie nach Venedig umzudirigieren, wo das »Cinevillaggio« gegründet wurde, ein blasses Surrogat von Cinecittà mit kümmerlichem Produktionsvolumen: von den zehn Filmen, die projektiert waren, wurde nur die Hälfte hergestellt, bis das Ende der Republik von Salò und des Faschismus auch diesem Spuk ein Ende machte.

Die Kriegsjahre waren für Sofias Familie wie für die übrigen Millionen Italiener bittere Hungerjahre gewesen. Aber nicht weniger schwierig hatten sich für das Mädchen aus Pozzuoli die Jahre davor angelassen. Nach der Eroberung Äthiopiens 1936 war Italien eine Großmacht geworden, das Land träumte, und das Kino half ihm beim Träumen. Sofias Mutter Romilda hatte einen Wettbewerb gewonnen, in dem die perfekte Doppelgängerin von Greta Garbo gesucht wurde, und hätte danach eigentlich ihr Glück in Hollywood versuchen müssen. Sie spielte in Rom in einem kleinen Film und begegnete anschließend einem Mann, Riccardo Scicolone, der allem Anschein nach vor diesem so unitalienischen, so wenig häuslichen Traum zurückschreckte und die potentielle neue Greta deshalb nicht zu seiner Frau machte, dafür allerdings zur Mutter zweier Töchter.

Für Romilda war Hollywood das verheißene Land gewesen, das sie verloren hatte. Nun war es in *Quo vadis* wieder zum Greifen nahe. Hollywood schleifte nach dem gewonnenen Krieg alle Barrieren, die ihm der Faschismus, der ein nationales oder vielmehr nationalistisches Kino schaffen wollte, in den Weg gelegt hatte - von der Blockade amerikanischer Filme bis zu einem massiven Protektionismus, dem in Allianz mit dem Nazifilm ein mächtiges europäisches Hollywood vorgeschwebt hatte.
Der italienische Film hatte die Agonie von Cinecittà überlebt – dank Regisseuren wie Roberto Rossellini, Giuseppe De Santis, Vittorio De Sica und Luchino Visconti. Hinter diesem Autorenkino unter dem Zeichen des Neorealismo, das mit wenig Mitteln auskam und mehr der Eigeninitiative der Regisseure als den italienischen Produzenten zu danken war, zogen allerdings die amerikanischen Emissäre die Fäden, angetrieben von Admiral Stone, der unmittelbar nach Kriegsende die Abschaffung des »sogenannten italienischen Kinos, das die Faschisten erfunden haben« forderte und arrogant noch eins draufsetzte: »Italien ist ein Agrarland, wozu hat es eine Filmindustrie nötig?«
Die italienische Regierung versuchte im Mai 1947, diesen Pressionen schwachen Widerstand entgegenzusetzen, und erließ ein Gesetz, das einerseits zwar den obligatorischen Einsatz italienischer Filme in den Kinos garantierte, andererseits aber das Einfrieren eines Prozentsatzes der Einnahmen importierter Filme sanktionierte. Es handelte sich um die sogenannten »blockierten Fonds«, die die Amerikaner dazu veranlaßten, ihre Filme – beginnend mit *Quo vadis* – in Italien zu drehen und damit nun wirklich die Basis für das Hollywood am Tiber zu legen. Nachdem sie sich 1943 nach der Landung auf Sizilien für den Vormarsch der Hilfe mächtiger Mafia-Paten versichert hat-

ten, konnten sie nun im Frieden ihre einträglichen Zelluloid-Armeen einsetzen.

Sofia wußte von all dem nichts. Sie wußte auch nichts von der Einrichtung, die in Amerika »casting couch« genannt wird, dem Tribut, den so gut wie alle hoffnungsvollen künftigen Filmschauspielerinnen auf dem Sofa des Produzenten zu entrichten hatten. Das Sofa hatte auch im Italien des Faschismus »funktioniert«, vergeblich vom Schleier der Heuchelei verhüllt, doch hatten weniger die Produzenten als vielmehr die Parteibonzen ihren Nutzen daraus gezogen. Welcher Regisseur oder Produzent hätte auch nein sagen können, wenn sie ihm ihre Protegés andienten?
Die Invasion der Amerikaner in Rom rückte die Dinge wieder zurecht. Zumindest in dem Sinn, daß wieder die Produzenten und Finanziers der Filme das Sagen hatten und es kein Bonzengeklüngel mehr gab. Nun trabten Tausende Opferlämmchen vor dem neuen Typ des italienischen Produzenten an, der davon träumte, ein Darryl F. Zanuck, ein David O. Selznick, ein Howard Hughes zu sein, mit anderen Worten ein Big Boss: skrupellos, aggressiv, mit allen Wassern gewaschen, ein Mann der Masken, aber nicht unbedingt betucht. Die Spezialität vieler angeberischer Produzenten in Cinecittà war es, sich mit Geld zu brüsten, das sie häufig nicht hatten, oder zumindest nicht in ausreichendem Maße, wobei sie so weit gingen, sich selbst den wahren Kassenstand zu verheimlichen, um dynamischer »neues« Geld aufzutreiben.

Cinecittà war ein Blendwerk, aber auch eine Falle für die weniger aufgeweckten, zu sehr mit Skrupeln behafteten Mädchen. Auf den baumbestandenen Straßen des Filmgeländes konnten sie Typen begegnen wie jenem, den Walter Chiari 1951 in *Bellissima* von Visconti verkörperte, jederzeit verfügbaren Missetätern, die überall ein gutes Wort und blauen Dunst verkaufen konnten. Allzu viele Mädchen waren bereit anzubeißen, um sich in einer Zeit, in der das Nachkriegselend noch nicht vom Wunder des Wiederaufbaus hinweggefegt worden war, ihr Geld zu verdienen und den Vorstädten oder der Provinz zu entfliehen.

Das Kino war trotz der Meinung von Admiral Stone eine Industrie im Werden, ein Gewerbe auf hohem Niveau, das eine kleine, aber lebhafte Völkerwanderung im Land verursachte. Alle hatten diese Sehnsucht, von der urwüchsigen Landbevölkerung der Ciociaria bis zu den lustlosen, aber ehrgeizigen Studenten in den Städten des Nordens, von den Leserinnen der Fotoromane bis zu den Tänzerinnen und Komikern des Varietés, die des Hürdenlaufs von einem Theater zum anderen müde waren.

Sofia war ein Fall von anderer Art, dank dem Einfluß einer Mutter, die der Kunst, die ihr eine so brennende Niederlage bereitet hatte, auf romantische Weise verfallen geblieben war. Sie verschmähte die Rolle eines Engels am Herd, einer vorbildlichen Ehefrau und Mutter, auch wenn diese Sehnsucht in ihr steckte. Vor allem wollte sie sich nicht auf die Rolle eines einfach zu kriegenden Beutetiers reduzieren lassen, sondern eine wirkliche Protagonistin werden. In den fünfziger Jahren, stellt Gian Piero Brunetta fest, bewegt sich die Frau im Film couragierter »im gesellschaftlichen Dschungel und geht manchmal zum Angriff über, indem sie die Rolle der Jägerin übernimmt und ihre weiblichen Waffen einsetzt, zum einen die einer überlegenen Physis, zum anderen, falls sie die Chance dazu be-

kommt, die ihrer intellektuellen Qualitäten«: »Die Protagonistinnen der Filme begreifen, wo ihre größten Chancen liegen, aber häufig berufen sie sich nicht selbst darauf, sondern es sind die Männer, denen das Problem bewußt wird. In *La fortuna di essere donna / Wie herrlich, eine Frau zu sein* erklärt Mastroianni Sophia Loren mit einem kleinen und aufrichtigen Anflug von Neid: ›Hätte ich nur das Glück, das du hast. Das Glück, eine Frau zu sein.‹«
Mastroianni gab diese Pointe 1956 zum besten. In den fünf Jahren seit *Quo vadis* hatte Sophia bereits vierunddreißig Filme gedreht, ganz abgesehen von zahlreichen Fotoromanen, in denen sie mitwirkte. Ein stürmischer Aufstieg, immer innerhalb des populären Bereichs, der ihr ungeniert die Möglichkeit bot, die Richtung zu wechseln, mit den Hüften zu wogen, die Stirn zu runzeln, auf Stichwort jeden Anflug von Ängstlichkeit in den Augen zu verlieren – in allen Filmgenres von der pointierten Komödie bis zum Melodram, vom historischen Schinken bis zur Klamotte.

Kurz bevor sie in *Quo vadis* einem Triumphzug zujubelte, saß sie in *Cuori sul mare*, einem Film, der in Neapel gedreht wurde, als Komparsin an einem Tisch, gleich danach ist sie die Tänzerin, die in *Luci del varietà / Lichter des Varieté* von Lattuada/Fellini die Treppe herunterschreitet; eine Frau aus dem Volk beim Fest von Piedigrotta; eine Unschuld, die von Blaubart geraubt wird – für diesen Film ändert sie ihren Nachnamen in Lazzaro; ein Mädchen aus dem Tototarzan-Verein um den Komiker Totò; die Sekretärin eines Diktators; ein Buffetfräulein; ein Mannequin im Brautkleid; eine barmherzige Schwester in einer zweideutigen Pension.

Es waren alles in allem Rollen und Filme, die in der Geschichte des Kinos keine Spuren hinterlassen haben, die aber von den Zuschauern einer nach dem anderen in vollgepfropften und verrauchten Kinos konsumiert wurden, so wie sich auch die Zeitschriften mit den Fotoromanen zu Millionen verkauften, in denen es das Mädchen aus Pozzuoli ebenfalls rasch zu großer Beliebtheit brachte. Sie trugen Titel wie *Ich kann dich nicht lieben*, *Prinzessin im Exil*, *Der Garten Allahs*, *Gefangene eines Traums*, *Eine anbetungswürdige Nervensäge* und boten Sofia die gehaltvollen »Rollen« faszinierend exotischer Frauen, die aus fernen Ländern kamen. Die Leserinnen verschlangen diese Schicksale im Fieber einer unerfüllbaren Identifizierung.

Das Fernsehen, das 1954 vorsichtig mit ersten Sendungen begann, steckte noch in den Kinderschuhen. Das Radio versorgte die Hausfrauen und die Bewohner entlegener Dörfer mit wenig Information, um so mehr Schlagern, Parallelschaltungen in die Krankenhäuser, Unterhaltungsprogrammen mit dem Quartetto Cetra und Sportreportagen. Um sich zu amüsieren, gingen die Italiener am liebsten in den Lunapark. Diese lärmend lauten Spielzeug-Paradiese, die sich auch in der Diktatur gehalten hatten, vereinten das Bedürfnis nach Novitäten mit dem zähen Festkleben an der Vergangenheit. »Die Mädchen in den Schießbuden«, dokumentiert Gian Franco Vené, »waren ansehnlich, aufreizend, tief dekolletiert und lockten die Kundschaft mit Pfiffen an. Sie saßen mit ins Haar geflochtenen Bändern und nackten Knien auf der Kante ihrer Bude. Es genügte hinzuschauen, und sie sagten: ›Auch mal schießen, mein Herr?‹ Sie legten die Zigarette mit den Spuren von dunkelrotem Lippenstift ab und reichten einem ein Spielzeuggewehr, ein Gewehr mit Stöpsel ... Nicht weit davon hielt ein Verbotsschild die Minderjährigen von den ›Pariser Nächten‹ fern: Wer sich traute – und es waren nicht allzu viele –, konnte seinen Kopf in einen mit weiblichen Figuren bemalten Kasten stecken und seine Augen gegen einen erleuchteten Spalt drücken, hinter dem eine Laterna magica, von einer ruckenden Handkurbel betrieben, Bilder von Frauen mit entblößten Brüsten projizierte.«

Im Lunapark des Kinos hatte Sofia die Funktion des Schießbudenmädchens, ohne »Auch mal schießen, mein Herr?« säuseln zu müssen. Inzwischen nannte sie sich Sofia Lazzaro, und das Volk eilte herbei, um sie in den Gewändern der Leonora di Guzman in *La favorita* zu sehen, einem Film nach der gleichnamigen Oper von Gaetano Donizetti, oder in der Verfilmung von Verdis *Aida*, in der ihr Renata Tebaldi die Stimme lieh. Es waren die Jahre, in denen das Mädchen aus Pozzuoli nur die Lippen bewegte und die Sätze von befähigten Synchronsprecherinnen kamen. Der Unterricht von Pietro Serpo und Pietro Sharoff, ihren ersten geduldigen Sprachlehrern, zeitigte nur sehr langsam Erfolge. Doch niemand störte sich daran. Wen interessierte schon die Stimme, wenn es so unerhört viel zu sehen gab? Das war mehr als ausreichend.
Sie drängten sich, um sich an ihr – als ob sie sich in der Bude »Pariser Nächte« materialisiert hätte – in einem Film wie *Africa sotto i mari/Weiße Frau in Afrika* zu erfreuen. Sofia konnte nicht schwimmen. Sie wurde ins Wasser geworfen und ertrank nicht, sondern wurde zur italienischen Esther Williams und änderte – diesmal endgültig – ihren Vor- und Nachnamen. Mit diesem Streifen, der am Persischen Golf gedreht wurde, verwandelte sich Sofia in Sophia, und der Künstlername Lazzaro wurde ein für allemal zu Loren.
Das Publikum erlebte die umgetaufte Loren in *Due notti con Cleopatra/Zwei Nächte mit Kleopatra,* in der sie in

der Doppelrolle der Königin und ihrer Sklavin Alberto Sordi um den Finger wickelte. Es folgte ihr geblendet in *Miseria e nobiltà/Arme Leute, reiche Leute* an der Seite von Totò; und in *Carosello napoletano/Karussell Neapel* im Gedränge zahlloser Schauspieler, die der Stadt am Vesuv ihre Reverenz erwiesen, vereint in einem Ballett aus Farben und Musik.

Die wichtigste Etappe war der Episodenfilm *L'oro di Napoli/Das Gold von Neapel*, wo sich Sophia ganz als sie selbst geben konnte, in einer der Rollen, die sie unvergeßlich machten: als Pizzabäckerin. Giuseppe Marotta, von dessen Geschichten sich Vittorio De Sica für diesen Film inspirieren ließ, überschlug sich vor Enthusiasmus: »Eines Tages erwachte Neapel wieder zum Leben. Der Vesuv hielt den Rauch an, die Inseln erbebten sehnsüchtig im Morgennebel; es erstaunten der Himmel aus Seide und das Gewirr der grünen Gärten des Posillipo; es lächelten die Wasser von Santa Lucia, und auf der Brust der Straßenjungen auf den Klippen der Via Caracciolo klingelten unsichtbare Medaillen; in den Suppenschüsseln der ›Zì Teresa‹ und der ›Bersagliera‹ loderten die roten Flecken der Hummer auf, als ob sie vom Nordwestwind angefacht worden wären; in ihren Gäßchen und auf ihren kleinen Plätzen, in ihren Tuchläden und ihren Schenken, in ihren tausend Bratstuben und den unzähligen mit Zitronen geschmückten Kiosken, überall klang die Stadt vom stummen, überschwappenden, nicht zu unterdrückenden ›Evviva‹ wider.«
Marottas dichterische Prosa rechtfertigt sich nur aus der Genugtuung eines Schriftstellers, der kaum an das Wunder glauben kann, daß eine Schauspielerin eine seiner Gestalten so bewegend zum Leben zu erwecken vermag. Marotta spürte, daß hinter einer einfachen, mehlbestaubten

weißen Schürze, unter den Hemdspitzen, die den Hals freizügig wie eine Blumenkrone umgaben, aufsteigend von den schneeweißen, wie gedrechselten Armen, sich ein Körper entfaltete, der das Italien der Heuchelei und der sauertöpfischen Moral in die Schranken forderte, Millionen Unbekannter, die nach Fröhlichkeit und Leben hungerten, in Ekstase versetzte und die Keuschheitsapostel maßlos irritierte, allen voran das Centro Cattolico Cinematografico (CCC), das halsstarrig jeden Film seinem strengen Urteil unterwarf. Über diese zweite Episode mit dem Titel »Pizza auf Kredit« befand der Verfasser der Beurteilung in düsterer Wortwahl: »Sie ist verwerflich: während den negativen Elementen (ein Ehebruch), aus denen sie aufgebaut ist – wiewohl nicht im Einklang mit der Moral – mildernde Umstände auf Grund der Tatsache zuzubilligen sind, daß sie in ein Lokalkolorit getaucht sind, das die negative Tragweite dämpft, ist die ständige Zurschaustellung der Hauptdarstellerin von sinnlicher Eindringlichkeit und gebietet deshalb eine negative Klassifizierung. Vom Besuch wird abgeraten.«

Vorher waren schon andere Filme mit Sophia dem Verdammungsurteil des CCC zum Opfer gefallen. *Africa sotto i mari*, das zahlreiche Szenen enthielt, in denen die Hauptdarstellerin ziemlich hochgeschürzt erschien, war ausschließlich für Erwachsene freigegeben. *Due notti con Cleopatra* war als ungebührlicher Stoff eingestuft, voller provokanter Kostüme und Gebärden, mit seichten Dialogen, in denen es von Zweideutigkeiten wimmelte, weshalb der Film auch für Erwachsene verfemt war. *La fortuna di essere donna* verdiente sich dasselbe Prädikat wegen der allzu laxen Einstellung, die die Hauptdarstellerin in diversen Szenen an den Tag legte. Sophia, der Teufel.

3. Kapitel

Das Italien des Teufels

Der Teufel? Eine Vision, die ich als kleines Mädchen hatte, wenn ich mich im Dunkeln fürchtete. In Neapel sind die Heiligen und die Geister in jeder Familie Kind im Haus. Manche sehen die Madonna und manche den Teufel. Ich sah den Teufel. Und ich sah auch eine Leinwand, eine große Panorama-Leinwand, auf der Bilder, Landschaften, Figuren vorbeizogen. Und dabei war Cinemascope noch nicht einmal erfunden. Die Armen haben zum Ausgleich eine besonders reiche Phantasie.« Brot, Armut und Kino – das sind ihre Erinnerungen an die Jahre in Pozzuoli.

Jahre des Hungers und der Phantasie, die Millionen Italiener durchlebten, erst in der Erwartung des Kriegsendes und danach in der Hoffnung, daß auch die Nachkriegszeit aufhören möge. In den Schrecken des Krieges und der Bombardements hatten sie sich in ihrem Gram um einen Verwandten an der Front eingeschlossen, aber sobald die Fahnen der Befreiung flatterten und in den Straßen der heitere Swing eines Glenn Miller triumphierte, wollten sie nur noch vergessen und sich unterhalten.

Das Kino kam diesem starken Bedürfnis hurtig zu Hilfe. Die Kirche war in tiefer Sorge, daß das Kino die Moral aus den Angeln heben könnte, die vom Faschismus und vom Konkordat gehütet worden war, und reagierte nicht nur mit den wirkungslosen, sogar unfreiwillig animierenden Klassifizierungen durch das CCC. Sie rief auch eine eindrucksvolle Zahl neuer Heiliger und Seliger ins Nachleben, nicht weniger als fünfundzwanzig zwischen 1946 und 1954, alles Italiener, nicht zuletzt, um die neue Generation, Sophias Altersgenossen, daran zu gemahnen, daß die Heiligkeit ein Privileg der Nation sei, nicht zu vergleichen mit den Verführungen materiellen Wohlergehens. Am 24. Juni 1950 wurde drei Jahre nach ihrer Seligsprechung Maria Goretti kanonisiert, ein Bauernmädchen, das sich 1902 lieber hatte töten lassen, als den Zudringlichkeiten seines Verehrers nachzugeben – der Modellfall einer zum Äußersten bereiten Keuschheit, dem weiblichen Geschlecht vorbehalten. Für die männliche Jugend wurde der Jüngling Domenico Savio seliggesprochen, der in der Reinheit von Körper und Seele gestorben war.

Aber die halbwüchsigen Burschen gingen ins Kino und nahmen gerne das Risiko in Kauf, der Verderbnis anheimzufallen. Verstohlen schlichen sie sich in die Säle und hatten immer eine faule Ausrede parat, falls sie in den Pausen eines Films, der für ihre Altersgruppe nicht freigegeben war, von einem Erwachsenen erkannt würden. Die Mädchen durften nur in Begleitung der Eltern oder vertrauenswürdiger Verwandter ins Kino. Bevor sie also nicht die häusliche Erlaubnis erhielten oder sie sich erkämpften, waren die Italienerinnen gezwungen, sich die Filme mit Betty Grable und Ginger Rogers, Fred Astaire und Cary Grant zu Gemüte zu führen, oder die einheimischen Filmchen mit Cosetta Greco, Eleonora Ruffo und Gino Leurini, bescheidenen Stars, die bald wieder von der Bildfläche verschwanden.

Als Provokation wurde *Domani è troppo tardi / Morgen ist es zu spät* von Leonide Moguy betrachtet, wegen einer Szene, in der sich eine Debütantin zum Anbeißen, Anna Maria Pierangeli, dabei erwischen läßt, wie sie von einem Mitschüler umarmt wird. Allzu gewagt waren sogar die Filme von Raffele Matarazzo, einem Regisseur, der während der faschistischen Diktatur mit einer Satire über die Ausflügler in den »Volkszügen« begonnen hatte, der wesentlichsten touristischen Neuerung des Regimes.

In den fünfziger Jahren begriff Matarazzo besser als die meisten, daß die Unbefangenheit gegenüber dem zunehmenden Wohlstand und seinen Folgen keineswegs die Fallgruben von Zucht und Ordnung überbrückt hatte, die im täglichen Leben lauerten. Jeder Film von Matarazzo – alle mit Amedeo Nazzari und einer Yvonne Sanson, die Anstoß erregte, weil die Pfaffen die Reumütigkeit und Opferbereitschaft, die in der Rolle angelegt war, nicht zu schätzen wußten – kontrapunktierte den leichtsinnigen Gestus mit dem melodramatischen Ernst der Konsequenzen, die sich sich daraus ergaben. In *Catene / Sünde ohne Gnade* schafft Yvonne sich einen heimlichen Liebhaber an, heiratet einen braven Mann und hat die Wut des zurückgekehrten Geliebten auszubaden. In *I figli di nessuno / Mutterliebe, Mutterleid* will Nazzari, Besitzer eines Marmorsteinbruchs, die Tochter eines seiner Arbeiter heiraten und schwängert sie vor der Hochzeit; worauf seine abgrundböse Mutter eingreift, das Neugeborene rauben läßt, der Wöchnerin vormacht, daß es gestorben sei, sie zum Eintritt ins Kloster beschwatzt und schließlich den Sohn zu einer standesgemäßeren Heirat überredet. »Wenn Yvonne Sanson, statt sich einen Liebhaber zu nehmen, keusch in die Ehe getreten wäre, wenn Nazzari sich beherrscht hätte, statt die Verlobte zu schwängern – oder noch besser, wenn sie nicht vorzeitig schwach geworden wäre –, dann hätte die Tragödie nicht einmal ihren Anfang genommen«, ist dazu der Kommentar von Vené. Matarazzo interessierte nicht die Plausibilität, sondern das schlichte Melodram, von dem er sicher sein konnte, daß es bei einem Publikum ankommen würde, das einerseits gierig nach Neuem war, andererseits aber nicht bereit, den Hinterhalt der Tradition preiszugeben.

Sex war ein Tabu außer Diskussion. Die ersten Statistiken, die es wagten, ein wenig den Schleier zu lüften, erwiesen, daß nur die Hälfte der Italiener rudimentäre Praktiken der Verhütung ausübte oder guthieß. Der Papst hatte in einer gequälten Ansprache an die Hebammen der Nation die Toleranz der Kirche zum Ausdruck gebracht, was die Geburtenkontrolle nach der Methode Ogino-Knaus betraf. Die faschistische Gesetzgebung, die in der Nachkriegszeit ungebrochen Geltung behielt, war zwar toleranter als die Männer der Kirche, aber in bestimmten Punkten rigoros: Abtreibung wurde unnachsichtig bestraft, für die Verfolgung weiblicher Untreue genügte die Anzeige des Ehemannes, während die männliche nur im Fall »öffentlichen Interesses« justitiabel war. Im Grunde gab man sich mit dem öffentlichen Anschein zufrieden. In den Provinzstädten waren die Ehebruch-Prozesse Spektakel, zu denen die Besucherinnen das Ihre beitrugen, indem sie die Nachbarinnen mit pikanten Details fütterten, von denen der Richter keine Ahnung hatte.

Das sexuelle Leben, das Liebesleben im allgemeinen, war deshalb unerfreulich und von Verdacht vergiftet. Und es ist nicht schwer, sich vorzustellen, daß ein echtes Schicksal, als dessen Opfer die kleine Sofia erscheinen konnte, wie aus einem Film von Matarazzo betrachtet wurde. Als

eine zeittypische Geschichte und lehrreich, was die Schwierigkeiten, die Leiden und die enttäuschten Hoffnungen dreier Frauen, oder vielmehr der »drei Schwestern« betraf: der Mutter Romilda, der Töchter Sofia und Maria. Die Biographien über die Loren sind in ihrer Typisierung geradezu monoton. Alle, und besonders die in den Wochenmagazinen mit hoher Auflage, machen es sich mit dem Klischee von einem reinen Frauenhaushalt bequem, der in den Kriegs- und Nachkriegswirren den geliebten Vater entbehren mußte, einen Vater, der – statt sich mit Romilda zu verbinden – eine andere zum Altar führte, mit der er zwei Söhne zeugte, und sich überdies in fortgeschrittenem Alter eine dritte Familie mit einer Deutschen zulegte, die in Riccione strandbekannt war.
Eine Geschichte wie viele andere, nicht einmal für eine Fußnote ausreichend, wäre da nicht dank Sophias Präsenz die romanhafte Würze. Auch sie selbst hat als scheinbare, des Vaters beraubte Halbwaise in den ersten Seiten ihrer Autobiographie diesen frühen Schmerz, der sich zu einer unmöglich erfüllbaren Sehnsucht auswuchs, festgehalten: »Ich habe immer nur eine einzige Kategorie Menschen beneidet – jene, die ihre Biographie etwa mit folgenden Worten beginnen können: ›Mein Vater und meine Mutter sind an dem und an dem Tag in der und der Kirche getraut worden. Papa trug an jenem Tag einen dunklen Anzug und meine Mutter das weiße Brautkleid mit Schleier, wie alle Bräute. Ich bin dieser glücklichen und gesegneten Liebe genau neun Monate später entsprossen.‹«

4. Kapitel

Die drei Schwestern

Für Sophia mußten eine Ehe, ein Sohn, eine richtige Familie seit Kinderzeiten ein märchenhaftes Ziel bedeuten. Verlobt, verheiratet, Mutterschaft, ein Kind – die magische Formel verband das gemeine Volk mit den Königen und Königinnen. Ist das, was in den adeligen Familien zählt, schließlich nicht die Klarheit über die Ursprünge und die Kontinuität der Herkunft? Sophia mag sich gewünscht haben, daß dies in ihrer Familie gleichfalls wahr gewesen wäre, allein schon aufgrund der Tatsache, daß die Presse ihrem Leben eine Majestätsberichterstattung widmete. Und hatte sie, das unbekannte Aschenbrödel, nicht den Thron der regierenden Königin des Films eingenommen und am Ende einer langen Geschichte bewiesen, daß sie blaues Blut besaß?

In Wahrheit waren es drei Aschenbrödel: Romilda, Sofia und Maria. Gemeinsam marschierten sie vor den Palast der Königin – Rom, Cinecittà, das Kino – und versuchten, ihn über schwierige Hürden hinweg zu erobern. Romilda legte die Basis der Belagerung, indem sie ihre Töchter in dem gemeinsamen Versuch, das Schicksal zu besiegen, zu ihren »Schwestern« machte. Sie war eine sehr schöne Frau, die ihr Abenteuer der Emanzipation wie eine Figur aus einer brillanten Komödie à la *Gli uomini, che mascal-*

zoni / Die Männer, welche Flegel! von Mario Camerini begonnen hatte. In diesem Film aus dem Jahr 1932 dreht es sich um ein kleines, liebenswürdiges Spiel von Liebe und Eifersucht zwischen einem Chauffeur, der es mit der Wahrheit nicht genau nimmt, und einer verträumten Verkäuferin aus der Vorstadt. Auch Romilda war eine Träumerin, die einem Mann begegnete, der sie vor Sehnsucht seufzen ließ: Riccardo Scicolone, zweiter von fünf Brüdern, Angehöriger einer gutgestellten Familie, die im alten Kern Roms zwischen der Piazza Venezia und der Piazza Cavour ihren Wohnsitz hatte. Der Nachname lautete vollständig Scicolone Murillo, um eine noble Genealogie zu bezeugen. Historische Dokumente belegten, daß die Vorfahren Barone und Lehnsherren gewesen waren.

Romilda verliebte sich in diesen jungen Mann, der widerwillig Ingenieurtechnik studierte und sich lieber in Tanzcafés und mondänen Kreisen aufhielt. Als sie sich unmittelbar nach dem Tod seines Vaters kennenlernten, mußte er sich allerdings nicht nur darum kümmern, daß ihm der Smoking gebügelt wurde, sondern sich auch wegen Arbeit umsehen. Eigentlich hatte er Paläste konstruieren wollen, statt dessen sah er sich nun gezwungen, als Techniker der Strecke Rom–Civita Castellana–Viterbo Eisenbahnen zu bauen.

Die Begegnung war ein Blitzschlag. Nach den Berichten der Biographen Sophias ging Riccardo an einem kalten Novemberabend des Jahres 1933 die Via Cola di Rienzo in Rom entlang und glaubte beim Anblick Romildas, daß er durch ein Wunder des Himmels dem Typ Frau begegnet sei, nach dem er immer auf der Suche gewesen war, während er sich ungeniert von einer Liebe in der nächste gestürzt hatte. Romilda-Greta war in der Tat hochgewachsen, schlank, mit langen geraden Beinen, grünen

Augen, kastanienfarbenem Haar und sinnlichem Blick. Nach der Überlieferung folgte ihr Riccardo bis zur Piazza del Popolo und sagte ihr dort atemlos: »Signorina, Sie sind die Frau, von der ich immer geträumt habe.« Nicht einmal Camerini hätte es gewagt, in einer Szene in *Gli uomini, che mascalzoni!* mit etwas Derartigem zu kommen. Romilda, die Unglückselige, antwortete mit einem Lächeln und ließ sich die Courschneiderei gefallen.

Eine andere, ebenso zuverlässige Quelle will wissen, daß Riccardo sich als Filmproduzent vorstellte. Wenn das wahr ist, könnte man denken, daß Riccardo über die Intuition der MGM-Juroren verfügte, die das Mädchen zur Doppelgängerin von Greta Garbo kürten, oder daß er von irgend jemand wußte, daß das Mädchen den Ehrgeiz hatte, Schauspielerin zu werden. Ein Rätsel, das sich niemals lösen lassen wird und das die beiden in den Tod mitgenommen haben, der Romilda 1990 im Alter von zweiundachtzig Jahren ereilte, Riccardo 1978 mit neunundsechzig. Das Geheimnis des ersten Kontakts war in der Familie der »drei Schwestern« von außerordentlichem Gewicht, zumal, was Sophias spätere Auswahlkriterien betraf.

Die brillante Komödie zwischen der künftigen Schauspielerin und dem Ingenieur oder vorgeblichen Filmproduzenten dauerte kurz, mit Folgen, die sich um so länger hinzogen: bekümmert, allein, mit den zwei Töchtern von Scicolone, der sich wie ein seelenloser Feudalherr alten Stils verhalten hatte, mußte Romilda, um während des Krieges zu überleben, Almosen annehmen und das Herz von Schwarzhändlern erweichen. Das nun ist keine Erfindung. Es ist eine Szene aus der von Sophia autorisierten verfilmten Biographie, die 1980 von der NBC gesendet wurde, und in der sie selbst Romildas Rolle übernommen hatte.

Die Zeitungen schrieben, daß während der Aufnahmen, gerade als die Rekonstruktion dieser Episode gedreht wurde, die Schwester Maria am Set erschien und die Tränen nicht zurückhalten konnte.

Die Geschichte Romildas war die Zigtausender Mädchen, die in den dreißiger Jahren keinen Mann fanden, wieder verlassen wurden oder zu einer wilden Ehe gezwungen waren. Wer waren sie? Durchaus anziehende Frauen, die den Männern angst machten, sobald sie sich eine eigenständige Arbeit in den Kopf setzten, und zumal, wenn sie Teil der Unterhaltungsbranche waren. Giuseppe Sengi, der Begründer der pädagogischen Anthropologie, spitzte das Problem auf die Fragen zu: »Können sie sich mit Liebe begnügen, wie jene Männer, die ihre Befriedigung in öffentlichen Häusern finden? Und wenn sie sich damit begnügen, wie läßt sich ihre Reputation gegenüber den anderen aufrechterhalten? Und was werden die Konsequenzen freier Beziehungen sein?«
Die Konsequenzen für Romilda waren hart. Sie hatte einen Mann geliebt, der sie nicht hatte heiraten wollen, der Sofia als ledige Tochter anerkannte, indem er ihr erlaubte, seinen Namen zu führen, und der die Mutter lange leiden ließ, bevor er dieselbe Vergünstigung auch Maria zugestand. Mit den unvermeidlichen Rückwirkungen auf die Familie Villani, die Familie Romildas, und auf all die Leute, die in Grüppchen in den engen Gassen Pozzuolis zusammenstanden und das Betragen der ledigen Mutter mißbilligten, die ein Opfer der gefährlichen Verblendung durch die verführerische Welt von Bühne und Film geworden war.
Romilda, Tochter von Domenico, Meister in der Ansaldo-Munitionsfabrik, Ex-Konservatoriumsschülerin, Jüngerin

Terpsichores, Siegerin des Wettbewerbs der MGM, trug für die raunenden Nachbarn den Makel, daß sie sich wie Tausende andere junge Menschen von den hypnotisierenden Bildern des Kinos hatte verlocken lassen und von dem Zirkus der Gazetten, die die Stars glorifizierten und zu dreister Identifikation ermutigten. Sie hatte den Anfechtungen der Eitelkeit nachgegeben, vielleicht sogar des Lasters, auf deren Konto sämtliche bitteren Folgen gingen, auch die brennendste aller Niederlagen: das Los einer ledigen Mutter.
Die »Stimmen« der Klatschbasen verwoben sich mit dem bösartigen Geflüster über allzu leichte Mädchen und erhielten allerhöchste Bestätigung durch die Bannflüche der Kirchenzeitungen jener Jahre, wie etwa der »Azione muliebre«: »Arme, arme Frauen, die ihre Erfolge für einen Tag oft schmerzlich bezahlen müssen«; aber auch durch linke Zeitungen wie den »Avanti!«: »Sie fangen als Königin oder Schönheitskönigin an und enden als Kokotte.«

Romilda hatte außerdem auch noch das Pech, ihre künstlerischen Pläne in einer Zeit zu schmieden, in der in Italien der Typ der »Krisenfrau«, wie ihn die ätherische und kantige Silhouette der Garbo verkörperte, aus der Mode kam, und statt dessen der Typ der »authentischen Frau« propagiert wurde. Michaela De Giorgio schreibt darüber: »Der erste Typ ist negativ besetzt, der emanzipatorischen Androgynie verdächtig, nach dem Ausland schielend, der Bevölkerungspolitik nicht dienlich. Aus diesem Grund beschließt Mussolini 1931, der gesellschaftlichen Nachäffung Einhalt zu tun, indem er die Zensur auf Plastiken und Gemälde ansetzt, die androgyne Frauen darstellen, ›vermännlichte‹ Frauentypen, die an Unfruchtbarkeit denken lassen. Der zweite Typ, die ›authentische Frau‹, ist das positive Modell: das Ergebnis körperlicher und moralischer faschistischer Erziehung.« Und darum ist auf der Linie der faschistischen Interpretation der Moderne nur Platz für »gesunde und fruchtbare Körper und ein vollblütiges Nationalgefühl«.

Das Modell der »authentischen Frau« verbietet sich für Romilda. Es gibt ein Foto, das sie während einer Drehpause zu ihrem einzigen Film *Gioventù eroica* aus dem Jahr 1932 zeigt, einem Film, der wegen finanzieller Probleme des Produzenten nie fertiggestellt wurde. Das Haar ist kurz, glatt, im Nacken kaum gekräuselt. Die Nase ist gut geschnitten. Die Stirn ist frei, die Augen werden von langen Wimpern überschattet. Die Schultern sind breit und eckig. Die Formen des Busens werden von einem gestreiften Pullover gebändigt. Der Rock bedeckt Hüften und Beine und läßt den untadeligen Wuchs nur erahnen. Die Finger sind ineinander verschlungen. Die Haltung ist kraftlos, der Blick auf den Bruder Guido in faschistischer Uniform (auch er war für diesen Film engagiert worden) fragend, fast melancholisch.

Die Ähnlichkeit mit dem Vorbild Garbo ist bemerkenswert. Nur der Gesichtsausdruck ist völlig anders als der durchdringende der Garbo: Romilda scheint von Unsicherheit erfüllt, als ob die romantische Doppelgängerin in der Drehpause bereits ahnt, daß diese Rolle die erste und letzte bleiben wird, worauf nur noch dürftige Angebote folgen, kleine Auftritte im Varieté des Teatro Adriano in Rom und viele vergebliche Versuche vor und vor allem nach der Begegnung mit Riccardo.

Vielleicht bedeutete Riccardos Draufgängertum für die naive Romilda den neuen Faden, den sie in der Hand hielt – den der Liebe, den sie parallel zu ihrer Karriere zu entwirren hoffte. Riccardo arbeitete bereits bei der Eisenbahn und konnte sich im Gegensatz zu ihr einer Familie mit adeligen Resten rühmen und eines gewissen, wenn auch nicht übermäßigen, finanziellen Rückhalts. Romilda hoffte. Würde er ihr zur Seite stehen? Würde er sie in der harten, treulosen Welt des Kinos beschützen? Er war jung, gutaussehend und sympathisch. Pomadisiert wie Vittorio De Sica und alle Italiener der Epoche. Unwiderstehliche Halunken: verwegen, elegant, mit Hut und Handschuhen und einem großen Bedürfnis zu küssen.

5. Kapitel

Der Verführer

Mit seinen dreizwanzig Jahren löste Riccardo, bis er sich an Romildas Fersen heftete, seine amourösen Bedürfnisse wie fast alle Italiener in jener Zeit. Was den Sex betraf: stramme Ausübung der Masturbation; ab achtzehn Zugang zu zahlreichen, äußerst gastfreundlichen öffentlichen Häusern; die Abenteuer mit reiferen Frauen, die in der Stimmung zum Ehebruch waren, und schwierige Versuche, die Jungfräulichkeit der Altersgenossinnen zu Fall zu bringen. Was die Gefühle betraf: Verlobungen, erst heimlich, dann von der Familie des Mädchens abgesegnet, flammende Liebesbriefe auf der Basis gezierter Leitfäden, die zu diesem Zweck verfaßt worden waren.

Was die Mädchen anging, begann ihre Aufklärung ins Zentrum gelehrter Untersuchungen zu rücken, die wiederum von den Moralpredigern mit Argwohn beäugt wurden. »Der erste Geschlechtsverkehr hat einzigartigen Einfluß auf die Moral der Frau; er bricht einen Zauber, der sie in ihrer ursprünglichen Naivität schützte, gegen die eigenen Instinkte verteidigte und ihr die Kraft gab, den Verführungsversuchen von außen nicht nachzugeben«, entdeckte Anfang des Jahrhunderts der Positivist Paolo Mantegazza.

Was die jungen Männer anging, drehte es sich weniger darum, einen Zauber zu brechen, als vielmehr mit alten Tabus aufzuräumen, im Namen einer freien Liebe, für die sich verblüffenderweise illustre Juristen verbürgten: Die jungen Männer, sagten diese, könnten die Liebe auch »mit Mädchen von zwölf oder dreizehn Jahren« ohne die Konsequenzen der Ehe betreiben, wobei »auf jeden Fall im Mittelpunkt der fleischlichen Vereinigung mit den obengenannten Mädchen die Fortpflanzung der Spezies steht, vorangegangen und begleitet von Akten sinnlicher Begierde, unter der einzigen Voraussetzung, daß diese Akte sich im Rahmen des Normalen bewegen«.

Fortpflanzung der Spezies und Akte sinnlicher Begierde im Rahmen des Normalen waren die Bedingungen, die der Jurist vorgab; indem er zur Fortpflanzung die freie Liebe zuließ und sie vor nicht normalen und damit verderbten Akten beschützen wollte, erkannte er den jungen Männern wenigstens die Möglichkeit zu, es einfach zu probieren; das heißt, er befreite »das erste Mal« von der Verpflichtung, danach in den Ehestand zu treten.

Riccardo und Romilda agierten auf einem engen und widersprüchlichen Planquadrat. Sie waren keine Halbwüchsigen mehr, als sie einander begegneten, und waren nicht unbedingt auf die Tröstungen der juristischen Auslegung aus. Sie waren verliebt, vereint im Sehnen, jedoch unterschiedlicher Auffassung über ihre Beziehung, die sich, geboren auf der Straße, in eine kleine Pension mit einem Schuß Boheme im historischen Zentrum Roms flüchtete.

Er war von der Notwendigkeit getrieben, ein weiteres Kapitel seines persönlichen libertinistischen Romans nach dem Prinzip der Liebe aus Leidenschaft zu verwirklichen. Sie dagegen war überzeugt, daß nun mit vierundzwanzig

Jahren der Augenblick gekommen sei, die eheliche Liebe Wirklichkeit werden zu lassen. Dort in der Traulichkeit ihres Zimmerchens, können wir uns vorstellen, waren sie auf der Suche nach der Versöhnung »der beiden Formen des Gefühls, die gleichsam auf entgegengesetzte Konstellationen des Ich verweisen: die eine nach der Inkarnation der Begierde strebend, die andere nach Selbsterhaltung; diese natürlich und ethisch, jene unecht und zerstörerisch« (E. Pulcini).

Romilda hatte ihre Filmpläne, wollte jedoch, da sie Italienerin war, eine Stütze für ihre künstlerischen Ziele und wiegte sich in der Vorstellung, geheiratet zu werden. Und welche Muster hatte Riccardo? Ein italienischer Bourgeois wie er war – ganz abgesehen von dem Verhaltenskodex, der ihm zu Hause von den Eltern und draußen von den Freunden eingetrichtert worden war – von Auffassungen heimgesucht, gemäß derer die jungen Männer heiratsfähig wurden, nachdem sie »durch den Schmutz und die namenlosen Schändlichkeiten, die sie in den Bordellen kennengelernt hatten, abgenutzt und entkräftet waren – was zur Konsequenz hatte, daß es keine Liebe zwischen den Gatten gab und Untreue und Ehebruch die Familien folterten« (G. Tammeo).

Riccardo war mit den Zusammenstößen zwischen den Moralisten und den notorischen Grenzüberschreitern aufgewachsen. In den literarischen Salons erinnerte man sich noch an die Polemiken um den Prozeß gegen Filippo Tommaso, das Haupt der Futuristen, Autor von »Mafarka«, der wegen Pornographie angeklagt worden war, oder an die Auseinandersetzungen um »L'Elogio della prostituzione«, einen Angriff auf die »Heuchelei« der Moralisten, den Italo Tavolato für die Zeitschrift »Lacerba« verfaßte. Er stellte mitten in der faschistischen Herrschaft die Haltung Mussolinis zur Diskussion, der, als er noch Sozialist war, Geburtenbeschränkung gepredigt hatte, während er nun ins andere Lager übergewechselt war und von den italienischen Frauen mehr Kinder einforderte. Man zitierte Guido Da Verona, der die Beschuldigungen, daß die moderne Literatur pornographisch sei, mit der Erwiderung konterte: »Ist sie unmoralisch? Vielleicht. Ist Kunst die Vergifterin des Geistes und intendierte Pornographie? Nicht einmal im Traum! Vielmehr ist es Poesie, die den Nerv unseres Jahrhunderts trifft, Poesie, die so verfeinert und gefährlich ist wie die Sitten allzu vieler moderner Frauen, die sich gerne Mund und Augen schminken, Fingernägel und Achselhöhlen färben und schließlich auch noch die Knie; die gerne Opium rauchen und Kokain schnupfen und letztlich versuchen, ein wenig Abwechslung (nach meiner Meinung ohne ausreichende Mittel) in dieses alte, uralte, hinfällige gemeinsame Ritual einzubringen, das sich eheliche Umarmung nennt.«

Es gab Gezeter über die repressiven Maßnahmen gegen das Kino, »diese Gefahr für die Intaktheit der Familie, die körperliche, geistige und moralische Sauberkeit der Jugend und für die öffentliche und private Sicherheit« (B. Wanrooij), und erhebliches Aufsehen, was das Diktat betraf, die Vorführung von Küssen und Umarmungen im Theater und auf der Leinwand der Zensur zu unterwerfen. Ein Satz des Duce machte großen Eindruck: »Mein Programm ist: Kinder oder Stockhiebe.«

Riccardo hatte nicht die geringste Lust auf Stockhiebe und wollte vielleicht lediglich sein Stelldichein mit dem Programm des Duce auf einen Nenner bringen, hin- und hergeworfen zwischen dem Image des jungen Futuristen, der sich für die libertinistische Grenzüberschreitung und für die Gestalten eines D'Annunzio, Pitigrilli und anderer

»verbotener« Schriftsteller begeisterte, und der aufdringlichen Propagierung des neuen Helden des Regimes: athletisch, maßvoll, patriotisch, gespalten zwischen dem Hurenhaus und den erzieherischen Pflichten eines Familienoberhaupts. Riccardo gehörte nicht zu denen, die enthusiastische Zustimmung für die Methoden des »Squadrismo« zeigten, eine Zustimmung, in der viele Männer auch den Wunsch ausdrückten, ihre eigene Männlichkeit zu bekräftigen, verstanden als Aktivismus, Aggressivität und Anmaßung. Feindlich, wie sie der »neuen Frau« gegenüberstanden, forderten diese jungen Männer von ihren Verlobten die Rückkehr an den »wahren und einzigen Platz, den die Natur ihnen bestimmt hat: das Haus« und zu ihren »natürlichen« Interessen (in der Reihenfolge Liebe, Familie, Religion).
Einer der Gründe für eine solche Einstellung, stellten die Gesellschafts-Analytiker mit einer Prise Bosheit fest, war die schwierige Situation auf dem Arbeitsmarkt. Die Männer hatten Angst, daß sie ihre Stellen an die Frauen verlieren könnten, und verhielten sich dementsprechend in ihrer Unterstützung der faschistischen Propaganda.

Riccardo hatte solche Ängste nicht, er wollte sich amüsieren und plante, mit Romilda zur zweiten Mostra di Venezia zu fahren, um sich die schönsten italienischen und ausländischen Filme anzuschauen. Die Mostra war 1932 mit großen Werken aus der Taufe gehoben worden: *A nous la liberté/Es lebe die Freiheit* von René Clair, *Regen* von dem großen Dokumentarfilmer Joris Iivens, *Mädchen in Uniform* von Leontine Sagan, *Dr. Jekyll and Mr. Hyde / Das Phantom von London* von Rouben Mamoulian, *Grand Hotel / Menschen im Hotel* von Edmund Goulding mit Greta Garbo und *Gli uomini, che mascalzoni!* von Mario

Camerini. 1934 hätten Riccardo und Romilda *Men of Aran / Die Männer von Aran* von Robert Flaherty gesehen, der als bester ausländischer Film mit der Coppa Mussolini ausgezeichnet wurde, sowie *Teresa Confalonieri* von Guido Brignone – Coppa Mussolini für den besten inländischen Film; und sie hätten Wallace Beery und Katharine Hepburn bewundern können, zwei aufsteigende Sterne, die als beste Darsteller gekürt wurden.
Plötzlich, mitten im kalten römischen Winter, nach so vielen Nächten der Liebe und des Pläneschmiedens, die Neuigkeit: Romilda war schwanger. Die Liebe aus Leidenschaft hatte alle Dämme, alle Vorsicht und allen Verstand mit sich gerissen. In der Luft lag noch das drohende und unfreiwillig komische Echo einer Studie des Gynäkologen Luigi Maria Bossi, nach der »der Coitus interruptus schwerwiegende Konsequenzen für die Gesundheit der Frau hat, weil die Gefahr einer Entzündung des Zellgewebes besteht, verursacht durch den anhaltenden Blutandrang in den Organen, der nach Beendigung des Sexualakts pathologisch wird« (B. Wanrooij). Es war die Zeit, in der die ersten kühnen Untersuchungen über Verhütungsmittel noch zur Diskussion standen. Eine andere Expertin, Ettorina Cecchi, fand, daß das Kondom das beste Mittel sei, allerdings gab sie dem aus tierischem Material den Vorzug, da das Präservativ aus Kautschuk den sexuellen Genuß behindere.
Riccardo und Romilda hatten in ihrem Pensionszimmerchen nur auf ihr Herz gehört, oder vielmehr auf die Wallungen ihres Blutes. Aber die Ankündigung von Romildas Mutterschaft verursachte eine dramatische Wendung. Es war, wie Riccardo viele Jahre später sagte, das Ende einer sorglosen und romantischen Liebe. Die beiden jungen Leute entdeckten die Bedenklichkeit einer Situation, der

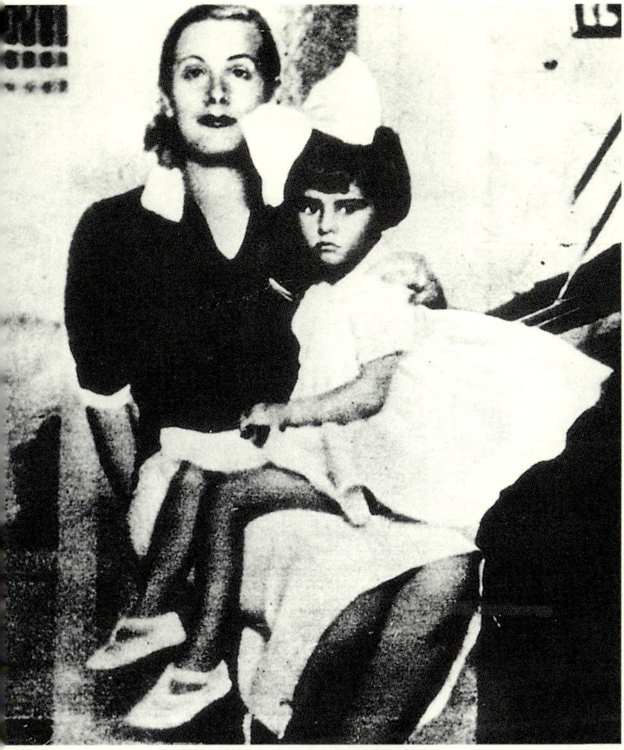

1 Pozzuoli, via Solfatara: Als Dreijährige mit Mutter Romilda Villani, die bei einem Wettbewerb zur perfekten Doppelgängerin von Greta Garbo gekürt worden war

2/3 Links: Geformt nach den Vorstellungen der Mutter: Sofia Scicolone 1950 bei einem Schönheitswettbewerb in Salsomaggiore, in der vergeblichen Hoffnung auf den Titel »Miss Italia«. – Rechts: Probeaufnahme in Cinecittà, als der Statistin Sofia eine kleine Rolle übertragen werden sollte, ca. 1951

4 Topless, noch unter dem Namen Sofia Lazzaro, als Haremsdame in der Filmkomödie »Era lui … sì, sì!« (Er war's … ja, ja!), 1951. Man hatte ihr gesagt, die Freizügigkeit sei nur für die französische Version bestimmt.

5 Mit Silvana Pampanini in Luigi Comencinis »Mädchenhandel«, 1953

9/10 Oben: Als junge Fabrikarbeiterin mit Rik Battaglia in »Die Frau vom Fluß«, 1955. Der Film war der entscheidende Schritt zum Durchbruch, auch in der Beziehung zu Carlo Ponti. – Als Pizzabäckerin Sofia in dem Episodenfilm »Das Gold von Neapel«, 1954 – die erste Zusammenarbeit mit dem Regisseur Vittorio De Sica

◁◁ *Vorhergehende Seite*
6–8 Oben: Nunmehr als Sophia Loren in der Titelrolle der Opernverfilmung »Aida«, 1953. Die Stimme lieh ihr Renata Tebaldi. Hier die Nilszene. – Mitte: In einer Doppelrolle (Kleopatra und ihre Sklavin) mit Paul Muller als Cesarino in »Zwei Nächte mit Kleopatra«, 1954. – Unten: Familienfoto mit (v.l.n.r.) Schwester Maria, Tante Dora und Mutter Romilda

11 Zum zweitenmal Partner: Mit Marcello Mastroianni in »Schade, daß du eine Kanaille bist«, 1955

15 Berliner Filmfestspiele 1954: Mit Yvonne De Carlo (Mitte) und Gina Lollobrigida beim Filmball

◁ ◁ *Vorhergehende Seite*
12–14 Oben: Wieder mit Marcello Mastroianni, diesmal als schöne Müllerin, in »Eine Frau für schwache Stunden«, 1955. Der Film basiert auf der Geschichte vom »Dreispitz« des spanischen Dichters Alarcón y Ariza. – Mitte: Mit Antonio Cifariello und Vittorio De Sica in »Brot, Liebe und 1000 Küsse«, 1955. – »Wie herrlich, eine Frau zu sein«, 1956, mit Charles Boyer

Gegenüberliegende Seite ▷
18 Die Diva und ihr Pygmalion: Mit Carlo Ponti in Rom

Übernächste Seite ▷▷▷
19–22 Gestische Beredsamkeit mit süditalienischem Temperament: Bei einem Interview, 1958

16/17 Mit Jayne Mansfield in Hollywood, 1957 (links), und mit Schwester Maria Scicolone, 1958 (rechts)

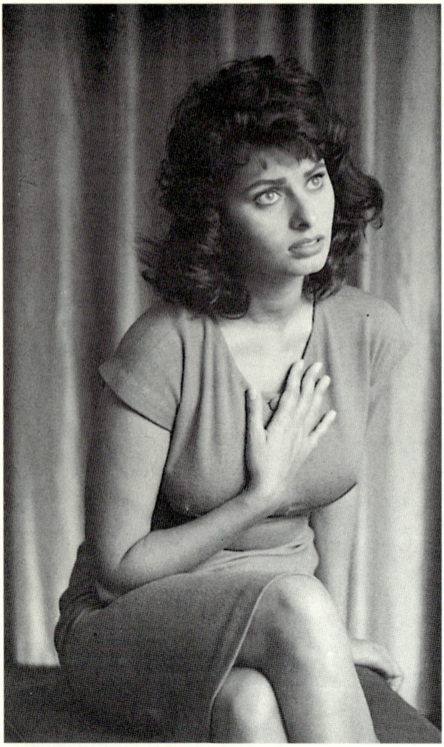

sie nicht ins Auge hatten sehen wollen. Die Liebe war der Antrieb gewesen, der Romilda glauben ließ, daß sie für eine große Filmkarriere nach wie vor im Rennen lag. Riccardo, unzufrieden mit dem bescheidenen Posten, den er als Konstrukteur bei der Eisenbahn hatte, lebte in der Hoffnung, als Ingenieur in den afrikanischen Kolonien Städte und Deiche zu errichten, oder – noch besser – ein großer Verleger zu werden. Das Verlagswesen war in der Tat der Bereich, der ihn am meisten interessierte: ein Verlag hatte ihm für den Anfang, um wenigstens einen Fuß in den Betrieb zu bekommen, eine Stelle als Vertreter angeboten. Er machte sich keine Gedanken über das geringe und nur gelegentliche Einkommen, denn, da war er sich ganz sicher, das würde nicht immer so bleiben.
Die vom Mondlicht der Liebe beschienenen Hoffnungen lösten sich auf, sobald die beiden Liebenden in der kleinen Pension (»die uns wie ein königlicher Palast erschien«, sagte Riccardo) wegen der Schwangerschaft andere ins Vertrauen ziehen mußten. Die erste war Romildas Mutter Luisa, die, sobald sie die Nachricht erhielt, überstürzt nach Rom kam und von Rechenschaft nichts wissen wollte. Für sie gab es nur eine sofortige Heirat, um den Schaden wiedergutzumachen. Die künftige Schwiegermutter zitierte Riccardo und teilte ihm das unzweideutig mit. Der milde Anfangston, der Verständnis für die wirtschaftlichen Schwierigkeiten anklingen ließ, änderte sich schlagartig, als Riccardo sich als schwankend erwies und dazu hinreißen ließ, zu behaupten, daß er sich nicht aus Egoismus der Heirat entziehe, sondern um Romilda, die es so sehr zum Film und zum Theater zog, die für sie nötige Freiheit zu lassen.
Er legte seine Gründe hingebungsvoll und auf behutsame Weise dar; doch während er sprach, begann Luisa wie ein

Dampftopf zu simmern. Als der widerspenstige künftige Schwiegersohn schließlich den Wunsch äußerte, die durchaus denkbare Heirat erst nach angemessener Überlegung in Betracht zu ziehen, fuhr die fassungslose Schwiegermutter in spe in ungewohnter Wut hoch. Aus ihrem Mund ergoß sich kochende Lava, die seine Zurückhaltung in Flammen aufgehen ließ, worauf er um so nachdrücklicher auf seinen Positionen bestand.

Riccardo befand sich also zwischen zwei Frauen: auf der einen Seite umschmeichelte ihn Romilda und versicherte ihm, daß sie zu jedem Opfer bereit sei, um dem Geschöpf, das sie in ihrem Leib trug, den kirchlichen Segen und die amtlichen Stempel zu sichern; auf der anderen war die rasende Luisa, für die von Opfern nicht einmal die Rede sein konnte. Riccardo hatte Angriffe durchzustehen, bei denen es weder tagsüber noch nachts Gefechtspausen gab, und die die übrigen Pensionsgäste in allen Details mitbekamen. Das Zimmerchen war nicht länger ein Liebesnest.

Schließlich schien sich der »Verführer« geschlagen zu geben und ging aus dem Haus, um die nötigen Papiere für die kirchliche Trauung zu besorgen. Auf dem Weg in die zuständige Pfarrei war er von diesem einen Gedanken betäubt – der Idee der Trauung, die in ihm ja nicht ausgesprochen spontan aufgeblüht war – und wußte nicht, an welchen Heiligen er sich wenden sollte, um Ruhe und, wenn möglich, Aufschub zu erbitten.

Um zu verhindern, daß er einfach überfahren wurde, konzentrierte Riccardo all seine Kräfte darauf, sich die eheliche Perspektive in den rosigsten Farben auszumalen – als Born unerschöpflicher Freuden und häuslicher Behaglichkeit. Er und Romilda in einem richtigen Haus, vereint durch das starke Band eines Kindes, verbündet gegen den

Rest der Welt, in einem Pakt, der wie durch ein Wunder jedes Problem lösen würde.
Als er in der Pfarrei vor dem Priester stand, fügte es sich, daß ihm ein unverzichtbares Sakrament fehlte, um vor den Altar zu treten und sein Jawort zur Eheschließung zu geben: er war nicht gefirmt worden. Für die Hochzeit mußte das in Ordnung gebracht werden, wenn er an der Kommunion teilnehmen wollte. Er kehrte also in die Pension zurück und versprach Romilda und vor allem Mamma Luisa, daß er dafür so schnell wie möglich sorgen wolle.
Riccardo gab sich wirklich alle Mühe, aber die Sache lief nicht so, wie die beiden Frauen hofften, die mit Bangen die Lösung des allerletzten Problems erwarteten. »Ich ging in die Peterskirche, wo ich an einen südamerikanischen Priester verwiesen wurde. Er sprach mit mir lateinisch und bildete sich ein, daß ich ihn verstünde. Es ging nicht nur darum, daß wir uns nicht verstanden, er wurde mir auch zunehmend unsympathischer. Als ich mit der Beichte begann, wurde er so ärgerlich, daß er, unverständliche Worte murmelnd, mich schließlich in Stich ließ. Mit angewiderter Miene flüchtete er in die Sakristei, und ich sah ihn nicht wieder.« Riccardo schob daraufhin die Verabredung mit den Heerscharen des Herrn und mit Romilda auf die lange Bank.

Der Bruch mit Romilda und ihrer Mutter war unheilbar. Sie beschuldigten ihn, diesen braven Priester mit Absicht verärgert zu haben, nur, um seinem gegebenen Versprechen nicht nachkommen zu müssen. Sie packten und verließen beide die Pension – Romilda mit der zusätzlichen Last eines nicht mehr übersehbaren Bauchs.
Von Gewissensbissen gequält, aber unfähig, Abhilfe zu schaffen, und im Grunde glücklich, daß die Sache zu sei-

nen Gunsten gelaufen war, suchte Riccardo andere Kontakte und Zerstreuung. Die Geschäfte begannen gut zu laufen. Das Verlagshaus blühte. Sie hatten ihm die Verantwortung auf dem Verkaufssektor übertragen, er reiste durch ganz Italien, um Bücher mit faschistischer Propaganda abzusetzen, und fand genügend potente Interessenten.

Romilda war im Gegensatz zu ihrer Mutter ganz und gar nicht davon überzeugt, daß ihr Schicksal nun einmal diesen Lauf genommen hatte. Sie hoffte noch immer. Sie wollte, koste es, was es wolle, in der Hauptstadt entbunden werden. Am 20. September 1934 kam Sofia zur Welt, Riccardo schickte Blumen und erkannte das Kind an, indem er ihm seinen Namen gab. Das nährte die Illusion, daß die Beziehung wiederaufgenommen und die Eheangelegenheit wieder in Gang gesetzt werden könnte. Was das erstere betraf, wurde der eine und andere Schritt getan, beim letzteren Gedanken handelte es sich nur um ein Strohfeuer. Sie sprachen beide nicht mehr darüber, trotz des Donnergrollens, das sich unüberhörbar aus Richtung Pozzuoli vernehmen ließ, wo im Haus von Mutter Luisa und Vater Domenico die Feindseligkeit gegen den wortbrüchigen jungen Mann von Tag zu Tag wuchs.
Verlassen, in immer gespannterer finanzieller Situation, behext durch ihre Liebe zu Riccardo, die durch ihre Zweischneidigkeit nur noch stärker wurde, begann Romilda wieder zu arbeiten – erst in einer Theatergesellschaft und dann als Sängerin im Varieté und in Restaurants mit Musikkapelle. Sofia, das kleine Mädchen ohne Vater, wurde der Obhut der Besitzerin der neuen Pension anvertraut, in der Romilda wohnte. Diese Wirtin kam aus dem Wundern nicht heraus, als sich Riccardo mit seinem hübschen,

frechen Gesicht einstellte, sich in Romildas Zimmer schlängelte und sie bereit fand, ihn aufzunehmen. »Trotz ihres kantigen Charakters übte Romilda nach wie vor eine große Anziehung auf mich aus. Sie war in vollster Blüte. Es war ein Verhängnis, daß es zwischen uns zu neuen Ausbrüchen der Leidenschaft kam. Als Folge davon kündigte sie in den letzten Monaten des Jahres 1937 an, daß sie ein zweites Kind erwarte. Im Mai 1938 kam ein Mädchen zur Welt: Sie tauften es Maria, nach meiner ersten Schwester.« Riccardo gab der Neugeborenen einen Kuß und glänzte noch häufiger durch Abwesenheit.

Der Kriegsbeginn unterbrach dieses Hin und Her zwischen Passion und Zeugung, aus dem Romilda zwei hungrige Mäuler übrigbehalten hatte, die gefüttert werden mußten, während Riccardo bis über die Ohren mit dem Versenden seiner Propagandaschriften beschäftigt war, die reißenden Absatz wie noch nie fanden. Im September 1939 entzündeten die Deutschen mit ihrem Einmarsch in Polen einen Weltkonflikt; im Juni 1940 schloß sich Mussolini an. Riccardo schlug seine Schlachten an der Heimatfront, indem er seinen Beitrag dazu leistete, den vaterländischen Kriegsgeist zu stärken, und hatte keine Zeit für seine Nachkommenschaft.

Romilda fragte sich vergeblich, warum er sie so hartnäckig vernachlässigte. Um ihn an sich zu binden, hatte nicht einmal ihre Konzession gereicht, die Töchter auf die Vornamen seiner Familie taufen zu lassen. Sofia trug den seiner Mutter, einer Schwiegermutter nur in der Theorie. Was sollte sie tun? Sie packte ihre Siebensachen und bat im Innersten aufgewühlt ihre Familie in Pozzuoli, die Familie Villani, sie wieder aufzunehmen.

Riccardo trieb unterdessen eifrigen Handel mit Heldenmut auf Papier und bemühte sich, seine gleichermaßen gefräßige Aktivität auf dem Felde der Gefühle in den Griff zu bekommen. Er hatte die ebenfalls filmnärrische Nella Rivolta kennengelernt, besuchte sie häufig und entschloß sich schließlich, zur Vernunft zu kommen und mit all den stürmischen Beziehungen zu brechen, die ihm die Kriegswirren wie so vielen Italienern beschert hatten. Sie heirateten und zogen nach Foligno.

Obwohl die Verbindungen wegen der immer intensiveren Bombenangriffe der Alliierten kaum noch funktionierten, erreichte die Nachricht Romilda. Sofia, Riccardos Mutter, hatte die unangenehme Aufgabe, sie ihr telefonisch zu übermitteln. Die Reaktion war so heftig, daß die Wände des Hauses in Foligno erbebten. Romilda war nicht mehr die sanfte Doppelgängerin der bezaubernden Greta, sondern eine Frau, die man erzürnt hatte.

Die Uhr der Geschichte verkündete den Untergang des Faschismus am 25. Juli 1943 und den Waffenstillstand am 8. September des gleichen Jahres; in Pozzuoli skandierte der Pendelschlag im Haus der Villanis die Schmähungen gegen den Verräter, Faschisten und Don Juan.

Romildas Reaktion machte auf Riccardo nicht den geringsten Eindruck. Er war als Gatte Nellas ebenfalls ziemlich schnell Vater geworden – einmal und gleich noch einmal, gleichsam, um das Gleichgewicht herzustellen. Vielleicht hatte sich die Prozedur der Firmung im Blitztempo erledigen lassen, dank der kriegsbedingten Lockerung aller Zwänge: die Kirche war hauptsächlich damit beschäftigt, die Tausende von Toten zu segnen, die von den Fronten in Afrika, Griechenland und Rußland zurückkehrten; es war nicht die Zeit, in der südamerikanische Priester auf ihren Lateinkenntnissen herumreiten konnten.

Riccardo war Gatte und Familienoberhaupt. Er hatte vier Geschöpfe gezeugt, zwei weiblichen, zwei männlichen Geschlechts, von zwei verschiedenen Frauen geboren. Bald war Italien mit ledigen Erstgeborenen überfüllt, den Früchten der Landung der Amerikaner – mit Niemandskindern. Riccardo hatte ein reines Gewissen. Die Schwestern Scicolone konnten niemals behaupten, Geschöpfe eines unbekannten Vaters zu sein.
Auch was die Arbeit betraf, ergaben sich dauerhafte Neuerungen. Mit Mussolinis Ende war es nicht mehr angebracht, propagandistische Pamphlete herzustellen und zu verbreiten. Riccardo war schlau genug, sich auf Tätigkeiten zurückzuziehen, die weniger in der Schußlinie der Antifaschisten lagen. Er holte also seine eingemotteten Kenntnisse der Ingenieurskunst wieder hervor, krempelte die Ärmel hoch und ernannte sich zum Baukonstrukteur. Das Land lag in Trümmern, die Politik der Ziegelsteine schien verheißungsvoll. Aufgrund des Wiederaufbau-Booms der Nachkriegsjahre könnte man seine Entscheidung als echten Geniestreich bezeichnen. Und es war eine Entscheidung auf Dauer.
Riccardo überließ es der Zeit, das Verhältnis zu Romilda in gleichem Maße wie die Entbehrungen der letzten Kriegsjahre zu mildern, und stellte die Kontakte stufenweise und vorsichtig wieder her. Nicht ohne Murren und Grollen von ihrer Seite. Romilda konnte nicht vergessen, daß sie mit den Töchtern sitzengelassen worden war, fand jedoch in einem verborgenen Bereich ihres Herzens den Mut zur Begegnung mit den Söhnen der Rivolta, der Feindin, der Frau des Feindes, den sie in fernen römischen Nächten geliebt hatte.

Die Jahre, die folgten, beginnend mit der Expedition Romildas und Sofias zu *Quo vadis* nach Rom, waren von den Höhen und Tiefen ihres Gemütszustands und ihres Zwiespalts geprägt. Eine indirekte Konsequenz war nicht zu übersehen. Als Ehefrau Riccardos hätte Romilda eine Dame sein können, die in einem bequemen bürgerlichen Haus in einem besseren Viertel von Rom lebte; sie hätte ihr Geld in der Via Condotti oder der Via Frattina ausgegeben und nicht in der Kurzwarenhandlung in Pozzuoli, und Sofia wäre wie eine Lehramtsanwärterin aufgewachsen. Denn das war es, was Riccardo wollte: daß sie ihren prächtigen Körper in graue und züchtige Kleider einschnürte.

Statt dessen führte der unheilbare Bruch die »drei Schwestern« zu anderen Grenzen, auch wenn die Kontakte innerhalb der auseinandergerissenen Familie nie ganz abbrachen. Die Bande des Blutes waren zu stark. Riccardo verfolgte aus der Ferne Romilda, Sofia und Maria und hatte seine Präferenzen. Maria, die Zweitgeborene, war und blieb sein Liebling. Sofia hatte zu viel Ähnlichkeit mit Romilda und begegnete ihm darum feindselig, herb und polemisch. »Maria ist aus anderem Holz geschnitzt«, sagte er, »sie ist nicht wie ihre Schwester. Ich bin froh, daß es so ist. Maria ist diplomatisch und weiß sich zu arrangieren.«

Sofia blieb das nicht verborgen, gleichwohl gelang es ihr über Jahre, keine Eifersucht zu zeigen. Als Riccardo 1978 starb, erschien sie beim Begräbnis und hielt die Hand ihrer Schwester. Sie weinten vor dem Sarg dieses Mannes, den der Lungenkrebs dahingerafft hatte. Sie weinten mit den Halbbrüdern und mit Riccardos letzter Gefährtin, der Deutschen Carol Hank. Sie weinten auch für Romilda, die nicht hatte dabeisein wollen.

6. Kapitel

Verführt und verlassen

Während das wechselvolle Leben Riccardos, des Verführers, von Flatterhaftigkeit und Egoismus geprägt war, war Romildas Parallel-Existenz ein ständiger Kampf, sich Genugtuung zu verschaffen, seit jenem Tag, an dem Gretas verbitterte Doppelgängerin den Zug nach Neapel – mit Anschluß Pozzuoli – bestiegen und in großer Gemütsbewegung Abschied von Rom genommen hatte. Es war nicht nur der Krieg, der sie zurücktrieb. Vieles andere machte ihr das Herz schwer. Sie hielt die Tränen zurück, um die Töchter nicht mit hineinzuziehen, während Sofia und Maria einander an den Händen festhielten und wenig von dem begriffen, was ihrer Mutter widerfuhr. Riccardo hatte sie nicht zum Bahnhof begleitet, und Romilda erfand zur Rechtfertigung die Ausrede, daß ihn eine wichtige Arbeit gegen seinen Willen festgehalten hätte, und daß er sie beauftragt habe, eine Tüte Bonbons zu kaufen und sie ihnen in seinem Namen zu schenken.

Auf dem Bahnhof ging es drunter und drüber. Überall Soldaten, Gesänge, Aufmunterungen, Abschied und Lebewohl zwischen Küssen und Tränen. Eine riesige Menge Menschen, die Gepäckstücke und Schrankkoffer mit sich auf die Reise schleppten, als ob es in ferne Länder ginge.

Der Kriegsanfang versetzte alle in hektische Betriebsamkeit.
Nachdem sie die Kinder in einem überfüllten Abteil untergebracht hatte, schaute Romilda, während der Zug langsam den Bahnhof verließ, aus dem Fenster auf ihr Rom, das in immer weiterer Ferne verschwand und ihr Gedanken über Gedanken einflüsterte. Weniger, was Riccardo betraf, den aus ihrem Herzen zu streichen ihr der Groll gebot, jedenfalls für den Augenblick, als in bezug auf jenen Teil ihres Lebens, der sich von ihr loslöste und unwiederbringlich versank. In dieser innigen, schmerzlichen Abschiedszeremonie verdichtete sich nicht nur der Kummer über das Unglück einer gescheiterten Filmkarriere, sondern auch über das gegenwärtige, das sich ihr gleichsam versehentlich ins Bewußtsein geschlichen hatte – das Unglück einer Frau von nunmehr dreißig Jahren, einer zweifachen Mutter, die so früh schon aus der Heimat des Kinos und der Liebe vertrieben worden war.
Das erste Bild aus dem Jahr 1936. Sie mit der kleinen Sofia auf dem Arm und Riccardo, den sie immer noch zu heiraten hoffte. Sie wohnten dem Zeremoniell bei, in dem die Frauen auf dem Altar des Vaterlandes ihr Opfer brachten. Zweihundertfünfzigtausend Ringe waren es in Rom, darunter die von Königin Elena und von Donna Rachele, Mussolinis Ehefrau. Die Jahre der großen Mobilmachung hatten begonnen. Mussolini hämmerte in seinen Ansprachen den Frauen ein, »auch die widerspenstigsten Junggesellen in den Hafen der Ehe zu schleppen, wobei er die neuesten Verfügungen hin und her schwenkte, die Ehedarlehen und beruflichen Aufstieg für die Männer entsprechend der Zahl ihrer Kinder verhießen« (N. Aspesi). Romilda mit ihrem widerspenstigen Riccardo erkannte, daß sie bei weitem nicht so glücklich dran war wie die

Witwen der im Spanischen Bürgerkrieg Gefallenen, »häufig junge und schöne Frauen, in einen Silberfuchs gehüllt, mit einer enganliegenden, äußerst eleganten Kappe aus schwarzem Samt: das ist der neue Typ Witwe, der dem Duce gefällt, Witwen, die sich bald wieder verheiraten und weitere Kinder in die Welt setzen werden« (N. Aspesi). Romilda war eine weiße Witwe im Dauerzustand: sie war kein erstes Mal verheiratet gewesen und würde es gewiß kein zweites Mal sein.

Im geschlossenen Fenster des Abteils sah Romilda wie auf einer Filmleinwand andere schnelle Bilder vorbeihuschen, die sie persönlich betrafen – die eines Reiches, das hinter triumphalen Märschen und Umzügen Verbote über Verbote türmte, eines Italien, dem sie, das Mädchen aus der Provinz, zu trotzen wagte. Sie betrachtete sich als Nonkonformistin, weil sie ihre eigenen Pläne verfolgt und Rom, Cinecittà und den Männern die Stirn geboten hatte. Diese Gedanken machten ihr etwas Mut und erlaubten ihr, sich weniger als Opfer zu fühlen. Die Verschwörungen gegen sie waren im Grunde nur Teil einer viel umfassenderen Verschwörung gegen die Frauen.

Mit dem Krieg kamen in der Tat immer weitere Verbote. Romilda glaubte paradoxerweise, daß er gerade deswegen erklärt worden war. Das Tanzen war gesetzlich untersagt worden, sehr zur Freude der katholischen Traditionalisten, die aus den Schriften zur Sittenlehre des französischen Paters Vouillermet zitierten: »Der Foxtrott ist zynisch, der Tango unrein, der Java trivial, Shimmy und Blues führen zu kindischer Verblödung und erinnern an den Veitstanz. Das alles hat den Geruch von Rowdytum, Freibeuterei und Urwald. Zwei Worte fassen alles zusammen, was ich gesagt habe: ›Diese Tänze sind nichts anderes als moralischer Bolschewismus.‹ Auch wenn diese Art

Tanz eleganter, koketter und kunstvoller sein mag als Pavane, Gavotte, Menuett und all die anderen Tänze, an die niemand ungesunde Erinnerungen hat!«

Wenn Romilda die Augen schloß, kehrte sie zu den Abenden zurück, an denen sie sich auf den großen Kähnen an der Tiberpromenade unter den bewundernden Augen aller mit Riccardo »unreinen« Tangos hingegeben hatte.

Im Lauf des Krieges wurden unter großem Wehklagen auch die Damenhosen mit dem Bann belegt. Und natürlich fand sich jemand, der eine berühmte Schauspielerin attackierte, die er als den Stein des Anstoßes ausgemacht hatte: »Marlene Dietrich, der wir, traurig genug, diese Hosenepidemie zu danken haben, und das nicht nur für kurze Zeit», schrieb Lucio Ridenti, einer der kleinkariertesten Kritiker der Zeit. Und es gab noch eine Stimme, die vernichtende Töne einer umfassenden und unerbittlichen Verdammung anschlug: »Jede Frau, die gegen Hosen ist, ist eine Kreuzfahrerin mit einem hohen moralischen Ziel: der Rückkehr zu unserer Tradition, dem sparsamen Umgang mit unseren Textilien, der Abkehr von einem hanswurstmäßigen Amerikanismus. Wer selbst mit diesen Konfektionsverirrungen nichts Besseres anfangen kann, soll sie den Hilfswerken schenken, weil sie vielleicht einem Vertreter des männlichen Geschlechts dienlich sind, dem sie zustehen, und der sie außerdem nötiger hat«, schrieb eine Journalistin, deren Aufruf sofort offene Ohren fand. In der Tat »sah sich am Anfang dieses Frühlings eine Frau, die in kurzen Hosen von einer Gruppe von Bürgern auf der Piazza San Marco gestellt wurde, gezwungen, sich unter Gejohle, Pfiffen und Gebrüll in das Hinterzimmer eines Ladens zu flüchten, von wo sie in weiblicherer Gestalt herauskam, um ungeschoren ihre Wohnung zu erreichen«.

Währenddessen erwarteten Pozzuoli und die Familie Villani mit etwas mehr Zartgefühl die Heimkehr der verlorenen Tochter, die mit einer schweren Last auf den Schultern zurückkam, jedoch bereit war, die schiefe Bahn wieder bergauf zu klettern und einen Neubeginn zu wagen. Riccardo – und Romilda wiederholte sich das immer wieder – hatte ihr unwissentlich geholfen. Niemand bedrängte sie mehr mit den ständigen Umschwüngen von Launenhaftigkeit, Flucht und dem Flehen um Vergebung. Er hatte sich aus dem Staub gemacht, weil er zu schwach, zu haltlos war, um vor ihr bestehen zu können. Als schließlich die Bomben kamen, war das nichts gegen die täglichen Schlachten mit diesem Fahnenflüchtigen der Gefühle.
Pozzuoli liegt – arm, aber eindrucksvoll – im Zentrum der Phlegräischen Felder, einem Stück Erde, das durch die schläfrige Tätigkeit kleiner Vulkane unter Druck gehalten wird und wegen seiner Thermalquellen von alters her ein Ort der Gesundheit war, bis industrielle Niederlassungen an ihm zu nagen begannen.
Die Familie Villani wohnte in der Via Solfatara Nr. 5, am Anfang jener Straße, die an tiefen Trichtern entlang nach Neapel führt, aus denen heißer Fango, Dampf- und Rauchfontänen, Flammen und züngelnde Lava an die Oberfläche treten. Romildas Vater Domenico war Meister in der Ansaldo-Munitionsfabrik, und deshalb deckte sich seine und die Geschichte seiner Familie mit der fortschreitenden Ausbreitung der Industrie in einem Gebiet, das in römischer Zeit der bedeutendste Hafen der Campania gewesen war. Domenicos Frau Luisa, Riccardos Feindin, bereitete zu Hause die Pasta für die Kinder, den Buchhalter Guido, den Zimmermann Mario und die Stenographin Dora, bis sie ihre eigenen Familien gründeten.
Alle waren sehr froh, Romilda mit ihren zwei Töchtern

wieder im Haus zu haben. Sofia war sechs, Maria drei. Das Haus in der Via Solfatara schaute mit einer Seite zum Meer, mit Blick auf den Tempel des Serapis, einer ägyptischen Gottheit der Antike. Als Sofia ein Filmstar geworden war und es nun zum guten Ton gehörte, über sie in mythologischen Begriffen zu sprechen, erinnerte sich jemand an diese Einzelheit und erhob sie zur neuen Göttin von Pozzuoli, in der sich die Attribute von Demeter und Ceres, der Göttinnen der Fruchtbarkeit, vereinigten.

Zwischen vulkanischen Dämpfen und Blitzen, Tempeln und Opferaltären wuchsen die beiden Schwestern trotz aller Entbehrungen in kindlicher Unbeschwertheit auf. Das, so wird sich die Schauspielerin viele Jahre später erinnern, waren die »glücklichen Jahre«.
Romilda konnte diese Meinung nicht teilen, auch wenn der tägliche Alpdruck in der Pension von ihr gewichen war, das Hin und Her zwischen Pozzuoli und Rom mit Sofia am Hals sein Ende gefunden hatte, und der Unterschlupf bei den Eltern ruhigere Zeiten verhieß. Gewisse Erinnerungen konnten nicht so einfach ad acta gelegt werden. Die verzweifelte Arbeitssuche, die Hilferufe an Riccardo, daß er geruhen möge, ins Portemonnaie zu greifen, die Notwendigkeit, die Pensionswirtin dauernd um Hilfe zu bitten – all das hatte ihr zuviel an Spannung und Angst abverlangt.
In den abendlichen Erzählungen im Haus der Villanis tauchten Anekdoten auf, die Sofia noch als Erwachsene einflechten konnte, und die wahrscheinlich dazu dienten, die traurige Rechenschaft, die sich Romilda über ihren römischen Leidensweg ablegen mußte, zu lindern. In ihrer Autobiographie bezieht sich die Schauspielerin auf eine dieser aufheiternden kleinen Geschichten über die ersten

Tage ihres Lebens: »Wie es in den Geburtskliniken so üblich ist, wurde ich, kaum geboren, aus den Armen meiner Mutter genommen und ihr erst vierundzwanzig Stunden später wieder zurückgebracht. Meine Mutter erzählt, daß ich, als die Schwester mit mir ankam, sofort ›Mamma‹ rief. Es ist wahrscheinlich, daß es sich nur um ein undeutliches Gewimmer handelte, trotzdem war meine Mutter nie davon abzubringen, daß ich ganz eindeutig nach ihr gerufen hätte: sie ist eben Neapolitanerin und legt auf solche Dinge großen Wert. Vielleicht erschien es ihr als gutes Vorzeichen, daß mein erstes Wimmern bereits von Geburt an die tiefe Verbundenheit zwischen ihr und mir bekräftigte.«

Wenn denn dieser »Mamma«-Laut ein gutes Vorzeichen war, dann betraf es mehr Sofia als Romilda. Für die letztere bildete dieses Wort, das sie jenseits aller Glaubwürdigkeit vernommen zu haben glaubte, vielleicht den Fingerzeig, um ihre immer schon vorhandene Anlage zu harmloser Mythomanie wieder aufzugreifen. Es war das Bruchstück, das in der Phantasie der Wöchnerin die imaginäre Szene eines privaten Films erstehen ließ, für deren Verbreitung – aller Lächerlichkeit zum Trotz – sie eine glänzende Interpretin war. Die Hauptrolle im Kino war ihr nicht vergönnt gewesen, also schuf sie sich eine im Bett des Krankenhauses und konnte sicher sein, daß ihr in Verbindung mit der Mutterschaft zumindest im Kreise der Familie mit Wohlwollen zugehört werden würde. Damit verabschiedete sie sich gleichzeitig von Greta und all den anderen großen Stars des amerikanischen Kinos und ihren Verlockungen.

In der Zurückgezogenheit in Pozzuoli vergaß Romilda, daß sie einem Phantom aufgesessen war, und gab sich, obwohl der Kriegslärm immer näher kam, einer anderen

Täuschung hin – daß sie wie viele Italiener, einschließlich der Einwohner von Pozzuoli, die in all dem Elend von der Ruhe des Meeres und der eindrucksvollen antiken Ruinen behext waren, die Harmonie und den Zauber einer »bella giornata«, eines immerwährenden schönen Tages, zurückgewinnen könne.

7. Kapitel

»La bella giornata«

Ein leuchtender Morgen, klare und saubere Luft, die Sonne hoch am Himmel und doch milde, das Meer ruhig, die Stimmen der Menschen, die näherkommen, lebhaft und heiter, der Klang eines Liedes, der sich in den Gäßchen verliert, der Duft, der aus den Kochtöpfen steigt. Aber das allein macht noch nicht die »bella giornata« Neapels und seiner Umgebung aus. »Es war eine Vorstellung«, schreibt Raffaele La Capria, «die in der Seele wurzelte, im Empfinden, daß alles sein eigenes Maß hatte. Die ›bella giornata‹, die in sich ruhte und sich aus sich selbst heraus erklärte, erfüllte auch die kleinen Ereignisse und die Menschen, die Teil meines damaligen Lebens waren, mit einer Bedeutung, die ihnen sonst vielleicht abgegangen wäre. Das Geheimnis der ›bella giornata‹ ist ihre völlige Unbeschreiblichkeit, die Erinnerung an die unwiderstehliche Anziehungskraft eines vagen Lebensgefühls, an heitere und urwüchsige Gleichgültigkeit gegenüber allem ...«

Ein Tag wie aus dem Märchen, in einem Neapel, das faszinierend war wie eine Zauberei, die alle sahen. »Es war eine sonnenüberflutete, mediterrane Harmonie, nicht viel anders, als sie die alten Griechen gekannt hatten, jawohl, vermutlich etwas in der Art. In dieser Harmonie hatte alles seinen Platz, Vorstadt und Pulcinella, Neapel und Europa, die ›großen Ideen‹ und die neueste Canzonetta. Es war gewiß nicht das Paradies auf Erden, denn es gab immer die Menschen, die in den Gassen des Elends hausten; aber die Harmonie, über die ich spreche, hat nichts mit sozialer Gerechtigkeit zu tun. Sie ist die natürliche Anmut der menschlichen Existenz.« La Capria verließ Neapel, als er erkennen mußte, daß es die »bella giornata« und die Harmonie nicht mehr gab, und daß sie nie wieder zurückkehren würden. Es war in jenen fünfziger Jahren, in denen auch Romilda und Sofia Pozzuoli den Rücken kehrten, um sich endgültig für Rom als Sprungbrett in die Zukunft zu entscheiden.

Bevor die fünfziger Jahre eingeläutet wurden, bevor sie also als Komparsinnen in *Quo vadis* mitmachten, versuchten Romilda und ihre zwei Töchter, sich mit der natürlichen Anmut Neapels anzufreunden, die auch auf Pozzuoli ausstrahlte. Für Romilda, die sich recht und schlecht durchschlagen und mit den Gespenstern der jüngsten Vergangenheit abrechnen mußte, war das alles andere als einfach. Sofia und Maria dagegen nahmen wie alle Kinder jede Situation zum Anlaß, um ein spielerisches Abenteuer daraus zu machen.

Es genügte ein Ausflug an den nahen Strand von Lucrino, um den größten Spaß zu haben. Maria brauchte das Wasser nur zu sehen, und schon zog sie sich aus, so gut es eben ging, fummelte angestrengt mit den kleinen Fingern an den Knöpfen des Hemdchens herum und lief dann als Nackedei herum, was die ältere Schwester doch ein wenig schamrot machte; darauf warf sie sich in die Wellen und wollte möglichst weit hinaus, worauf sie oft genug von einem erschrockenen Sommerfrischler wieder herausgefischt wurde. Es genügte die weiche Krume eines dunklen Brotes, die den Mädchen nicht schmeckte, um daraus Spielzeug zu kneten, es anzumalen und in der Sonne trocknen zu lassen.

Sofia war lebhaft und hielt es nicht lange aus, in einem Klassenzimmer eingesperrt zu sein. Sie klaute die Hefte der Mitschülerinnen und versteckte sie, mußte den Tadel der Lehrerin entgegennehmen, weil sie häufig zerstreut war, und betrachtete lieber die Mandarinenbäumchen vor dem Fenster, statt dem Unterricht zu folgen. Bei den Hausaufgaben dachte sie an Pinocchio, der sein Heft mit Maulbeersaft vollschrieb, während sie, weil Tinte teuer und nicht zu bekommen war, mit Wasser verdünntes Anilin benutzte.

Auch die Essensknappheit war Vorwand zum Spiel. Mit der Tochter einer Nachbarin, die gekochte Pflaumen mit dem kräftigen Wein des Vesuv aromatisierte, sangen sie das Liedchen »A tò, a tò, pirulella caracà ... – Für dich, für dich, dann dreht sich dir alles und du fällst mir in die Arme, und wenn du auf mich wartest, mußt du dieses Pfand bezahlen«. Die Pfänder waren diese delikaten Pflaumen, die die Nachbarin gerne bezahlte, denn die Scicolone-Schwestern heiterten ihre Tochter auf, die dick war und unter ständiger Schwermut litt.

Die Lieblingsbeschäftigung der Schwestern war Theaterspielen. »Wieviel Komödiantentum in unseren ›künstlerischen‹ Darbietungen steckte«, erinnert sich die Schauspielerin, »kann ich nicht sagen, aber ich weiß sicher, daß ich und meine Schwester einige Male etwas aufführten. Wenn wir ein paar Lire ausgeben durften, kauften wir buntes Papier und machten uns daraus ›Theaterkostüme‹. Dann kletterten wir auf den Küchentisch und improvisierten ein Stück. Wahrscheinlich werde ich nie mehr eine so glückliche Atmosphäre erleben wie jene, in der unsere unverschuldete Armut versank und gleichzeitig den Hintergrund für unsere Vorführungen bildete: Die Großeltern und die Tanten und Onkel schauten uns zu, die Mamma spielte in einem anderen Zimmer Klavier, Papa war gegangen, um eine andere Frau zu heiraten, aber wir hatten weder Zeit noch Anlage, uns die Traurigkeit seiner Abwesenheit wirklich deutlich zu machen. Wir sangen und tanzten mehr als eine halbe Stunde auf dem Küchentisch, ohne müde zu werden, und da sich das Ereignis gewöhnlich am Nachmittag abspielte, kurz vor dem Abendessen, konnten wir durch das Fenster sehen, wie die Sonne hinter dem römischen Amphitheater unterging. In all dem lag etwas Erregendes, das uns zum Schluß in einer Art sanfter Trunkenheit zurückließ, bis meine Großmutter mich in den Arm nahm, mir sagte: ›Du bist eine Süße‹ und mir einen Kuß gab.«

Die Aufführungen zwischen Küchentisch und Ofen wurden seltener, als die Flugzeuge der Alliierten immer häufiger und immer dichter ihre Graffiti auf den blauen Himmel über Neapel zeichneten. Die »drei Schwestern« und ihre Verwandten gewöhnten sich an diese Eindringlinge, die ihnen wie Raben in der »bella giornata« erschienen. Wie Tausende anderer Neapolitaner, die phantasievolle Überlebenstechniken entwickelten und die Luftschutzräume in farbenfreudige Läden verwandelten, in denen es alles gab, merkten Sofia und die Ihren auch keinen großen Unterschied zum Alltag ihrer ohnehin schon schwierigen Existenz. Selbst die Bombenangriffe konnten unvermutete Aspekte zeitigen: »Ich erinnere mich an einen ganz bestimmten Fliegerangriff. Meine Mutter, Onkel Mario und ich waren in die Stadt gefahren, um uns in der Sala Roma einen Film anzuschauen. Als wir zum Kino kamen, gab es Fliegeralarm. Plötzlich war der Himmel festlich beleuchtet, oder mir wenigstens erschien es so, während es in Wirklichkeit Leuchtspurgeschosse waren. Man hörte das Dröhnen der feindlichen Flugzeuge und das Getöse der Flak. Es schien wie ein Fest in Piedigrotta, und ich deutete zum Himmel und schrie: ›Mamma, Mamma, schau nur, die Luftballons.‹«

Am Himmel war zwar Volksfest, aber auf den Straßen und in den Häusern herrschte naturgemäß ein Inferno. Um sich in Sicherheit zu bringen, gab es zwar die Luftschutzbunker, wirkliche und wahrhaftige Burgen voller Wunder, aber es waren zu wenige und sie waren oft nicht mehr zu erreichen, wenn die Sirenen zu heulen begannen. Wie immer in Neapel mußte man sich arrangieren. Und so verwandelte sich die Unterführung der Cumana, der Station der Lokalbahn zwischen Neapel und Pozzuoli, kaum daß der Alarm losgegangen war, in einen vollen Bauch, in dem die Menschheit Deckung suchte. Es gab welche, die nicht einmal den Alarm abwarteten, um sich in Sicherheit zu bringen, und dort bereits verweilten, um sich den besten Platz für die Nacht zu sichern, als Hunderte Herumirrende mit Matratzen und Hausrat auftauchten, um ein paar Stunden zu schlafen.

Dort unten hatte Sofia »das beste Lager der Welt«: »Es gab keine Möglichkeit zum Vergleich. Unser Schicksal war das einzig denkbare. Sehr bald versanken wir alle in Schlaf, wie im Dunkel des Schützengrabens von Müdigkeit übermannte Soldaten. Mir gefiel besonders der Augenblick des Erwachens, als Onkel Mario mich an der Hand nahm und mich nach draußen führte, über die Felder bis zu einem Stall, wo es frischgemolkene Milch zu trinken gab: es waren zwei Welten, zwei Leben, ein ersticktes unter der Erde und ein anderes, das frisch und rein war. Dann kehrten wir nach Hause zurück, ich wusch mich, zog mich an und ging zur Schule. Der Morgen war schön, die Milch war gut, und das Leben war gut zu mir, das mir bei jeder Morgendämmerung die Überraschung eines heilen Himmels bescherte, auf dem die letzten Sterne langsam verblaßten, bis sie im vollen Tageslicht verschwunden waren.«

Die Verzauberung der Heranwachsenden hielt auch in den Monaten an, in denen Italien 1943 im schrecklichen Abgrund des Bürgerkriegs versank. Den Alliierten gelangen Landungen, die den endgültigen Sieg über die Faschisten und Nazis bedeuteten. König Vittorio Emanuele und General Badoglio zogen sich von Rom nach Brindisi zurück. Viele Abteilungen des italienischen Heeres schlossen sich den Armeen der amerikanischen und britischen Generäle an. Im Norden organisierten sich die ersten Partisanenverbände.

Doch war es eine Verzauberung, die auch für die naive Sofia und für Maria Stück für Stück in Scherben ging. Die Familie Villani zog nach Neapel und kam bei Verwandten unter, die ihr wohl oder übel Gastfreundschaft gewähren mußten. Es war die Periode des Zusammenwohnens, zu dem alle gezwungen waren, die nicht Gelegenheit hatten, in entferntere Regionen auf dem Land evakuiert zu werden, eine der vielen Torturen, die die Familien erschütterten.

Auf wenigen Quadratmetern zwischen Koffern, Kartons und aufeinander getürmten Möbeln zusammengedrängt, lieferten sich die unfreiwilligen Wohngemeinschaften tägliche Schlachten um das Bad oder die Benutzung der Küche. Die weniger Begüterten belauerten neidisch die

Wohlhabenderen, die unbefangen auf dem Schwarzmarkt eine kleine Flasche Öl oder eine Handvoll Mehl kauften.
Auf der Speisekarte der Villanis gab es nicht einmal mehr die Bratäpfel, die Sofia zur Zubereitung zum Bäcker getragen hatte, weil es im Haus in Pozzuoli kein Gas gab, und auch nicht mehr die Farinella, eine Art zerriebenen Mais, oder die Kürbissuppe oder die gekochten trockenen Maronen. Gerichte, die einer königlichen Tafel zur Ehre gereicht hätten, und die unter Freudenrufen der Schwestern zubereitet wurden, die gleichsam mithalfen, dieses Spiel der Köchinnen ohne Zutaten, aber mit viel Phantasie zum Gelingen zu bringen. Frugale Gerichte, die nun durch Brot ersetzt wurden, das es in den wenigen offenen Läden nach stundenlangem Schlangestehen zu kaufen gab, während man für das Wasser vor den Straßenbrunnen Wache halten und jeden Tropfen, der die Freundlichkeit hatte, herunterzufallen, auffangen mußte. Was die ohnehin schon kümmerliche Garderobe betraf, bleichten Sofias und Marias Kleider aus und lösten sich in ihre Bestandteile auf. Damit sie etwas Anständiges am Leib hatten, zerschnitt Romilda ihren Kamelhaarmantel, eine Reliquie ihrer einstigen römischen Filmträume.

Schließlich kamen 1944 die Vier Tage von Neapel. Als die alliierten Truppen näherrückten, erhob sich die Bevölkerung und vertrieb die Nazis. Der Hafen war von Dutzenden Schlachtschiffen und Zerstörern überfüllt, die die Stars-and-Stripes-Flagge führten. Glanzvoll kehrte die »bella giornata« in einer Version zurück, die sich die Neapolitaner niemals hätten träumen lassen. Die Sonne von Neapel hob wie ein Reflektor die jungen Soldaten aus Kentucky oder Texas heraus – viele von ihnen italienischer Abstammung –, die Schokolade und Zigaretten austeilten; sie rahmte die Dämchen ein, die sie nicht nur mit offenen Armen aufnahmen und keinen Unterschied zwischen den Weißen und ihren schwarzen Kampfgenossen machten, immer zu ein paar Minuten Liebe bereit, nur um »Am-Lire«, von den Amerikanern gestempeltes Geld, zu ergattern, oder einen Dollarschein, eine Büchse, Kaugummi; sie strahlte auf die Straßenjungen, die tausenderlei Geschäftchen machten und immer auf dem Sprung waren, um nach dem Geld zu tauchen, das Bill, Joe und Louis ins Wasser warfen. Die nämliche Sonne ließ sich in den Schluchten der Viertel nieder, wo sich die alten Frauen die Zigaretten teilten und sie auf Verkaufstischen in Reih und Glied zum Verkauf anboten, oder auf verfallene Hütten, in die ein Dunkelmann – wie Curzio Malaparte in seinem Roman »Die Haut« beschreibt – jene Soldaten bat, die mit einem Finger die intakte Jungfräulichkeit eines Mädchens überprüfen wollten, das sie gottergeben mit gespreizten Beinen erwartete.

Sofia kehrte mit Mutter und Schwester nach Pozzuoli zurück: »Der erste alliierte Soldat, den ich sah, war ein Schotte, und ich lachte, bis ich Bauchschmerzen bekam – ein Mann in einem Rock war wirklich allzu närrisch.« Das Haus war zerstört. Während ihrer Abwesenheit war es von Bomben getroffen und praktisch skelettiert worden. Irgendein ungebetener Besucher hatte sogar noch das wenige, das im Inneren intakt geblieben war, durcheinandergeworfen. Sofia und Maria halfen den anderen Verwandten, die Fenster mit Karton abzudichten. Es war die erste Geste eines Wiederaufbaus, der, mit großer Energie in Angriff genommen, die Schatten und Leiden verscheuchte und wieder Heiterkeit einkehren ließ.

Als Sofia den Karton von einem Fenster entfernte, sah sie

sich einer Einheit der marokkanischen Truppen gegenüber, die den allierten Truppen gefolgt waren: »Diese dunkelhäutigen Soldaten im Hof aßen von Zinntellern und schlugen dann mit den Fingerkuppen auf die Teller wie auf Tamburins und improvisierten Lieder und Tänze. Ich schaute ihnen ohne Angst zu: sie erschienen mir sehr menschlich und unter großem Heimweh zu leiden. Ich war zehn und spindeldürr, mit einem Mund, der für mein mageres Gesicht zu groß und zu breit war, und ewig aufgerissenen Augen, vielleicht aus Erstaunen darüber, daß ich am Leben war und endlich eine Sanftheit in den Dingen wiederfinden konnte, die ich, so kann man sagen, kurz nach meiner Geburt vergessen hatte.«

Jenen Männern, die sicher ohne Furcht, aber mit Neugierde den Blick des spillerigen Mädchens erwiderten, sollte Sofia in der fiktiven Handlung eines Films wiederbegegnen, einem ihrer berühmtesten, *La ciociara*, der Geschichte zweier Frauen, Mutter und Tochter, die von marokkanischen Soldaten vergewaltigt werden.

Romilda wurde wieder aktiv. Sie bemühte sich, ihr künstlerisches Talent in dem einen oder anderen kleinen Lokal auszubeuten, um ihre Kinder versorgen zu können. Sofia schloß die Mittelschule ab und schrieb sich im Lehrerseminar ein. Sie wuchs ungestüm. In kurzer Zeit nahm ihr Körper harmonische und imposante Formen an. Maria beendete die Grundschule. Sie hatte eine schöne Stimme, und Romilda dachte, daß sie vielleicht Sängerin werden könnte. In beiden Mädchen erblühte in einer Renaissance der »bella giornata« jenes Göttergeschenk, das Raffaele La Capria die »napoletanità« nennt.

»Es ist die ›napoletanità‹, das Spiel zwischen Schein und Sein, das dem Neapolitaner dieses so europäische, so un-

bekümmerte Flair vererbt hat, diese geistige Eleganz, die sich auch in den ungebildetsten Schichten der Bevölkerung findet. Es ist die ›napoletanità‹, diese Ausflucht, die den Neapolitaner bei aller Selbstinzenierung mit einem derart seltenen Gefühl für Humor und Ironie begabt hat. Es ist die ›napoletanità‹, diese Sehnsucht nach einem früheren, nunmehr unerreichbaren Zustand, die die eigentliche Quelle seiner Schwermut ist. Es ist die ›napoletanità‹, dieses undefinierbare Phänomen, das ihn so leicht gemacht hat, so bereit, sich nicht ernst zu nehmen. Es ist die ›napoletanità‹, diese Frage nach seiner eigenen Existenzberechtigung, die ihn so unruhig und rastlos werden ließ. Es ist die ›napoletanità‹, diese – wenn man so will – selbstverständlichste Sache der Welt, die ihn das Schöne dem Wahren vorziehen läßt, das Gefühl dem Gedanken … Und wenn sich der Neapolitaner in diesem Versuch einer Beschreibung vielleicht nicht wiedererkennen will, hat es damit zu tun, daß er sich in dem Spiegel, der ihm seine ›napoletanità‹ vorhält, überhaupt nicht wiedererkennen will. Er ›weiß‹, daß das nicht er ist, er lehnt dieses Bild ab und ist gelegentlich davon angewidert. Aber er weiß nicht, was er anderes sein könnte.«
Sofia und Maria lernten, beeinflußt durch die unerfüllten Hoffungen der Mutter, und indem sie in vollen Zügen die »napoletanità« einatmeten, ihre Selbstinszenierung mehr und mehr zu kultivieren – vor allem Sofia, das schmächtige kleine Mädchen, das nun zur Frau gereift war.

8. Kapitel

Prinzessin des Meeres

Ich war keine gute Schülerin: ich war fleißig, aber undiszipliniert, ständig von innerer Unruhe getrieben.« Sophias Erinnerung an ihre wenig aufregenden Erfahrungen im Lehrerseminar deutet das Problem an, das sie und ihre Mutter schon nach den ersten Studienmonaten erkannten: sie lag mit den Büchern zwar nicht in offenem Krieg, aber sie konnten weder die Energie noch die Kraft befriedigen, die sich in ihrem aufblühenden Körper stauten. Es mußten andere Ventile, andere Ziele gefunden werden.

Romilda förderte Sofias Selbstinszenierung, mit der sie erst Neapel und später die Welt überrumpeln sollte. Die Abnabelung von der Familie Villani fand unter ihrem Schutz statt, wurde von ihr gefördert. Das Band zwischen den beiden war unzerreißbar, nicht zuletzt wegen Romildas ungebrochenem Verlangen nach Genugtuung, das sie Sofia Tag für Tag einimpfte. Das intelligente und gewitzte frühreife Mädchen sog alles in sich auf. Verband die Träume der Mutter mit der Erinnerung an den eigenen Mummenschanz auf dem Küchentisch, mit den Filmen, die sie sah, mit der Imitation der »gefährlichen Schönheit« Rita Hayworth mit ihren rotblonden Haaren und den geschmeidigen Bewegungen und den Film-llustrierten, die sie verschlang. Dazu kam der unbewußte Schuß

»napoletanità«, das unbefangen fröhliche Spiel mit ihrem Körper, das die Männer bereits kribbelig zu machen begann.
Für Romilda gab es keinen Zweifel: die Anlagen – die glückliche Kombination aus Persönlichkeit und Fleischlichkeit – hatten sich entwickelt, nun mußten sie nur noch gefördert werden. Sie schwor sich, alles dafür zu tun, und identifizierte sich mit diesem Ziel. Es verwunderte niemanden, als Sofia bei ihrem Tod tränenüberströmt sagte: »Ich habe meinen Schutzengel verloren.«
Romilda, der Schutzengel, hatte die Tochter bereits im Mutterleib zu formen begonnen. Sie wollte sie ihr gleich und doch anders, mit ihren schwärmerischen Zügen, aber sicherer, entschlossener, immun gegen die Illusionen der Liebe, in denen sie sich verstrickt hatte. Sie wünschte sie sich anziehend und überlegen, verführerisch und weise. Die Männerwelt war treulos, Sofia hatte zu lernen, ihr zu mißtrauen, ohne dabei mutlos zu werden. Die sexuellen Bedürfnisse waren unzähmbar und verlockend, also mußte sie trainieren, sie in Zaum zu halten und sie gleichzeitig herbeisehnen. War Sofia eines der vielen schönen neapolitanischen Mädchen? Nein, sie war von diesem Schlag und doch mehr.

»Sie war ein prächtiges Mädchen geworden. Ihre Anmut machte Appetit: sie zu streicheln und dann zu ohrfeigen, sie auf die Knie zu zwingen und ihren Kopf zur Ausführung unreiner Praktiken herunterzubeugen. Nichts Gravierendes. Ein paar von den Annehmlichkeiten, die einem solche Unschuldsengel besorgen können. Man konnte seine Zweifel haben, ob sie wirklich Jungfrau war. Dazu war sie zu gut angezogen. Unter ihren Lebensumständen kann man nicht in so blankgeputzten Schuhen mit ho-

hen Absätzen herumlaufen, mit einer solchen Handtasche und einem solchen Jäckchen, die sagen wir es mal flapsig – den höheren Töchtern vorbehalten sind. Und welcher anständige Mensch wird seine Tochter schon ohne Begleitung nach Neapel schicken? Sind wir vielleicht verrückt geworden? Entweder war die Welt nicht mehr zu verstehen, oder dieses Mädchen schätzte sie nicht richtig ein. Ein anderer hatte sie vor ihm aufgerissen und sie, gemessen an der demütigen Haltung Miluzzas, mit einer Handvoll Saubohnen abgespeist.«
So dachte einer jener Männer, die ständig »wölfisch« wurden, wenn sie in jenen Jahren einem schönen neapolitanischen Mädchen begegneten, wie sie Domenico Rea in seinem Roman »Ninfa plebea« in der Hauptfigur der Miluzza porträtiert.
Sofia wäre niemals ohne Begleitung nach Neapel gekommen – sie hatte immer Romilda als Leibwache – und war eine appetitanregende, aber keineswegs plebejische »Nymphe«. Sie war zwar, und die Mutter ließ nicht nach, ihr das einzuprägen, in bescheidenen Verhältnissen aufgewachsen, aber sie trug ihren Adel in ihrem Wesen und ihren Ansprüchen an das Leben. Kein Proletariermädchen hätte eine große Schleife im Haar getragen, wie sie ihr Romilda persönlich knüpfte, als Tüpfelchen auf dem i einer zwar dürftigen, aber anständigen Kleidung. Kein ungeschliffenes und unbedarftes Proletariermädchen wäre jemals auf den Gedanken gekommen, einen Aufstieg zu wagen, der nur wenigen vom Schicksal Auserwählten vorbehalten war.

Romilda sah ihre Tochter als schöne, unerschrockene, abenteuerlustige Heldin. Sie hatte von Marie Sophie de Bourbon gehört, der Schwester von Kaiserin Elisabeth von Österreich und Gemahlin von Franceschiello, Franz II., der in der Mitte des vorigen Jahrhunderts in Neapel regierte, bis Garibaldi auf dem Schlachtfeld der Geschichte erschien. Wegen ihrer Anmut und ihrer Entschlußkraft hatte sich um sie ein romantischer Mythos gerankt, der Romilda ausnehmend gefiel. Auch nach Franceschiellos Sturz und der Annexion des Königreichs beider Sizilien durch das vereinigte Italien hatte »Sissis« Schwester Garibaldi und dem verhaßten Haus Savoyen mutig die Stirn geboten und den Kampf um die Rückeroberung des Königreichs nicht aufgegeben, hatte das Räuberwesen ermuntert, Verbündete unter den Anarchisten gesucht, während des Ersten Weltkriegs hinter den Kulissen Anschläge auf die italienische Marine organisiert und an der Niederlage der italienischen Truppen in der »Schlacht von Karfreit« (dem heutigen Caporetto) mitgewirkt, gleichsam als Krönung ihrer Vergeltungsträume. Marie Sophie war 1925 gestorben und hinterließ den Ausspruch, daß sie von der Vorzüglichkeit aristokratischen Blutes und von der Bedeutung einer Ahnenreihe von edler und makelloser Abstammung überzeugt sei.

Konnte nicht Sofia von Pozzuoli, die knapp zehn Jahre später geboren worden war, diesem Vorbild von Entschlossenheit und Zähigkeit in idealer Weise nachgeraten? Das Mittel, ein solches Unterfangen mit Aussicht auf Erfolg in Gang zu bringen, war – wie es schon Romilda probiert hatte – eine Schönheitskonkurrenz, auch wenn dahinter nicht eine große Hollywood-Filmgesellschaft wie die MGM stand, und es nicht darum ging, die Doppelgängerin eines speziellen Filmstars zu finden.

Die Schönheitskonkurrenzen waren vom faschistischen Regime in einer Phase abgeschafft worden, in der es den

Moralhütern aller Schattierungen Konzessionen machte. Trotzdem fanden sich Schlupflöcher. In seinem Wochenblatt »Il Milione« lancierte der Verleger Cesare Zavattini mit dem PR-Experten Dino Villani einen Wettbewerb unter dem Motto »Fünftausend Lire für ein Lächeln«, der mit einer Umfrage unter Schauspielern, Schauspielerinnen und Schriftstellern zum Thema »Lächeln« eingeläutet wurde, illustriert mit entsprechenden Abbildungen der Zelebritäten. Danach trafen zu Tausenden Fotos von Kindern, Männern, aber vor allem von Frauen und Mädchen ein; und in Touristenorten wurden die »Feste des Lächelns« organisiert. Sie wurden dank des Schlagers »Feste del sorriso« von D'Anzi und Bracchi und der Mitwirkung einer anderen Zeitschrift, »Tempo«, die die Fotos und Adressen der Auserwählten veröffentlichte und damit eine Flut von Fan-Post heraufbeschwor, ein überwältigender Erfolg. De Sica suchte aus den Fotos die Hauptdarstellerin seines Films *Teresa Venerdì / Verliebte Unschuld* aus, Adriana Benetti, die auf dem 27. Platz gelandet war. Den Wettbewerb gab es bis 1942, als ein weiteres Verbot auch dieser modifizierten Form ein Ende bereitete.

Die Kontinuität war also kaum unterbrochen, als 1946 im Grand-Hotel von Stresa die ersten »Miss«-Wahlen nach amerikanischem Vorbild stattfanden. »Die Schar der Schönen in erstaunlichen Bikinis scheinen den Übergang von der kampflustigen faschistischen Mannhaftigkeit zur friedlichen demokratischen Weiblichkeit anzuzeigen. Die größten Regisseure des italienischen Neorealismo (Zavattini, De Sica, De Santis etc.) führen den Vorsitz in der Jury ... Die Beurteilungskriterien haben sich verlagert: vom *Gesicht* auf den *Körper*. Dabei ist auch ein Übergang in ästhetischer Hinsicht zu beobachten, ein anthropologischer Wandel im weiblichen Schönheitsideal. Während die opulenten Formen einiger Kandidatinnen dem zeitgemäßen Wunschbild entsprechen – das heißt, daß in dieser Üppigkeit ein ›barockes Merkmal des alten, ausgehungerten und ländlichen Italien‹ gesehen wird – weisen die herben Formen der anderen (die noch in der Minderheit sind) in eine neue Richtung ... Die perfekten Maße einer Miss entscheiden ohne moralische Hypotheken über das soziale Schicksal armer Mädchen.« (M. De Gregorio)

Die armen Mädchen, dokumentiert De Gregorio, mußten sich bei diesen Wettbewerben strengen Kriterien der Beurteilung unterwerfen. Man wohnte einer Wiederbelebung der Anthropometrie bei, die am Ende des 19. Jahrhunderts »die männlichen und weiblichen Körper der spirituellen Merkmale entkleidet und sie auf ihre Substanz reduziert hatte – auf die Substanz von Gewicht und Maßen. Die Körper wurden vermessen, Zentimeter und Gramm in Relation gesetzt, der Mittelwert festgestellt, um aus den Resultaten die Gesetzmäßigkeit des jeweiligen Typus herauszuarbeiten«.

Nicht ganz so ausgetüftelt, aber nicht weniger wissenschaftlich beflissen wurde Maß an die Kandidatinnen für die Miss Italia gelegt, wie Dino Villani bestätigt: »Die Idee kam nicht von uns. 1949 ersuchte uns ein Institut zur körperlichen Ertüchtigung, die ›Physicol‹, um die Erlaubnis, anthropometrische Vermessungen vorzunehmen, um festzustellen, inwieweit sie mit den Proportionen des idealen Körpers der Venus von 1900 übereinstimmten. Die Daten wurden als Verschlußsache behandelt.« Fotos dieser Miss-Wahlen zeigen in der Tat Assistentinnen im weißen Kittel, die sich abmühen, Busen und Gesäßmuskulatur der Kandidatinnen zu vermessen, und die Ergebnisse an andere Assistenten weitergeben, die – ebenfalls in weißen Kitteln – einen höchst wissenschaftlichen Eindruck machen. Die Kandidatinnen, in völliger Verlegenheit wegen ihrer ansehnlichen Proportionen, zeigen dagegen einen schüchternen, verängstigten Gesichtsausdruck.

Im ersten Jahr, 1946, trug Rosanna Martini den Sieg über Silvana Pampanini davon, die künftige Partnerin von Totò und zahlreicher anderer Komiker, bereits damals Favoritin des Publikums, das mit der Entscheidung der Jury nicht einverstanden war. Rosanna Martini heiratete darauf umgehend den Schauspieler und Produzenten Nino Crisman und löste damit einen Trend aus, der Tradition wurde: die unschlagbare Formel, die auf der Übereinstimmung von Liebe und Interessen beruhte, die weniger künstlerischer als ökonomischer Art waren.
Im folgenden Jahr siegte Lucia Bosè, eine Angestellte aus Mailand, unbekannt wie ihre Konkurrentinnen, die bald danach ebenfalls angebetete Filmschauspielerinnen wurden: Eleonora Rossi Drago, Gianna Maria Canale und vor allem Gina Lollobrigida.
Lucia Bosè wurde gleich in einen Skandal verwickelt, weil ein Fotograf sie am Tag nach dem Titelgewinn in ihrem Bett abgelichtet hatte, wie sie sich schlaftrunken die Augen rieb und dabei eine Zigarette rauchte. Das Foto erschien im »Corriere della Sera«, und am folgenden Tag wurde der Brief eines fiktiven Lesers veröffentlicht, der in Wirklichkeit vom Journalisten Leonardo Borgese verfaßt worden war: »... halbnackt und dadurch schlimmer als nackt, hingegossen wie eine Prostituierte, die Lippen schamlos geschminkt; im Mund hängt die Lucky Strike, und mit dem brennenden Feuerzeug zwischen den Fingern verdreht die Schöne die Augen. Wonach schielt sie? Nach

Protektion oder nach der Masse, die den guten Geschmack gepachtet hat?« Es fehlte nicht viel, und es wäre zu einem Duell zwischen einem Paladin der Bosè und dem Herausgeber der Zeitung gekommen.

Nach Fulvia Franco (1948), die ebenfalls Schauspielerin wurde und den Boxer Tiberio Mitri heiratete, und Mariella Giampieri (1949), einer Schülerin des Malers Giorgio Morandi, die zur Überraschung aller ihr Studium und das Malen fortsetzte, war 1950 Sofia Scicolone an der Reihe: sie nahm teil und gewann nicht, weil Anna Maria Bugliari den Titel der Miss Italia davontrug, die Tochter eines ehemaligen Partisanenführers. Die Jury wollte nach einer stillschweigenden Übereinkunft keine »Pin-up-Girls« gewinnen lassen, den Typ, dessen Fotos im Badeanzug dazu dienten, die Kojen der Lastwagenfahrer oder die Studentenbuden zu zieren. Die Scicolone verdiente eine solche Verbreitung, die Jury bekam einen Schreck und entschied sich für die Bugliari, eine friedvollere und eher beruhigende Schönheit und außerdem noch Tochter eines Partisanenvaters.

Romilda war maßlos enttäuscht. Siegessicher hatte sie sich Dino Villani als »Tante« des Mädchens präsentiert. »Romilda war als Botschafterin aktiv und äußerst befähigt«, erinnert sich Villani. »Es fiel ihr nicht schwer, ein wenig Werbung zu Sofias Gunsten zu machen, was sicher nicht unbemerkt blieb. Romilda spekulierte aufgrund des Nachnamens, daß wir vielleicht verwandt sein könnten, und war etwas frustriert, als ich ihr mitteilte, daß diese Verwandten dann Vellani und nicht Villani heißen müßten, denn mein Vater, ein gebürtiger Modenese, hieß ursprünglich Vellani, und nur durch einen Fehler auf seinem Urlaubsschein während des Krieges in Abessinien hatte sich unser Familienname verändert.« Romilda mußte sich mit einem Titel begnügen, der eigens für ihre Tochter erfunden worden war: Miss Eleganza.

Die Schönheitskonkurrenzen hatten eine wichtigere gesellschaftliche Funktion als die, armen Mädchen ein zukünftiges Auskommen zu verschaffen. Sie enthüllten zwei fundamentale Mechanismen des italienischen Films. Einerseits funktionierten diese verdienstvollen Wettbewerbe als Grabbeltisch für die Produzenten, die die Allerschönsten erst zur Kenntnis nahmen und dann heirateten; zum anderen bestätigten sie die zentrale Rolle der Mutter, mochte sie sich auch als Tante, Freundin oder ältere Schwester ausgeben, eine Rolle, hervorragend geeignet, andere Mütter dazu zu veranlassen, den Grabbelsack gefüllt zu halten und damit positiv zur Erneuerung des Kinos beizutragen.
Es waren keine völlig neuen Mechanismen, denn sie hatten ihre Vorbilder im amerikanischen Filmbusiness und spiegelten den nicht zu überschätzenden Zusammenhang zwischen schwierigen sozialen Bedingungen und dem Star-System, das Unbekannte in Halbgöttinnen verwandelte, dank ihrer Gagen und der Verzückung, die sie auslösten. Die amerikanischen Mütter waren angesichts der überaus lohnenden Absatzchancen auf diesem Sektor als erste auf die Idee gekommen, ihre vorzeigbareren Töchter als optimale Investition zu betrachten. Während die Mädchen auf den Widerstand der Väter stießen, fanden sie bei den Müttern volle Unterstützung, zumal, wenn diese verwitwet, verlassen oder geschieden waren.
»Das ist vermutlich der Grund, warum ein so unglaublich hoher Prozentsatz künftiger Stars aus gescheiterten Ehen stammte: Dorothy und Lillian Gish, Mary Pickford, Joan Crawford, Betty Hutton, Myrna Loy, Pola Negri, Merle

Oberon, Barbara Stanwyck, Carole Lombard, Ginger Rogers, Norma Shearer, Lana Turner, Loretta Young, Olivia de Havilland und ihre Schwester Joan Fontaine, Paulette Goddard, Jean Harlow, Miriam Hopkins, Bette Davis und Marilyn Monroe«, stellt Selwyn Ford fest. Sofia befand sich also in bester Gesellschaft und hatte den Vorteil einer Mutter, die wild entschlossen war, die Tochter aufzubauen und sich damit selbst zu erlösen.

Wie aber war Sofia so weit gekommen, daß sie sich in Salsomaggiore den Titel Miss Eleganza holen konnte? Der Weg hatte 1949 bei einer lokalen Schönheitskonkurrenz in Neapel begonnen, die hauptsächlich als touristische Attraktion gedacht war. Der dortige Ente Turismo wollte die Saison verlängern, und jeder Vorwand konnte dafür herhalten, von der Schönheitskonkurrenz bis zur Schlagerparade. Die Nachricht verbreitete sich rasch in den Stadtvierteln und Vororten und ließ viele Mütter und Töchter die Ohren spitzen.

Der Titel der »Schönheitskönigin des Meeres« – einer Königin, die von zwölf »Prinzessinnen« umgeben sein sollte – setzte weniger voraus als der der Miss Italia, weshalb sich auch selbsternannte Talentsucher auf die Suche nach Kandidatinnen machten. Einer war ein Nachbar der Familie Villani in Pozzuoli.

Sofia war ein Bild von einem Mädchen, warum sollte sie nicht mitmachen? Romilda war sofort Feuer und Flamme. Ihre Eltern jedoch waren absolut dagegen, eingedenk der Widerwärtigkeiten, die der jungen Romilda widerfahren waren, nachdem sie der Verführung des Wettbewerbs um die Doppelgängerin der Garbo erlegen war. Doch sie mußten sich ein weiteres Mal geschlagen geben: Romilda war hartnäckig, weinte, drohte und führte endlose Diskussionen, bis sie endlich die Zustimmung erzwungen hatte. Nicht nur das, es gelang ihr auch, alle Familienmitglieder für die große Chance, die sich abzeichnete, zu mobilisieren, einschließlich der Großmutter Luisa, die zähneknirschend aus einem Fenstervorhang ein angemessenes Kleid nähte.

Der Sage nach erregte Sofia in ihrem Traum in Rosa in einem Abteil dritter Klasse, in dem sie mit Romilda und Maria dem Ereignis entgegenfuhr, die Aufmerksamkeit der Mitreisenden, die sich fragten: »Sind wir im Karneval?« Sofia tat so, als ob sie es nicht hörte, zumal sie angestrengt damit beschäftigt war, ihre Schuhe zu verbergen – schwarze Schuhe, die für den Anlaß weiß angestrichen worden waren.

Während die »drei Schwestern« einander gegenseitig Mut machten, betraten sie den Presseklub, einen der exklusivsten Treffpunkte der Stadt. Hier löste sich eine letzte Angst in Wohlgefallen auf: Sofia hatte das fünfzehnte Lebensjahr – Voraussetzung für die Teilnahme – noch nicht vollendet, es fehlte noch eine Woche. Doch ihre Erscheinung, mit diesem Busen und diesen Hüften, die der Vorhangstoff nur mit Mühe bändigte, war genug Geleitbrief, es gab weder Einwände noch Gegenstimmen. Und im Kreis ihrer Konkurrentinnen, beim perfekt ablaufenden Ritual der Defilees auf dem Laufsteg, spürte Sofia eine große Widerstandskraft in sich wachsen, die ihr alle Angst und Aufregung nahm.

Romilda hoffte mehr als Sofia, daß sie es schaffen würde. Das Fleisch von ihrem Fleisch wurde jedoch nicht zur Schönheitskönigin ausgerufen, sondern mußte sich in die Gruppe der zwölf Prinzessinnen einreihen. Sie mußten sich mit den Trostpreisen begnügen: einem Tafelservice für zwölf Personen, achtundzwanzig Rollen Kleiderstoff,

einem hübschen Kleid, 25000 Lire und – reichlich schicksalshaft – einer Fahrkarte nach Rom.
Zehn Jahre später richtete Giuseppe Marotta in Erinnerung an den Wettbewerb einen Gruß an den Veranstalter: »Gesegnet seist Du, Kollege Assante, mein lieber Arturo. Gepriesen für unsere leibliche Schwester Sofia, heute und für alle Zeit. Du hast den Wettstreit ersonnen, in dem sich am Arm der Mutter aus Pozzuoli auch die rassige Sofia versuchte. Wie alt war dieses Juwel der Scicolone damals? Wahrscheinlich nicht einmal sechzehn. Wenn Wladimir Nabokov Mitglied der Jury gewesen wäre, hätte er einen epileptischen Anfall bekommen. O arme Seelen des Fegefeuers! Aber wie hast Du Dich auf den Beinen gehalten, mein Assante? Angesichts dieser bereits abgeschlossenen Entwicklung in der Vertikalen und diesen Voraussetzungen zu – wie zum Teufel soll man es bezeichnen? – Überfluß, zu einer Art Aktienpaket mit Blankowechsel auf vollendete Formen?« Marotta fragte sich ein weiteres Mal, warum Neapel dieses Wunder nicht hatte begreifen wollen.
Neapel übte nur zum Teil Wiedergutmachung, indem es Romilda und Sofia Gelegenheit gab, den Regisseur Giorgio Bianchi kennenzulernen, der in der Stadt die Außenaufnahmen von *Cuori sul mare* drehte und Sofia ihren allerersten Auftritt als Komparsin im Ristorante »Zì Teresa« verschaffte. Es war eine bescheidene Draufgabe, die die Prinzessin des Meeres nicht zufriedenstellen konnte und noch weniger ihre Botschafterin, die sie zur Königin des Südens erhoben sehen wollte wie einst Marie Sophie de Bourbon.

Einige Jahre vorher, am 2. Juni 1946, war in einem Referendum darüber abgestimmt worden, ob Italien Monarchie bleiben oder Republik werden sollte. Das Haus Savoyen und seine Anhänger waren knapp abgeschlagen worden. Die Campania und der Süden hatten zum König gestanden. Speziell für die Neapolitaner war die Monarchie eine alte, unheilbare Krankheit. Die ältesten Nostalgiker, nach wie vor erbitterte Feinde der Umwälzungen, die das Risorgimento mit sich gebracht hatte, fanden, daß das Haus Savoyen, das den Thron der Bourbonen usurpiert hatte, zu Recht abgestraft worden war, hatten aber trotzdem für die Monarchie gestimmt. Und man möchte seinen Kopf verwetten, daß Romilda das ebenfalls getan hatte.

Ich begegnete Signora Villani ein einziges Mal 1983 bei einem Fest zu Ehren der Schauspielerin Doris Duranti, der Geliebten des ehemaligen Parteibonzen Alessandro Pavolini, der einmal im Jahr aus seinem vergoldeten Exil auf Santo Domingo nach Italien zurückkehrte. Ich war auf der Suche nach Zeugnissen über das Kino in der Zeit des Faschismus. Romilda war von Ex-Admiralen, Ex-Generälen, und was es an Ex-Existenzen aus jener Periode sonst noch gab, umringt. Überall im Haus hingen Fotos von Vittorio Emanuele, Umberto und der gesamten königlichen Familie. Romilda war ungeheuer aufgekratzt. Zwischen all diesen Schemen schien sie die einzige lebendige Person.

Im übrigen war eine monarchistische Gesinnung in Neapel die natürlichste Sache der Welt. Denn hier herrschte ein spezieller König, den alle »O'Comandante« nannten: Achille Lauro, der mächtige Reeder und Mann der Politik. Im Kult um ihn lebte die traditionelle Ergebenheit für gekrönte Häupter und den Adel weiter. Sogar Totò, der König der Komiker, fühlte sich vor Millionen Hörern zu dem Geständnis bemüßigt, daß es sein gutes Recht sei, sich mit einem Wappen zu schmücken; und die Bewohner der Campania erwiesen sich als die treuesten Konsumenten von Illustrierten wie »Oggi« und »Gente«, die über jedes Detail des Hauses Savoyen im Exil berichteten und über Todesfälle, Heiraten und Geburten in den abgedankten oder noch amtierenden europäischen Herrscherhäusern Buch führten.

In Neapel entstand unter der Ägide des Comandante der »Laurismo«, der einige Jahre im Süden um sich griff und danach mit stürmischem Erfolg in einige Städte des Nordens exportiert wurde. Der »Laurismo« versetzte mit seiner hektischen Bautätigkeit und Geschäftemacherei der »bella giornata« den Todesstoß. »Meine Unzufriedenheit«, schreibt Raffaele La Capria, »fiel mit der Entwicklung der fünfziger Jahre zusammen, als in einem Neapel der Bourbonen, von dem wir geglaubt hatten, daß es für alle Zeiten von der Bildfläche verschwunden war, der Bürgermeister Lauro mit seiner neureichen Clique die alten Bräuche wieder aufnahm. Damals verließ ich Neapel für immer.«

Unbewußt, getrieben von dem Bedürfnis, die verlorene Harmonie wiederzugewinnen, verließen auch Romilda und Sofia Neapel und gingen nach Rom, nach Cinecittà. Sie kehrten einer Stadt den Rücken, die zwischen dem Fest von Piedigrotta, Schönheitskonkurrenzen und Betonpalästen, die auf wenigen Quadratkilometern wie Pilze aus der Erde schossen, hin und her geworfen war, zwischen Reminiszenzen an die Bourbonenzeit und politischen Skandalen. Sie hofften und träumten. Und mit diesen Phantasien im Kopf hatten sie sich unter die Komparsen von *Quo vadis* gemischt.

Aber Cinecittà rüttelte sie wach. Ein Vorfall gab ihnen

blitzartig den bitteren Geschmack einer unangenehmen Rückkehr in die Vergangenheit. Nach Beendigung der Dreharbeiten, als die Gagen ausbezahlt wurden, trafen sie auf eine Frau, die sich beim Ausrufen des Namens »Scicolone« meldete. Es war Nella Rivolta, Riccardos Frau, auch sie als verhinderter Filmstar wenigstens in der Komparserie tätig. Nella reklamierte, daß sie als einzige das Recht habe, diesen Namen zu tragen. Es kam zum Streit, Romilda sah rot und stürzte sich auf die Rivalin. Sie konnten nur mit Mühe getrennt werden. Es war mehr eine vulgäre Straßen- als eine Filmszene.

9. Kapitel

Der Mann vom Film

Eines Abends Ende September 1950 war Sofia mit ein paar Freunden in einem Restaurant-Dancing auf dem Colle Oppio in Rom, wo gerade die Wahl der Miss Lazio abgehalten wurde. Sie hatte nicht die geringste Absicht, sich zu beteiligen, trotz des Drängens des Restaurantbesitzers und der Organisatoren. Plötzlich wurde ihr eine Visitenkarte überreicht. Höflich und in gewählten Worten der Bewunderung bat sie der Schreiber, am Wettbewerb teilzunehmen. Die Unterschrift war erlaucht: Carlo Ponti, ein Filmproduzent auf Erfolgskurs.

Sofia kam dem Ersuchen nach und stieg auf die Bühne. Sie bekam viel Applaus, aber auch diesmal gewann sie nicht, sondern landete – wie schon üblich – auf dem zweiten Platz. Ponti, der galante Anstifter, kam anschließend auf sie zu, stellte sich vor, machte negative Bemerkungen über das Verhalten der Jury, deren Mitglied er gewesen war, und sprach eine weitere Einladung aus: ob sie sich am folgenden Tag in sein Büro bemühen wolle. Sofia dachte nicht zweimal nach und ging in ihrem besten Kleid zur Verabredung.

Sie war siebzehn, und Ponti hatte die vierzig überschritten. Der Altersunterschied, die Unternehmerpersönlichkeit des Produzenten, der Rahmen des Büros, in dem

Dutzende Mädchen ihre Hoffnungen hinterlegt hatten, das Kommen und Gehen von Regisseuren und Drehbuchautoren, jederzeit bereit, dem Schützling des Chefs eine Rolle auf den Leib zu schneidern, machten naturgemäß Eindruck auf das Mädchen aus Pozzuoli. Aber denselben Effekt mußten auf der anderen Seite der jugendliche Reiz und die sympathische Spontaneität Sofias ausüben.

Das Gespräch führte zu einem Ergebnis. Sofia, die von Maestro Pietro Sharoff, einem russischen Regisseur und Autor, der sich 1938 in Italien hatte naturalisieren lassen, gerade die ersten Grundlagen der Vortragskunst eingetrichtert bekam, wurde zu einer Probeaufnahme eingeladen. Vielmehr handelte es sich um eine ganze Reihe von Probeaufnahmen, immer wieder ebenso zuversichtlich wie hartnäckig wiederholt, denn eine nach der anderen ging schief. Ponti bekannte später: »Wenn ich ehrlich sein soll, interessierte mich anfangs an Sofia die Frau und nicht die künftige Schauspielerin.« Um nach einer Pause hinzuzufügen: »Sie hatte eine Ausstrahlung, die von innen kam. Ich konnte einfach nicht glauben, daß sie noch ein Mädchen war. Sie war so reif, so auf ihr Streben konzentriert, Schauspielerin zu werden, so professionell und gleichzeitig so schüchtern und unsicher.«

Ponti krempelte schließlich dann doch die Ärmel hoch, begann – im Einverständnis mit seinem Partner, einem weiteren gefürchteten und aufgeweckten Produzenten, Dino De Laurentiis –, für Sofia geeignetere Rollen zu suchen, und kümmerte sich nicht allzuviel um Romilda, die in der Unternehmungslust des Produzenten eine gefährliche Konkurrenz zu ihrer Stellung als einzige Beraterin sah. De Laurentiis hatte sein Schlüsselerlebnis bereits hinter sich. Er war 1949 von einer Miss Roma bezwungen worden, die bei der anschließenden Wahl der Miss Italia wegen familiärer Verpflichtungen nicht mit Gina Lollobrigida um die Palme ringen konnte. Als Mitglied der Jury, die die Miss Roma zu küren hatte, war De Laurentiis in den Bann dieser Kandidatin von herausforderndem Reiz geraten: Silvana Mangano. Er schlug sich wacker, um ihr den Titel zuzuschanzen, und als Lucia Bosè, die Miss Italia desselben Jahres, sich nicht danach fühlte, in *Riso amaro/Bitterer Reis* zu spielen, bot er die Rolle der provokanten Reispflückerin mit den langen schwarzen Strümpfen Silvana an und heiratete sie anschließend.

Wer war dieser Signor Ponti, der Sofia praktisch adoptierte? Er war ein ehemaliger Rechtsanwalt aus Mailand, der sich um 1940 für das Kino zu interessieren begonnen hatte, um die Angelegenheiten eines seiner Klienten, der Verleiher war, besser vertreten zu können. Danach war er als ausführender Produzent in die Lux eingetreten, eine der wichtigsten italienischen Filmgesellschaften, die 1935 gegründet worden war und unter der Leitung des hochachtbaren Riccardo Gualino stand, der sich in seinem vornehmen Stil von den sex- und geldgierigen Hollywood-Haien abhob.

Unmittelbar nach Kriegsende hatte die Lux die Produktion wiederaufgenommen und konnte sich einer Anzahl beachtlicher Filme rühmen, wie Luigi Zampas *Vivere in pace/In Frieden leben*, *Riso amaro* von Giuseppe de Santis und Pietro Germis *Il cammino della speranza/Weg der Hoffnung*, zu dem Federico Fellini das Drehbuch schrieb. Daneben gab es eine Unzahl von Edelklamotten, aus denen Comencinis *L'imperatore di Capri* herausragte, sowie Dramen der Leidenschaft und Romanverfilmungen. Mit der Titanus, die Matarazzos Melodramen produzierte,

aber auch Comencinis *Pane, amore e fantasia/Brot, Liebe und Phantasie* und Fellinis *Il bidone/Die Schwindler*, und der Cineriz mit ihrer *Don Camillo e Peppone*-Serie nach den Romanen von Giovannino Guareschi teilte sich die Lux den nationalen Markt und trotzte der Invasion der amerikanischen Filme.
Der Widerstand schlug sich in der Produktion nieder, die von 67 Filmen im Jahr 1947 auf 107 im Jahr 1951 und auf 201 im Jahr 1954 stieg, und auch in den Kasseneinnahmen: 1946 hatten die italienischen Filme 13 Prozent Marktanteil und erreichten 1954 ihr Spitzenergebnis mit 36 Prozent.
Ponti, der mit De Laurentiis durch die Schule Gualinos gegangen war, lieferte der Lux seinen kreativen Beitrag, indem er nach noch wenig bekannten Namen Ausschau hielt und bekannte Regisseure mit Darstellernovizen zusammenspannte. Als er Sofia kennenlernte, hatte er sich gerade mit seinem Freund De Laurentiis zusammengetan. Keine ganz einfache Partnerschaft, wie sich der Regisseur Mario Bava erinnert: »In den Gängen der Lux stand Ponti am einen Ende und De Laurentiis am anderen. Sie haßten einander, weil sie beide Gualino melken wollten. Schließlich begriffen sie, daß es besser wäre, gemeinsame Sache zu machen.« De Laurentiis, genannt »die Katze«, und Ponti, genannt »der Fuchs«, gründeten die Ponti-De Laurentiis-AG, um von Gualino unabhängig zu werden. Laut Sergio Corbucci bauten die beiden »ihr Imperium mit den Filmen von Totò, die wenig kosteten und für die damalige Zeit ein Riesengeschäft waren, mit Einspielergebnissen von sieben-, achthundert Millionen«.
Doch nach wie vor belauerten sie einander argwöhnisch, auch was die Frauen betraf. Der Kameramann Aldo Tonti erzählt, daß Streit zwischen den beiden an der Tages-

ordnung war: »Dino hatte Silvana, die auch eine Kapitalanlage war, ein Star, der Kasse machte. Ponti wollte ebenfalls seinen ›Star‹ und probierte zuerst May Britt aus, die er in Schweden gefunden hatte, aber es funktionierte nicht. Dann versuchte er es mit einer anderen Schwedin, Ingrid Bergman im Paket mit Rossellini, aber *Europa '51* war das reinste Kassengift.«

Der Neapolitaner De Laurentiis neidete Ponti seine Beziehung zur Überneapolitanerin Sofia; es ist denkbar, daß das Silvana Mangano zu Ohren kam und ihr die erste von zahlreichen Verletzungen zufügte, die zum Zerbrechen einer Ehe führten, die in die Geschichte des italienischen Kinos als der Prototyp nach der Formel Miss plus Produzent eingegangen ist und in großer Kälte endete. Aber es gab auch Leute, die das Gegenteil behaupteten, nämlich daß Ponti seinem Freund und Rivalen die Mangano nicht gönnte.

Der Produzent Ponti war besessen von »dem einzigen übriggebliebenen Renaissance-Gewerbe, dessen launische Erben wir sind«, wie es Pontis Freund Alfredo Bini formuliert, der Produzent der ersten Filme von Pier Paolo Pasolini Anfang der sechziger Jahre. Ponti war in der Tat ein wahrer Renaissancefürst, begabt, die gegensätzlichsten Gefühle zu provozieren, und fest entschlossen, mit allem breiteste Aufmerksamkeit zu erregen und seinen Stempel zu hinterlassen. Er war vom großen Kino fasziniert und wußte genau, wie man Regisseure motivierte, ob sie nun etabliert waren oder Nachwuchsregisseure wie Pietro Germi, Luigi Zampa, Alberto Lattuada, Luigi Comencini, Mario Monicelli; und er war bei allem Geschäftssinn risikofreudig. Wie es einem Renaissancefürsten gebührt, erntete er damit Lob und Lobhudeleien, häufiger aber neidi-

sche Kritik, die manchmal beißend war, manchmal nur ungerecht.
Lattuada, der mit ihm in seinen Anfängen als Produzent zusammengearbeitet hatte, empfand ihn damals als »sehr kampflustig«, sagte aber Jahre später, Ponti sei unter den Produzenten-Wölfen »mehr Wolf als alle anderen geworden«. Valerio Zurlini, der Ponti beschuldigte, ihm eine Idee geklaut zu haben, definierte ihn als »einen Mann, der unter einem unangenehmen Äußeren ein Herz aus Stein verbirgt«. Enrico Lucherini, PR-Agent der Stars und auch der Loren, fand ihn dagegen sympathisch, »weil er über alle schlecht redete und mich zum Lachen brachte – für ihn waren alle Scheißkerle und Scheißweiber«.

Was interessierten Sofia, die mit fliegenden Fahnen zu ihm übergegangen war, die Urteile anderer? Es störte sie nicht einmal, daß ihre Mutter zum ersten Mal nicht einer Meinung mit ihr war, was Romilda allerdings nicht allzu deutlich merken ließ, denn es konnte ihr bei allem Eigensinn nicht entgehen, daß dieser Mann möglicherweise wirklich der Magier für sie und ihre beiden Töchter war.
Im übrigen fehlte es nicht an häuslichen Problemen. Maria kränkelte vor sich hin und hatte die größte Mühe, sich in Rom einzuleben. Und zu allem Übel war Riccardo Scicolone auf eine Weise wiederauferstanden, wie sie nicht widerwärtiger sein konnte. Maria, die er nach wie vor nicht anerkannt hatte, geriet in der Schule außer sich, wenn sie von ihren Mitschülerinnen mit einem Vater aufgezogen wurde, den sie praktisch nicht kannte. Riccardo ließ sich weiterhin bitten und entschloß sich erst, seine amtliche Einwilligung zu geben, als ihm Sofia, die bereits auf dem Weg zu Sophia war, eine Million Lire anbot.
Ein noch gravierenderer Vorfall drohte die Familie der

»drei Schwestern« zu erschüttern und die Karriere der Schauspielerin bereits in ihren Anfängen zu zerstören. Es war ein traumatisches Erlebnis, als Carabinieri anklopften und eine formelle Anzeige präsentierten. Darin wurden sie bezichtigt, daß in ihrer Wohnung anrüchige Treffen stattfänden, im Klartext, daß es sich hier um ein gesetzlich nicht sanktioniertes Bordell handle. Auf dem Kommissariat hatten sich Romilda und die Töchter zu rechtfertigen. Woher kam das Geld für ihren Lebensunterhalt? Wer besuchte die Wohnung? Welche Art Geschäfte betrieben sie? Zutiefst bestürzt, unter Tränen der Wut, wehrten sich die Frauen, so gut sie konnten, gegen die Anschuldigungen. Zum Glück konnte Sofia nachweisen, daß für den gesamten Unterhalt allein ihre Einkünfte aus den Fotoromanen ausreichten, die die mageren Filmgagen aufstockten.

Wer hatte sie hinhängen wollen? Das war die quälende Frage, die sich während der kurzen Fahrt zum Kommissariat und während des Verhörs stellte, nicht nur Romilda, die sich für die kleine Familie verantwortlich fühlte, sondern auch den beiden Mädchen, für die eine solche beleidigende Anschuldigung außerhalb ihres Vorstellungsbereichs lag. Die Auskunft ging auf keine Hutschnur. Der Verfasser dieser Schändlichkeit war Riccardo, abermals er, Riccardo Scicolone, in der neuen Rolle des Verfolgers. Es war ein gehässiger Racheakt, offensichtlich einem verspäteten heftigen Schuldgefühl entsprungen. Riccardo wollte die unerwünschten Gestalten seiner Vergangenheit in Pozzuoli wissen, in der Mittelmäßigkeit einer grauen und leeren Existenz ohne Perspektiven; und nicht in der Hauptstadt mit der Aussicht auf eine Zukunft, die er nicht begriff.

Auf diesen hinterhältigen und gemeinen Akt folgten spä-

23 Der Weg nach Hollywood ist geebnet: Starpostkarte 1955

24 Start in den USA: In Stanley Kramers »Stolz und Leidenschaft«, 1957, mit Frank Sinatra

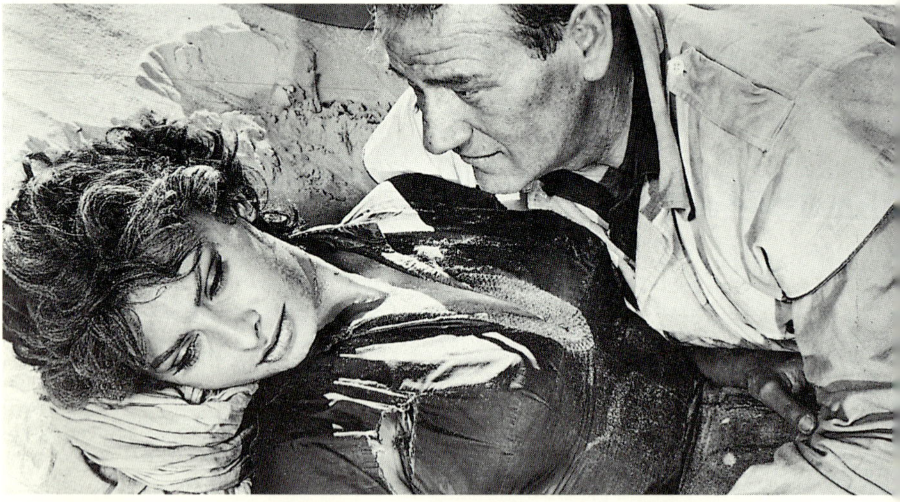

8/29 Oben: Sir Carol Reed war der Regis-
eur des Films »Der Schlüssel«, 1958. Szene mit
Villiam Holden. – Mitte: Mit Anthony Quinn
n »Die schwarze Orchidee«, 1959

1 *Gegenüberliegende Seite*
5–27 Drei Hollywood-Filme direkt hinter-
inander: Jean Negulescos »Der Knabe auf dem
Delphin«, 1957, mit Alan Ladd (oben), Henry
Hathaways »Die Stadt der Verlorenen«, 1957,
nit John Wayne (Mitte) und Melville Shavel-
ons »Hausboot«, 1958, mit Cary Grant
unten)

0 Sydney Lumet drehte seinen dritten Film
usschließlich in New York: »So etwas von
rau«, 1959, mit Tab Hunter

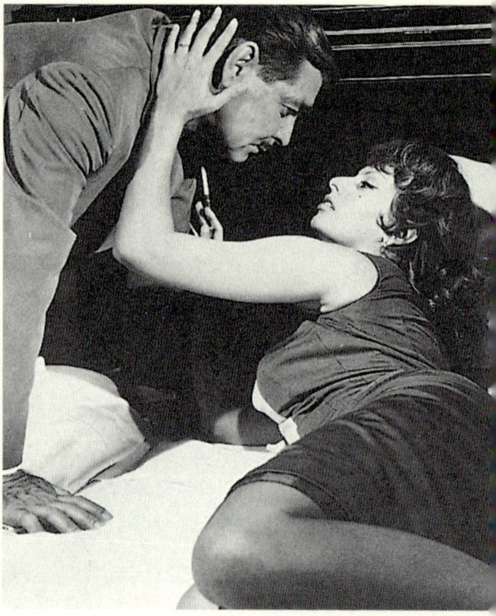

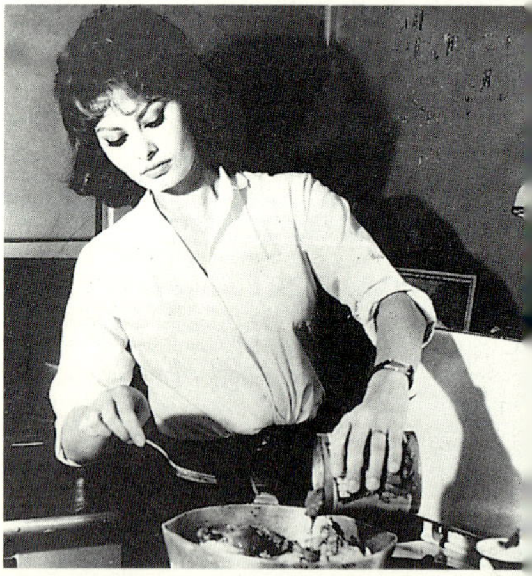

31–34: Oben links: Mit Anthony Quinn in »Die Dame und der Killer«, 1960, als Star einer Schauspielertruppe im Wilden Westen – einer der seltenen Flops von George Cukor. – Oben rechts: Mit Clark Gable in »Es begann in Neapel«, 1960.– Mitte: Privat am häuslichen Herd, 1960. – Unten: Drehpause am Set von »Prinzessin Olympia«, 1960, in Wien. Mit Maurice Chevalier und Produzent Carlo Ponti am Set

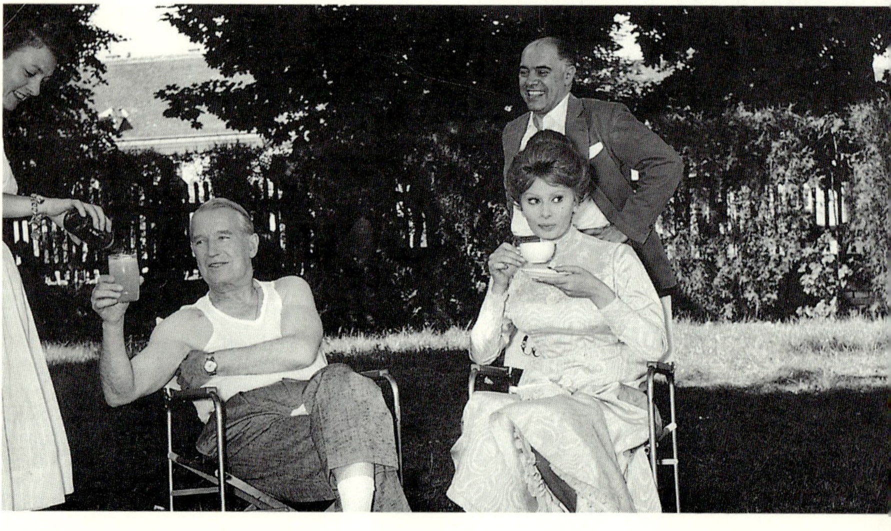

35 In England gedreht: »Die Millionärin«, 1960, nach einer Komödie von George Bernard Shaw

36 Für diese Leistung gab es einen Oscar: In Vittorio De Sicas »Und dennoch leben sie«, 1960, der Verfilmung von Alberto Moravias Roman »La ciociara«, fand sie mit der Cesira die Rolle ihres Lebens. Mit Filmtochter Eleonora Brown

37 Eine internationale Coproduktion war »El Cid«, 1961, unter der Regie von Anthony Mann mit Charlton Heston in der Titelrolle.

38 Eine Paraderolle: »Madame sans Gêne«, 1962, unter Christian-Jaque, nach dem Lustspiel von Victorien Sardou und Emile Moreau

39 In dem Episodenfilm »Boccaccio '70«, 1962. Vittorio De Sica übertrug ihr darin die Hauptrolle seines Sketches »Der Hauptgewinn«.

Folgende Seite ▷▷
41 In Vittorio De Sicas Filmversion von Jean-Paul Sartres Schauspiel »Die Eingeschlossenen«, 1962, mit Maximilian Schell

40 Mit Anthony Perkins in Anatole Litvaks »Die dritte Dimension«, 1962

ter noch weitere. Diesmal war nicht Riccardo der Urheber, sondern Nella Rivolta, seine Frau, von der er sich inzwischen getrennt hatte, und die – nun ebenfalls verlassen – eine ungemeine Befriedigung darin fand, sich auf Romilda und ihre Töchter zu stürzen. Anrufe, Briefe, Zeitungsartikel – sie gab keine Ruhe und behauptete dreist, daß Romilda Riccardo erpreßt hätte, Sofia und Maria als seine Töchter anzuerkennen. Im Juni 1955 – als an der Karriere Sophias nicht mehr zu zweifeln war – gab sie schließlich in der Zeitschrift »Festival« zum besten, daß dieser Erfolg in ihrer Familie, die bereits wankte, unvorstellbare Konsequenzen gehabt hätte: »Mein Mann änderte den Kurs. Er wurde plötzlich seltsam, jähzornig und sogar handgreiflich. Es gab eine Szene nach der anderen. Um mir seine Verachtung zu zeigen, tapezierte er alle Wände mit Fotos von Sophia.» Diese Fotos waren für Riccardo die offensichtliche Demonstration seines Scheiterns, und es ist wahrscheinlich, daß Nella selbst sie ihm besorgt hatte.

Die Affäre endete schließlich vor Gericht, weil Nella Rivolta daran festhielt, daß sich die inzwischen 17jährige Maria den glorreichen Namen der Scicolone unrechtmäßig angeeignet habe. Sofia wurde als Zeugin aufgerufen. Sie blieb beherrscht und beantwortete die Fragen des Richters offen und knapp. Der Urteilsspruch erkannte Maria »das volle Recht« zu, den Namen des Vaters zu führen. Und Nella Rivolta wurde dazu verdonnert, »das Leben von Romilda Villani und ihrer Tochter Maria nicht mehr zu behelligen«.

Ponti – wie hätte es anders sein können – stand der Schauspielerin während der ganzen Affäre zur Seite. Die Beziehung festigte sich immer mehr, und die Ehe des Produzenten mit Giuliana Fiastri war endgültig in die Brüche gegangen. Ohne die Hilfe von Ponti, dem Romilda allmählich mit geringerem Argwohn begegnete, wären die Stammesfehden innerhalb der Sippen Villani und Scicolone möglicherweise in einen wilden Dauerkrieg ausgeartet, mit Beschuldigungen und Erwiderungen, jeweils mit Brief und Siegel.

Alberto Sordi war Zeuge des allmählichen Aufkeimens dieser Liebe. Ponti, bezeugt der Schauspieler, hatte Sophias Einbildungskraft völlig mit Beschlag belegt: »Für sie war er die Verkörperung ihrer Träume. Sie hätte Gott weiß was getan, um seine Gunst zu erwerben. Er war ihr gefällig, hatte aber Sternchen en masse in der Firma. Wie auch immer, er ließ sie in meinem Film *Due notti con Cleopatra* spielen, den Mario Mattoli inszenierte. Sie war als Kleopatra bildschön, einfach fabelhaft. Trotzdem – als wir uns die Muster anschauten, sagte ich zu ihm: ›Ist sie nicht prachtvoll? Hier haben wir die wahre Kleopatra! Und außerdem sagen alle, daß sie es, was ihre überwältigende Schönheit betrifft, mit der Mangano aufnehmen kann.‹ Worauf er die Ohren spitzte und ausrief: ›Tatsächlich? Wirklich mit der Mangano?‹«

Der Regisseur Lucio Fulci, der das Drehbuch für Mauro Bologninis ersten Film *Ci troviamo in galleria* (1953) schrieb, bestätigt eine gewisse Zerstreutheit, die Ponti gegenüber Sophia an den Tag legte: »Die Hauptrolle war Marisa Merlini angeboten worden, die sie ablehnte, weil sie ihr nicht gefiel. Also wurde Sophia, die sich von einem Filmchen zum anderen hangelte, einfach in die Produktion geworfen. Bolognini sagte: ›Aha, soso, ist mir auch recht.‹ Ich schaute mir bei den Dreharbeiten eine Szene an, in der sie tanzte, und es war klar, daß sie Präsenz hatte, und was für eine! Ponti hielt sie in seinem Stall zusammen mit anderen Starlets. Sofia Scicolone war für ihn nichts als ein weiterer Versuchsballon. Ponti glaubte damals nicht an Sofia.«

Er glaubte nicht an sie, änderte aber Schritt für Schritt seine Einstellung gegenüber Frauen. Er war nicht mehr jener Ponti, der dem Aufnahmeleiter Claudio Mancini die Sottise entlockte: »Taufen wir doch den Film *Das Schiff der verdammten Frauen* um in *Das Schiff der Frauen von Ponti*, denn er hat sie alle geschafft«, worauf der Regisseur Matarazzo so tat, als ob er nichts gehört hätte, und die Order gab: »Meine Herren, der Set ist ein Tempel, hier darf kein lautes Wort fallen. Bitte flüstern Sie!«

Die Animosität zwischen den Produzenten – cherchez la femme! – spitzte sich weiter zu. Ione Tuzzi, eine intime Kennerin von Cinecittà und seiner Population, behauptet steif und fest, daß »Ponti De Laurentiis regelrecht verabscheute«: »Ponti war gebildeter ... De Laurentiis hatte die Mangano geheiratet, von der eine gewisse Zeit auch Ponti bezaubert war. Sie gefiel Ponti wirklich, und er bedauerte sehr, daß sie während der Dreharbeiten zu *Riso amaro* seiner Aufmerksamkeit entgangen war. Zu diesem Zeitpunkt war er bereits mit der Loren zusammen, aber sozusagen unverbindlich. Als Ponti sie schließlich heiratete, geschah es auch aufgrund der Rivalität mit De Laurentiis. Er hatte sie praktisch schon fallengelassen, nicht zuletzt, weil er nicht glaubte, daß sie jemals eine Schauspielerin werden würde. Danach drehte die Loren *Aida* mit Fracassi und *Ci troviamo in galleria* mit Bolognini, und darauf machte er kehrt. Und sie stand Gewehr bei Fuß.«

De Laurentiis und Ponti waren im Umgang mit ihren Diva-Ehefrauen allerdings grundverschieden. Sobald De Laurentiis mit der Mangano getraut war, behauptet der Drehbuchautor Rodolfo Sonego, löschte er im gleichen

Augenblick aus seinem Gedächtnis »das Bild der Schauspielerin Silvana und ersetzte es sofort durch das Bild der Gattin, der Mutter seiner Söhne, der Gebieterin des Hauses«: »Die weiteren Filme, die Silvana drehte, ließ Dino sie ganz ohne Zweifel ohne Enthusiasmus machen. Im Gegensatz zu Ponti, der mit der Loren das Gegenteil unternahm.« Alberto Sordi stimmt Sonego zu: »Ohne daß Ponti es vorausgesehen hätte, war Sophia plötzlich da, eine Naturgewalt aufgrund ihrer Physis. Sie war so viel wert wie drei Frauen, und es kam die Mode der großen Oberweiten auf, des Gigantismus... Ponti verdankte sein Glück einzig Sophia. Sophia verschaffte ihm die Mittel, um ein wirklich großer Produzent zu werden, denn in der Firma mit De Laurentiis war er kaltgestellt, dort gab es nur noch Dino, und Ponti war so gut wie am Ende.«

Zwischen Sophia und Carlo war die Bilanz ausgeglichen. Er begriff, wenn auch widerwillig, daß das Mädchen, das er im Restaurant-Dancing auf dem Colle Oppio kennengelernt hatte, Schönheit und einen Dickkopf besaß; und er ließ sich überzeugen, vielleicht, um De Laurentiis nachzueifern, vor allem aber, weil er der Faszination der künftigen Diva inzwischen erlegen war. Das einstige Mädchen aus Pozzuoli brauchte einen Pygmalion und fand ihn schließlich.

»Ich war in einer geschlossenen Welt aufgewachsen«, schreibt Sophia in ihren Erinnerungen, »in der die moralischen Normen von großer Bedeutung waren. Natürlich waren die Mißgeschicke, die meiner Mutter in ihrer Jugend widerfahren waren, eine strenge Warnung für mich, keine vorehelichen Beziehungen einzugehen. Das bedeutete allerdings nicht, daß ich und Carlo uns nicht gewissen Herzensergüssen hingaben, aber es war doch ein ziemli-

cher Unterschied zwischen diesem Gefühlsüberschwang und einer wirklichen sexuellen Beziehung. Carlo war sich meiner Ängste und meiner Zurückhaltung bewußt, es war ihm klar, daß ich nicht zu den zahlreichen Mädchen gehörte, die leicht zu haben waren, und er versuchte nie, die Grenzen zu überschreiten. Soweit ich herausfinden konnte, hatte er ständig Verabredungen mit irgendwelchen kleinen Schauspielerinnen. Seine Frau schien daraus kein Drama zu machen. Sie fühlte sich nicht bedroht, solange ihr Ehemann mit immer wieder anderen Mädchen ausging. Aus diesem Grund trafen wir uns heimlich.«
Auch das weist darauf hin, daß ihr Leben das Gegenteil von dem war, das De Laurentiis – laut Sonego – der Mangano beschert hatte. Ponti wurde praktisch der persönliche Produzent der Loren, aber auch der Schatzmeister der Träume Sophias von Familie und häuslichem Herd.
Gebremste Sexualität also. Nur ein kleines Überschwappen der Gefühle: Küsse, Zärtlichkeiten, Liebesgeflüster. Es war die Zeit, in der – begleitet von den Schlagern der Platters und Elvis Presleys – das Petting in Mode kam, feurige Liebkosungen, aber in Grenzen. Die Jünglinge der Schöpfung kämpften darum, einen Pullover zu lüpfen, eine Bluse aufzuknöpfen, einen Büstenhalter zu entsichern. Die Mädchen sträubten sich gemäß den Spielregeln, um die Angriffe abzuschwächen, auf die sie vorbereitet waren. Spiele von Achtzehnjährigen. Carlo war 1953, als sich beider Beziehung bereits weit entwickelt hatte, dreiundvierzig, Sophia neunzehn.

10. Kapitel

Die Korsaren

Zwischen *La donna del fiume/Die Frau vom Fluß* von 1955 und *The Pride and the Passion/Stolz und Leidenschaft* lagen nur zwei Jahre. In diesen zwei Jahren änderten sich das Leben und die Aussichten Sophias in schwindelerregender und fast unglaublicher Weise. Und dies dank der Pizza und der Pizzabäckerin, der ersten großen Erfolgsrolle der Loren in *L'oro di Napoli.*

Nach dieser überaus geglückten Talentprobe, voll von Ironie und Nuancen, war die Schauspielerin die kleinen Rollen und die, in denen sie nur benutzt wurde, endlich los und drehte *Peccato che sia una canaglia/Schade, daß du eine Kanaille bist!* und *Il segno di Venere/Männer mögen's so* – befreit von der dicken Schminke der Kleopatra, Aida und der Onoria in *Attila* (der Schwester des Kaisers Valentinian, die sich erbot, Attila zu heiraten, um dem Kriegsgemetzel ein Ende zu machen). Sie nutzte die neuen Chancen, um ihre körperliche Präsenz mit einem Augenzwinkern zu ironisieren, erboste, behexte und zähmte Marcello Mastroianni und maß sich mit der geistreichen Franca Valeri.

Die Polemiken um die Pizza und die anstößige Pizzabäckerin in *L'oro di Napoli* waren noch nicht verstummt. »Die Pizza«, sagt Domenico Rea, »ist im Gegensatz zu einem Teller Spaghetti nichts als ein unförmiger Klumpen von 200 Gramm aufgegangenem Mehl. Man muß den günstigsten Moment erspüren, um sie auf der mehlbestäubten Marmorplatte zu dehnen, zu klopfen und zu wenden und sie schließlich in eine Form zu bringen, die rund ist wie der Golf von Neapel, hauchzart und fast durchsichtig in der Mitte und an den Rändern ausgezackt wie eine Steilküste. In der Beschreibung klingt das höchst einfach, aber die Herstellung ist wie die Zähmung eines wilden Wesens, das gefügig gemacht werden muß, um die Stückchen Mozzarella aufzunehmen, welche die weißen Segel sind, die roten Segel der Tomatenstreifen und die freundlichen Wellenkämme der Basilikumblätter.«

Nach Aussage von Hundertausenden Kinobesuchern, die sich den Film der Firma Ponti/De Laurentiis anschauten, hatte Sophia die Aufgabe, das wilde Wesen zu bändigen, mit Bravour gelöst. Ein wichtigerer Bürge war allerdings der Regisseur selbst: Vittorio De Sica betonte nachdrücklich den außerordentlichen Effekt, den die Bearbeitung des unförmigen Klumpens durch die Hände Sophias gehabt hätte, und nicht nur das. Ihr Erfolg in dieser Rolle hatte De Sica Sophias Geheimnis erschlossen: »Sophia hatte eine Mauer um sich errichtet, um jenen Bereich ihrer Persönlichkeit, in dem sie ihre verletzlichsten Gefühle verschlossen hielt. Sie hatte es sich angewöhnt, innerhalb dieser Mauern zu leben, und sie fühlte sich wohl dabei. Aber ihre wahre Natur war leidenschaftlich und unstet, typisch neapolitanisch, und ihre Ausbrüche von Freude, Schmerz, Zorn, Ungeduld und was noch allem waren überdimensional. Also hielt sie sie hinter ihrer Mauer wohlweislich verschlossen. Wenn sie jedoch spielte, konnte sie über die

Mauer klettern und ihre wahren, tiefen Gefühle freisetzen. Sie konnte schreien, lachen, die Hysterische spielen, verführen, aufbegehren und erreichte einen beachtlichen Gipfel an Emotion.« De Sica hatte Sophia zu lockern verstanden, indem er sie selbst die Fähigkeit entdecken ließ, ihre eigenen Gefühle zu erkennen und zu benutzen. Aber nicht alle waren seiner Meinung.

In der Zeitschrift »Cinema Nuovo« warnte Anna Garofalo die Zuschauer in geharnischten Tönen: »Wenn das – wie man lesen kann – die gewichtigste (und gelungene) Talentprobe des Fräulein Scicolone ist, dann gnade uns Gott. Haben Sie in Neapel eine Pizzabäckerin gesehen, die auch nur im entferntesten an die Darstellung von Sophia Loren erinnert? Wir sind ihr noch nicht über den Weg gelaufen, und das, obwohl wir in Neapel zu Hause sind ... Die Verantwortlichen für diesen Film haben sich nicht einmal die Mühe gemacht, ihr beizubringen, wie man eine Pizza herstellt. Übrigens die einfachste Sache der Welt, wenigstens in der Vorstellungswelt des Kinos. Sophia streichelt und tätschelt das elastische Stück Teig, als ob es der Kopf des geliebten Mannes wäre, und es mag wohl sein, daß sich jemand auf den billigen Plätzen von diesen Bewegungen aufgewühlt fühlt, aber wer von Ihnen würde seinen Mund einer Pizza aus den Händen dieser Fee auch nur nähern?«

Die Antwort auf dieses Fragezeichen gaben in stummer Abstimmung an der Kinokasse Millionen Männer jeglichen Alters und Standes. Und jeder von ihnen reagierte aller Wahrscheinlichkeit nach wie Totò, als sie in Fleisch und Blut am Set von *Le sei mogli di Barbablù* aufgetaucht war. Liliana De Curtis, die Tochter des Komikers, berichtet darüber: »Eines Tages kam Sofia, dekolletierter denn je, nach der Mittagspause in die Garderobe von Totò, um ein Schwätzchen zu halten, versetzte ihn allerdings in hochgradige Erregung. Als dieser Traum von Mädchen wieder gegangen war, befiel ihn ein leichtes Unwohlsein, und er verlangte nach einem Glas Wasser: ›Es ist gefährlich, um zwei Uhr nachmittags gewisse Panoramen zu betrachten. Zwischen all den Vorgebirgen und Buchten hat es mir die Verdauung verschlagen.‹«

Anna Garofalo, die kein Stück Pizza à la Loren heruntergebracht hätte, gefielen hingegen »die zauberhafte Eckigkeit von Audrey Hepburn und das mongolische Gesichtchen und der schülerinnenhafte Gang« der Französin Françoise Arnoul. Gegen Sophia hatte sie offensichtlich etwas. Sie warf sie auf einen Haufen mit der Lollobrigida und der Mangano und kanzelte sie alle als mißratene Heldinnen eines Kinos ab, das vom guten Weg abgekommen war, den der Neorealismo eingeschlagen hatte, ein Stil, der vielleicht »zuviel Lumpen aus dem Fenster hängen ließ, aber der sich jedenfalls nicht derart auf Geld, Fummel und Fleisch ausrichtete.« Fleisch stand in der Tat hoch im Kurs. Anlaß für die strenge Frau Kritikerin, zu monieren, daß die Boulevardblätter die Mangano »mit der Methode einer Metzgerwaage« hochjubelten: »... als eine Anna Magnani mit fünfzehn Kilo weniger, eine Rita Hayworth mit zehn Kilo mehr, eine Ingrid Bergman mit mediterranem Temperament, und mit mehr Sex-Appeal als Mae West und Jane Russell zusammen.«

Der Trend war so dominierend, daß der Schriftsteller Renzo Renzi sich zu einer »Hymne auf die angezogene Frau« inspirieren ließ, einer Polemik gegen »den bedingungslosen Triumph eines billigen und dümmlichen Kasernensex, der jede Vorstellungskraft überschritten hat«: »Im Kino hat sich ein Badeklima entwickelt, in dem die nackte Haut das einzige unter der Sonne ist, was zählt.

Und jeder hat sich daran gewöhnt. Die Nudisten sagen, daß es sich um einen Glücksfall handle. Nur der Pfarrer ist anderer Meinung, aber er weiß nicht, daß er damit genau dieses Geheimnis der Verhüllung verteidigt, das wir nun lautstark reklamieren müssen. Der Sex für den Pöbel hat das Kasperletheater und die städtische Blaskapelle ersetzt. Er wird sogar während der patriotischen Gedenktage und im Angesicht gekrönter Häupter austrompetet. Die familiären Sonntagsausflüge stranden in einem Sexgewühl. Und die Kenner diskutieren inzwischen allen Ernstes: ›Nein, tut mir leid, die Brüste der Loren lassen die Kronleuchter erzittern.‹ Diese Brüste haben die Spitzentöne Carusos ersetzt.«

Sogar De Sica erklärte in einem Interview in London, daß »die italienischen Schönheiten nur aus Kurven bestehen«: »Ihre künstlerischen Qualitäten halten mit ihren körperlichen Vorzügen nicht Schritt. Es ist eine sehr traurige Feststellung, aber die italienische Filmindustrie tendiert heute dazu, vor allem die ansehnlichen Beine und die üppigen Busen hervorzuheben.« Bei seiner Rückkehr fand er sich in einem Wespennest und machte aufgrund der Proteste der rechtmäßigen Inhaberinnen der inkriminierten Beine und Busen einen verlegenen Rückzieher: »Es lag an meinem schlechten Englisch, daß einiges, was ich sagte, mißverstanden und ins Gegenteil verdreht wurde. Um einer Polemik ein Ende zu machen, die in skandalösen Tratsch ausgeartet ist, kann ich nur nochmals wiederholen, was ich vor den englischen Interviewern zum Ausdruck bringen wollte: daß unsere Schauspielerinnen über ihre exzeptionelle körperliche Ausstattung hinaus auf breitester Ebene ihre künstlerischen Fähigkeiten demonstriert haben.«

Hinter diesen Gefechten in den Filmillustrierten und den

Schlammschlachten in den Revolverblättern, in denen sich zum Teil auch das Unbehagen der Journalisten und Intellektuellen artikulierte, die zwischen ihrer Ablehnung sauertöpfischer Moral und den Geboten des guten Geschmacks abzuwägen hatten, verbarg sich in Wirklichkeit eine geriebene und glänzend organisierte Aktion, die von Ponti und De Laurentiis angezettelt worden war. In einer Situation, in der das Kino eine neue, Grenzen versetzende Identität suchte, übernahmen sie die Rolle der Korsaren, erst mit einer gewissen Vorsicht und bald mit großer Dreistigkeit.
In ihrer Umgebung wurden sie als Hasardeure betrachtet, als Abenteurer, die mit besonderem Geschick durch das Meer der Veränderungen im italienischen Film lavierten. Zuweilen sympathisch, immer gefährlich. Das Kino war ihr Leben, es war für sie das pure Vergnügen, mit Regisseuren und Drehbuchautoren zu verhandeln, sie zusammen- und gegeneinander aufzubringen, ihnen die Schauspieler aufzudrängen, sie bei der endgültigen Wahl zu erpressen und sich erpressen zu lassen, immer die Ohren gespitzt, wenn sie irgendwo ein Geschäft witterten. Sie waren opportunistisch und geschmeidig. Als sie schließlich geschäftliche Verbindungen mit den Amerikanern aufnahmen, verwandelten sie sich in vertrauenerweckend nüchterne »businessmen«.

Die große Ära der Meister des Neorealismo neigte sich dem Ende zu. Rossellini war nur noch ein Schatten seiner selbst, mit und ohne Ingrid Bergman. Visconti entschied sich, nachdem er lange genug den Film als Abbild der rauhen Wirklichkeit gesehen hatte, für das Melodram und drehte 1954 *Senso / Sehnsucht*, eines seiner Hauptwerke. Michelangelo Antonioni hatte sich als Regisseur der Ge-

fühle in konkretem gesellschaftlichen Rahmen mit *Cronaca di un amore / Chronik der Liebe*, *I vinti / Kinder unserer Zeit* und *La signora senza camelie / Die Dame ohne Kamelien* zu etablieren begonnen (für den letzteren Film hatte er die Loren haben wollen, aber die Produzenten bestanden auf Lucia Bosè, denn Sophia war noch nicht die »Pizzabäckerin«). Fellini, der Meister der Geschichten voll zartbitterer Ironie, erzielte seinen ersten großen Regieerfolg 1953 mit *I vitelloni / Die Müßiggänger*, aktuellen Skizzen aus der Provinz, und übertraf ihn im Jahr darauf mit *La strada / Das Lied der Straße*, einem Kunstwerk, mit dem er Ponti / De Laurentiis 1956 den Oscar für den besten ausländischen Film bescherte. Und im Italien der fünfziger Jahre, das sich mit seinen Konsumträumen besonders gut zu satirischer Betrachtung eignete, reüssierten die Regisseure der Komödie auf italienisch: Comencini, Monicelli, Dino Risi. Wie der Neorealismo verblaßte auch der Ruhm der allzu dialektgebundenen Komiker. An ihre Stelle traten virtuose Chamäleons wie Vittorio Gassman mit seiner schier unglaublichen Verwandlungsfähigkeit, der nach *Kean genio e sregolezza / Genie und Wahnsinn*, in dem er den großen Shakespeare-Mimen unter Francesco Rosi ungemein theatralisch spielte, unversehens in die Rolle des spaßig stotternden Diebs in *I soliti ignoti / Diebe haben's schwer* schlüpfte.
Dem italienischen Kino ging es gut. Die Auslandskorrespondenten der Zeitungen berichteten, daß sich auf den Straßen Teherans die Vespa besonderer Beliebtheit erfreute und in den Kinos viele Filme aus Cinecittà gezeigt wurden. Dasselbe galt für Südamerika und viele Länder des Fernen Ostens. Es war ein einziges großes Publikum, das aus der Not eine Tugend machte, auf jeden Fall seine Präferenz von Ava Gardner auf die »wohlbestallteren« Aktri-

cen verlegte, die nicht nur Neidgesänge, sondern auch tröstliche Träume hervorriefen. Während in den Vereinigten Staaten die Rezeption der italienischen Filme zäh anlief, steigerten in anderen Teilen der Welt Silvanas, Ginas und Sophias überbordende Formen die Einspielergebnisse und beeinflußten die Mode – umgekehrt proportional zur Armut dieser Länder.

Dagegen standen allerdings im eigenen Land die lästigen Probleme mit der Zensur. Unter dem bürokratischen Deckmantel der ministeriellen Prüfungskommission hagelte es Schnittauflagen und sogar Verbote, wenn dem Bischof von Bergamo oder dem Bischof von Treviso eine Laus über die Leber gelaufen war. Die Zensur war ein Stück Wirklichkeit in einer Gesellschaft, die sich einerseits in tiefgreifendem kulturellen Umbruch befand, andererseits Bevölkerungsschichten ein Recht auf Meinung zubilligen mußte, die Jahrzehnte nicht im Spiel gewesen waren, wobei die zwei großen Parteien, die Democrazia Cristiana und die Kommunisten, in heftigem Wettstreit miteinander lagen. Die Christdemokraten heischten Zustimmung, indem sie regelmäßig wie das Amen im Gebet gegen kleine oder große Entweihungen oder innovative Frechheiten auftraten; die Kommunisten dagegen gaben vor, das Gegenteil zu vertreten, und riefen sich zu Paladinen der Freiheit aus.

Das ergab dann manchmal eine verkehrte Welt, wie 1951 in der Emilia bei den Dreharbeiten zu *Don Camillo e Peppone* nach Guareschis Roman »Mondo piccolo«. Die Kommunistische Partei von Reggio Emilia untersagte den Genossen, auch nur als Komparsen bei diesem »unwürdigen Unternehmen« mitzuwirken, das als leibhaftige »Todsünde« zu betrachten war: »Verzichtet auf die 800 oder 1000 Lire von heute, wenn ihr der unendlichen Wohltaten teilhaftig werden wollt, die euch der Kommunismus morgen bringen wird.« Es wurde eine Begegnung arrangiert, an der der Produzent Peppino Amato, der Regisseur Julien Duvivier und Guareschi selbst teilnahmen. Sie erfuhren, daß in Amerika das Kino der Sklave der Kapitalisten sei, während es in der Sowjetunion frei sei und die sowjetischen Filme somit die schönsten und freiesten der Welt; daß De Sica und Visconti außergewöhnliche Regisseure seien, Guareschi aber ein Verleumder der Bauern und Arbeiter, ein Monarchist und notabene Herausgeber des »Candido«, einer Lokalzeitung mit verzerrter Perspektive.

Weniger komisch war das reale Gerangel innerhalb der Filmwirtschaft. Zum Beispiel wurde – in ausladendem Vorgriff auf die Polemiken im Italien der neunziger Jahre – unter der Regierung Scelba eine heikle Frage angeschnitten: die Finanzierung der Kommunistischen Partei im Zusammenhang mit Aktivitäten beim Film. Der Staat hatte nämlich auf Betreiben Giulio Andreottis, der Unterstaatssekretär in den vorangegangenen Regierungen gewesen war, einen Plan für Subventionen entwickelt, der allen Produzenten das Wasser im Mund zusammenlaufen ließ. Diese Subventionen konnten im Sinne der Urheber des Gesetzes unerwünschten Personen oder Produktionsgesellschaften verweigert werden. Eine offiziöse Presseagentur hatte denn auch nichts Eiligeres zu tun, als eine Liste von kommunistischen Regisseuren und Sympathisanten zu veröffentlichen, die möglicherweise in verdächtige Unternehmungen verwickelt waren: Visconti, Monicelli, Lizzani, De Santis, De Sica, Germi, Lattuada, Antonioni. Der kommunistische Abgeordnete Mario Alicata attackierte ein Kommuniqué der Regierung, in dem

– ohne die Verdächtigungen aus dem Weg zu räumen – der Verwendungszweck der Subventionen auseinandergelegt wurde. Alicata ging noch einen Schritt weiter und setzte das Kommuniqué mit seinen unterschwelligen Unterstellungen als Waffe in einer Kampagne gegen das italienische Kino ein, die von der nationalen Presse begierig aufgegriffen wurde. Das Ausland war nicht weniger interessiert, die zunehmende kommunistische Unterwanderung der italienischen Filmproduktion als Quelle der bemerkenswerten Besorgnis über die ausländische Konkurrenz auszumachen. Auch der Film betrat wieder die politische Arena.

Es waren die Jahre des Kalten Krieges, in denen die italienische Außenpolitik voll auf die amerikanische abgestimmt war; die Jahre der Angst vor dem Osten, der Ausbreitung der NATO und der Geheimorganisationen vom Typ Gladio mit ihren »Stay behind«-Operationen; die Jahre der roten Fünften Kolonnen, die gegen Gladio aktiviert wurden. Es waren auch die Jahre, in denen der italienische Film nach zehn Jahren der Blüte in eine Dauerkrise geriet.

In den ersten vier Monaten des Jahres 1955 schrumpfte die Zahl der Filme in Arbeit gegenüber dem gleichen Zeitraum des Vorjahres um 50 Prozent. Bedeutende Filmschaffende wie Fellini, Flaiano, Zavattini (neben den bereits angeführten Namen) beschuldigten die Regierung, zu wenig zu unternehmen, und das auch noch schlecht, und Produzenten, Regisseure und Autoren daran zu hindern, »Themen zu entwickeln, die der reale Zustand der Nation einfordert«. Außerdem beschwerten sie sich, daß einige der großen italienischen Filmfirmen der nationalen Produktion »enorme Summen« entzögen, »um zumal mit amerikanischem Kapital, mit Regisseuren, Drehbuchau-

toren, Schauspielern und Kameramännern, die ebenfalls zum großen Teil Amerikaner sind, irgendwelche ›Schinken‹ zu drehen, die nicht das geringste mit der Tradition und den Interessen der italienischen und europäischen Filmkunst zu tun haben, ihr vielmehr die Handschellen des amerikanischen Monopols anlegen«.
Es roch nach Pech und Schwefel. Ponti und De Laurentiis hatten es als erste spitzgekriegt. Intelligente Produzenten mit Korsarenblut wie sie konnten leicht zwischen Skylla und Charybdis geraten. Einerseits scheuten sie Schwierigkeiten mit der Regierung, die in ihrem Paternalismus einem Kino den Vorzug gab, das allen ökonomischen Regeln spottete, mit konfusen Subventionsgesetzen und den parasitären staatlichen Filminstituten, die au fond perdue errichtet worden waren. Auf der anderen Seite fürchteten sie den Standpunkt der Autoren und Regisseure, den De Laurentiis allerdings nicht zu hoch einschätzte: »Sie haben das Herz auf der linken Seite und das Portemonnaie auf der rechten.« Diese Cineasten hatten also in zweifacher Hinsicht kein Interesse, den Amerikanern und ihren »Schinken« Tür und Tor zu öffnen.

Die politische Führung ihrerseits mahnte Besonnenheit an und meinte damit Konformismus. Unterstaatssekretär Oscar Luigi Scalfaro, als Nachfolger Andreottis nunmehr für den Film zuständig, hielt es für unabdingbar, »daß das Kino dem Publikum nach den Mühen des Tages Entspannung bietet, eine Kost, die es auf einfache Art fesselt und unterhält, ohne es mit komplizierten psychologischen Problemen zu quälen – ein Kino also, das versucht, mit größerem Optimismus, mit einem heitereren Blick auf das Leben die Alltagssorgen und die Strapazen der Arbeit leichter zu machen«.

Die politische Führung wollte nicht nur einen heitereren Blick auf das Leben, sondern vor allem gute Beziehungen zu den Amerikanern, die ihr im Nacken saßen. Die Amerikaner akzeptierten keine Behinderung ihres Filmexports nach Italien, eines der krisenbeständigsten Posten in ihrer Außenhandelsbilanz. Delegationen beider Staaten pendelten hin und her über den Atlantik, um die Bedingungen des Filmaustauschs zu studieren, zu unterhandeln und zu vereinbaren, immer zum Vorteil der Amerikaner. Die Sieger des Zweiten Weltkriegs wichen keinen Fußbreit; sie hatten es 1954 erreicht, daß sie die in Italien gemachten Gewinne ohne allzu große Steuerlasten in die USA transferieren konnten; mit dem Kapital, das im Land blieb, waren sie in der Lage, im Kino und außerhalb des Kinos zu investieren; sie hatten praktisch den Weg freigeschaufelt, um dieses Kapital direkt in die italienische Produktion zu stecken. Sie konnten es sich sogar leisten, den guten Onkel zu spielen und den Import amerikanischer Filme von 225 auf 189 pro Jahr zu reduzieren. Das war allerdings reine Spiegelfechterei. Denn der Filmstock, der sich durch die Schließung der Grenzen im Faschismus angesammelt und nach dem Krieg den Markt überschwemmt hatte, war inzwischen aufgebraucht. Die freiwillige Beschränkung hatte für Hollywood keine schwerwiegenden Konsequenzen, es gab ganz einfach keine größere Stückzahl neu produzierter Filme.

Was konnten Ponti und De Laurentiis in einer derartigen Situation tun? Sie hatten begriffen, daß es wenig Hoffung gab, und daß die Luft von Tag zu Tag dicker wurde. Es war für zwei so erfinderische und jugendlich dynamische Begabungen nicht vorstellbar, in einem Land kleben zu bleiben, das das Potential seiner wirtschaftlichen Wiedergeburt Schritt für Schritt erschöpfte, während die Kosten stiegen und die Waagschale der weltweiten Konkurrenz sich immer mehr zugunsten Hollywoods neigte. Dino und Carlo spuckten also wieder in die Hände, klemmten sich hinter das Steuer der »Schnellboote« (der Filme mit niedrigem und mittlerem Budget) und führten den Amerikanern vor, daß man hohe Gewinne mit relativ bescheidenen Investitionen machen konnte, wenn man sie italienischen Arbeitskräften übertrug, die im Verhältnis zu Hollywood immer noch billig waren.

Die beiden Korsaren hatten außerdem zwei Trumpfkarten in der Hand, ihre beiden Frauen Sophia und Silvana. Darüber hinaus hatten sie das Glück, daß sie mit den puritanischen Vorurteilen Amerikas wuchern konnten. Die ausländischen Schauspielerinnen brachten bessere Voraussetzungen als die Hollywoodgrößen mit, wenn es ums Ausziehen ging. Darüber gab es bei den amerikanischen Produzenten keinen Zweifel. Viele von ihnen fürchteten, daß das Publikum nicht mitziehen würde, wenn ihm auf der Leinwand junge Amerikanerinnen Nacktszenen oder zumindest gewagte Szenen vorführten. Mit den Italienerinnen, die nach Meinung der amerikanischen Produzenten weniger Skrupel hatten oder sie jedenfalls nicht übertrieben, konnte die Sache gutgehen.

11. Kapitel

Flirts im Schatten

Ponti hatte beschlossen, daß *La donna del fiume/Die Frau vom Fluß* der Film war, mit dem er seine Auserwählte am besten lancieren konnte, ein erster Schritt, um gemeinsam den Horizont zu überschreiten und das Kino der Neuen Welt anzupeilen. Es mußte ein bombensicherer Stoff sein, eine Geschichte, die sich – wenn auch nur von ferne – an die Atmosphäre und die Figuren anlehnte, die sich schon einmal bewährt hatten. Der Freund-Feind Dino hatte seiner Verlobten Silvana Mangano zum Ruhm verholfen, indem er ihren stattlichen Körper in die Reisfelder von *Riso amaro* pflanzte. Warum sollte sich nicht etwas Ähnliches ereignen, wenn man einen nicht weniger stattlichen Körper in die Valli di Comacchio verpflanzte, die südlichste Lagune des Po-Deltas?

Dafür konnten der Rat und die Erfahrung eines ergebenen Freundes dienlich sein, Basilio Franchina, der erfreulicherweise in *Riso amaro* Hilfsregisseur von Giuseppe De Santis gewesen war. Ponti rief also Franchina zu Hilfe, einen ehemaligen Journalisten, Schriftsteller und Bruder des namhaften Malers Antonio Franchina, und ließ ihn erst einmal vor Freude erstrahlen, als er ihm die Regie anbot, worauf er ihn allerdings zum ausführenden Produzenten ernannte. Franchina war von Sophia so beeindruckt – »er war bis über beide Ohren verknallt und staunte sie fortwährend mit offenem Mund an«, erzählt der Aufnahmeleiter Claudio Mancini –, daß er sich mit Feuereifer in die Arbeit stürzte, ohne über seinen Rollenwechsel eine Miene zu verziehen. In der Nähe der Loren sein zu dürfen, war bereits genug Vergünstigung.

Die Vorbereitungen wurden am Grünen Tisch mit Verstand und Hingabe erledigt. Für den Drehbuchentwurf wurden zwei große Schriftsteller engagiert: Ennio Flaiano und Alberto Moravia. Darauf sicherte sich Ponti die Mitarbeit von Florestano Vancini, einem jungen Regisseur und Drehbuchautor, der traumhaft schöne Dokumentarfilme über das Gebiet des Po gedreht hatte, das für die Dreharbeiten ausgesucht worden war. Schließlich wurde um den metiersicheren Regisseur Mario Soldati ein Team namhafter Drehbuchautoren versammelt: neben Franchina und Vancini noch Giorgio Bassani, der zwei Jahre später für »Cinque storie ferraresi« den Premio Strega erhielt, Antonio Altoviti und ein neues, vielversprechendes Talent, Pier Paolo Pasolini, ein Freund von Bassani, der eben aus dem Friaul nach Rom gekommen war und an einem Gymnasium in einem Außenbezirk unterrichtete. Ein Stab brillanter Köpfe für Miss Loren, die über den Status der Schauspielerin hinauswuchs. »Sie ist ein wahres Denkmal zu Ehren des Sex – allein die Gelegenheit, ihr zuzuschauen, ist ein nicht zu unterschätzendes Privileg«, schwärmte später, ohne sich groß um die brillanten Köpfe zu kümmern, Bosley Crowther in der »New York Times«.

Wie ein Magnet, der alles zum Gelingen angezogen hatte, funktionierte *La donna del fiume* perfekt. Die sentimentale Liebesgeschichte zwischen einer ehrlichen Schönen und einem Schmuggler, der im Gefängnis landet, hatte mit ihrem unausweichlichem Happy-End zwar weder Originalität noch Biß; aber Sophia verstand es, mit ihren Röcken und jedem Fältchen und jedem Spalt ihrer Blusen zu spielen, sie verstand es, vor der Kamera, die sie aus der Froschperspektive aufnahm, zu tanzen, sie verstand es, Blicke zu werfen, die weniger dramatisch als sinnlich waren, und für all das waren ihr Millionen von Kinobesuchern dankbar. Ihre »message« kam auf direktem Weg bei beiden Geschlechtern an, die durch das, was sie in den Filmszenen zu sehen bekamen (oder was sie in diese Szenen hineinsahen), von angenehmen Schauern überrieselt wurden und keine Entrüstung heucheln mußten.

In einer Zeit, in der jeder Barbier unter seiner Seifenschale verbotene und dabei höchst unschuldige kleine Kalender mit artigen Aktfotos feilbot, entzündete *La donna del fiume* ein Feuer, jedoch keinen Brand; genau die richtige Dosierung, um auf dem nationalen und dem internationalen Markt einen Durchbruch zu bewirken und auch – unter den Augen des unglücklich verliebten, resignierten Franchina – die endgültige Bresche zu Ponti zu schlagen, der inzwischen völlig verzaubert war.

Die Leistung war um so gewaltiger, als Sophia während der Dreharbeiten von Asthmaanfällen gequält wurde und sich erst am letzten Drehtag besser fühlte. Nur mit zusammengebissenen Zähnen hatte sie es geschafft, den Film durchzustehen. Den entscheidenden Anstoß zu ihrer Genesung gab ein Etui, das Ponti ihr überreichte, während ein Toast auf die letzte Klappe ausgebracht wurde: »Darin lag ein Ring mit einem kleinen Diamanten. Wir hatten nie darüber gesprochen, wann unsere Beziehung eigentlich angefangen hatte, und jetzt sprach Carlo zu mir, abermals ohne ein Wort zu sagen. Ich war außer Fassung und weinte vor Freude. Er war der einzige Mann in meinem Leben, und in diesem Augenblick hatte ich das Empfinden, daß ich mich ihm ganz hingeben konnte. Er lebte noch immer mit seiner Frau und den Söhnen, aber meine Gefühle waren zu stark geworden, um sich von der Moral von Pozzuoli und allem anderen knebeln zu lassen. Es verlangte mich nach Liebe.« Der Film war die Weihe zur Schauspielerin und eine wichtige Etappe im Leben der Zwanzigjährigen. Er war von fundamentaler Bedeutung in der Beziehung zu ihrem Produzenten und Chef, der nicht ihr Liebhaber war, aber faktisch ihr Verlobter und möglicher Gatte, einem Mann, der besorgt viele Nächte an ihrem Krankenbett verbracht hatte: »Er stand mir bei, während ich mich bei jedem Atemzug krümmte. Wir hatten bereits eine sehr innige Beziehung, Carlo und ich, wir waren Vater und Tochter, Mann und Frau, Produzent und Schauspielerin, Freunde und Verschworene. Ich wußte, daß ich ihm nun ganz angehören konnte.« An Sophias Formulierung ist nicht zu deuteln: der Film markiert in ihrer Erinnerung ein bedeutsames Datum, das »erste Mal«. Die Weihe zur Diva und die Initiation in die Geheimnisse der Liebe. Eine doppelte Verabredung mit der Zukunft, ein doppelter Bruch mit der Vergangenheit.

Es ist anzunehmen, daß vor diesem »ersten Mal« die Dinge ihren Verlauf nach den ehernen Gesetzen der Familie in Pozzuoli genommen hatten. Sophia war durch einige verschwommene Romanzen gegangen, die keine unwiderruflichen sexuellen Versuchungen mit sich brachten. Ihr ganzes Sein war auf eine Filmkarriere konzentriert. Und durch Romildas Dauerkontrolle blieb wenig Raum für die Werbung zahlreicher Verehrer, die bereits auf dem Plan erschienen waren, als sie vierzehn war, und die im Lauf der Jahre immer zahlreicher wurden. Am eilfertigsten war

ein Gymnastiklehrer gewesen, der wahrscheinlich aufgrund seines geschulten Auges im mageren Körper des Mädchens bereits die künftige Entwicklung zu erkennen glaubte. Dieser Mann aus Pozzuoli nahm all seinen Mut zusammen, hielt bei Romilda um die Hand der zwölfjährigen Sofia an und konnte sich, da er von den Plänen, die die beiden bereits geschmiedet hatten, keine Ahnung hatte, nicht beruhigen, als er eine glatte Abfuhr bekam.
Noch frühere unvergeßliche Erinnerungen behielt der Ex-Marine Charles Dial an das Kind Sofia, »ein anmutiges blondes Mädchen, das uns amerikanischen Soldaten Wein verkaufte und auf einem Pianino alte amerikanische Melodien wie ›My Blue Heaven‹ spielte.« Charles gab es einen regelrechten Stich, als er durch einen Artikel in der »New York Times« daraufkam, daß aus diesem anmutigen Mädchen die berühmte Loren geworden war. Er beschloß, ihr nach sechsundzwanzig Jahren einen herzlichen Brief über ihre damalige Begegnung zu schreiben, und legte die Fotos bei, die er von ihr und Mutter Romilda gemacht hatte: »Wir verbrachten einen Nachmittag miteinander. Dann versorgte ich Ihre Mutter mit Kaffee, Zucker, Mehl und Büchsenfleisch und bat einen Freund, Sie beide mit den Sachen nach Pozzuoli zu bringen. Sagt Ihnen das etwas, Miss Loren? Oder waren Sie noch zu jung? Oder ist das Mädchen auf den Fotos vielleicht Ihre Schwester? Ich erinnere mich an ein Mädchen in einem kurzen blauen Mantel, gut gekleidet, mit kastanienbraunen Lederhandschuhen. Sie waren schon damals eine kleine Zauberin.«
Die Fotos mit den begleitenden Zeilen eines GI, der damals selbst erst zwanzig gewesen war, sind in Sophias Erinnerungsalbum sorgsam aufbewahrt wie viele andere Schätze, die nur dank ihrer Bekanntheit gehoben werden

konnten. Erinnerungen, die ihre Bedeutung durch das Licht gewinnen, das sie auf Sofias erste Herzensregungen werfen. Nichts Pikantes oder Aufregendes, flüchtige Flirts, der Austausch von Küssen mit jungen Männern, die wieder verschwanden, ohne nachdrückliche Spuren zu hinterlassen.

Größeren Stellenwert in diesem Album nimmt Achille Togliani ein, ein populärer Schauspieler und Sänger, der die Frauenherzen mit Liedern wie »La luna si veste d'argento« und »Serenata a nessuno« schmelzen ließ. Achille und Sophia waren einander 1951 begegnet, als Sophia sich noch Lazzaro nannte und beide in Fotoromanen mitwirkten. Sie waren die Stars in *Prinzessin im Exil* nach einem Buch von Luciana Peverelli. Sie waren sich auf Anhieb sympathisch. Aber Sophia schien wahnsinnig wenig Zeit zu haben. Kaum war die letzte Pose fotografiert, begab sie sich umgehend in Pontis Büro. Togliani konnte ihr also nur in den Aufnahmepausen den Hof machen.

Dann trennten sich ihre Wege. Togliani machte weiter Fotoromane und, unter der Regie von Sergio Corbucci, Schlagerfilme wie *Suonno d'ammore* und *Lacrime di sposa*, die in Neapel gedreht wurden und dort auch Premiere hatten. Sophia hatte andere Verpflichtungen und vor allem ihre Hoffnungen, was Ponti betraf. Hoffnungen, die an einem bestimmten Punkt bloße Illusionen zu sein schienen. Denn Ponti zog sich zurück, vielleicht, weil seine Frau eifersüchtig geworden war.

Der Zufall wollte es, daß Sophia und Achille einander 1953 am Set von *Ci troviamo in galleria* wiederbegegneten. Sophia war aufgeschlossener, und Achille war glücklich, daß er seine frühere Partnerin im Film wieder in die Arme schließen konnte, und träumte davon, daß aus ihrem Flirt eine dauerhaftere Beziehung werden könnte.

»Sophia war zehn Jahre jünger als ich. Es war eine wunderschöne Geschichte, auch wenn wir nie miteinander gelebt haben. Ich würde sagen, daß es eine Verlobung auf die alte Art war. Ich erinnere mich, daß ich während des Festes von Piedigrotta in Neapel wohnte und sie in Pozzuoli. Wir trafen uns am Vormittag und fuhren an den Strand von Licola, und am Nachmittag begleitete sie mich ins Theater und verfolgte meine Darbietungen aus der Kulisse. Sie war besonders aufmerksam und hilfsbereit. Die Veranstaltungen in Piedigrotta waren sehr anstrengend, und man schwitzte auf der Bühne wie verrückt. Manchmal hielt sie Handtuch, Eau de Cologne, Puder und ein sauberes Trikot bereit, damit ich für den nächsten Auftritt wieder manierlich aussah.«

Es war eine kurze Spielzeit der Liebe. Ein paar Monate später mußte der zuversichtliche Achille am Set des nach einer Operette gedrehten Films *Il paese dei campanelli* zu seinem Leidwesen feststellen, daß Sophia neues Vertrauen in Pontis Versprechungen gefaßt hatte, und begriff, daß ihre Verlobung auf die alte Art beendet war. Dann stieg das Unternehmen *Donna del fiume*, die einschlägige Presse widmete ihre Aufmerksamkeit nicht nur dem Film, sondern auch Sophias Maßen: 95-58-95, und die samtene Stimme des Troubadours klang plötzlich ziemlich kläglich.

Carlo und Sophia machten keine halben Sachen. Sophia bekam Englischunterricht, erhielt den letzten darstellerischen Schliff von der Altmeisterin Wanda Capodaglio, lernte dazu, was Schminke und Styling betraf, und nahm Gesangsunterricht, denn singen wollte sie inzwischen auch selber. Daß sie in *La favorita* und *Aida* den Opernstimmen nur ihre Mundbewegungen geliehen hatte, war

selbstverständlich gewesen, aber auch in *Carosello napoletano* war ihr Lied »O' surdato 'nnamurato« von einer anderen Stimme gesungen worden.
Der Filmkomponist Armando Trovaioli, der ebenfalls ein Freund Pontis war und vor den Trümmern seiner Ehe mit Anna Maria Pier Angeli stand, die sich in Hollywood durch ihre unglückliche Liebe zu James Dean hatte verblenden lassen, fand, daß Sophias Stimme brillant sei, sicher, sinnlich und intonationsrein, allerdings noch aus purem Instinkt. In *La donna del fiume* sang sie zum ersten Mal selbst und trug mit verschmitztem Tonfall seinen »Mambo bacan« vor. Danach folgte sie weiter Trovaiolis Ratschlägen, lernte eine Menge dazu und war schließlich in der Lage, die klassischen neapolitanischen Canzoni wie »Scetate« und »Era di maggio« zu interpretieren, aber auch leicht satirische Lieder wie »Tu vuo' fa l'americano«. 1957 sang sie in *Boy on a Dolphin / Der Knabe auf dem Delphin* »S'agapò«. Und nachdem sie ihr Englisch perfektioniert hatte, konnte sie in *The Millionairess / Die Millionärin* mit Peter Sellers im Duett antreten. Berühmt wurde die Nummer »Bangers and Mash«, in der Sophia ein Loblied auf Vermicelli und Stracciatella gegen die traditionellen englischen Gerichte singt.
Schritt für Schritt bewies Sophia, was in Wirklichkeit ihr Programm war – die erste italienische Schauspielerin zu sein, die sich die angloamerikanische Welt eroberte, ohne ihre Wurzeln zu verleugnen.
Die Beziehung zu Ponti brachte naturgemäß andere Veränderungen mit sich. Romilda hatte inzwischen begriffen, daß Carlos Einfluß nicht mehr einzudämmen war, mehr noch, daß sie einen Haupttreffer gelandet hatten: Sophia hatte sich gleichsam in Marie Sophie de Bourbon verwandelt, die Königin des Südens, die Primadonna des Kinos.

Es gab deshalb auch keinen Aufstand, als Sophia ohne ihre Mutter in eine Vierzimmerwohnung mit großem Balkon in der Via Balzani im Herzen Roms umzog. Schließlich war es kein Abschied. Die räumliche Trennung war absehbar gewesen, die Nabelschnur riß damit nicht ab. Die Verhältnisse der Familie Villani-Scicolone besserten sich mit Sophias wachsenden Erfolgen, und Sophia wäre nie auf den Gedanken gekommen, nicht alles mit ihrer Familie zu teilen. Der Bund der »drei Schwestern« war unzertrennlich.

Zur neuen Wohnung gesellte sich ein Mercedes, der den Platz eines wirtschaftlicheren Autos einnahm, das seinen Dienst getan hatte. Sophias Schmuckschatulle, die bisher wenig Wertvolles enthalten hatte, begann sich mit teuren Preziosen zu füllen. Wie viele andere Frauen liebte Sophia Schmuck, aber für sie hatte er noch eine zusätzliche Bedeutung. Wenn sie ihn nicht von Carlo geschenkt bekam, kaufte sie ihn sich selbst. Sie verdiente gut und wollte »ihren« Schatz anhäufen.

Inzwischen hatte Ponti aufgehört, sich mit De Laurentiis zu streiten. Sie hatten eine Reihe von Erfolgsfilmen produziert, darunter den besonders gelungenen *Totò a colori*, und sich mit *Mambo* und *Ulisse / Die Fahrten des Odysseus*, beide mit Silvana Mangano, an Großproduktionen von internationalem Zuschnitt versucht. Für den ersteren hatten sie den Regisseur Robert Rossen geholt, der auf McCarthys Schwarzer Liste stand und deshalb in Hollywood nicht mehr arbeiten konnte. Rossen soff sogar Sprit, sagten sie in Cinecittà, und wurde mit den Streitereien innerhalb des Teams nicht fertig. Shelley Winters, die Frau von Vittorio Gassman, wurde – obwohl sie bereits in Trennung lebten – auf die Besuche eifersüchtig, die

Anna Maria Ferrero ihrem Gatten während der Dreharbeiten abstattete, und schleuderte eine Schere nach ihm. Die Dreharbeiten zu dem zweiten Film, *Ulisse*, verliefen weniger dramatisch. Ursprünglich wollte De Laurentiis das Urgestein Georg Wilhelm Pabst für die Regie, übertrug sie dann jedoch, ohne daß die Gründe dafür jemals bekannt wurden, Mario Camerini, der sofort mit den beiden Protagonisten Kirk Douglas und Silvana Mangano Schwierigkeiten bekam, die er beide für völlig ungeeignet hielt. Die Mangano schien in der Doppelrolle Penelope/Circe auf einem anderen Planeten zu weilen. Douglas benahm sich arrogant, als ob Italien eine Kino-Kolonie wäre, in der alles für ihn da zu sein hatte, und in der ihm alles erlaubt war. Als der Film fertig war, machte Camerini vor dem ganzen Team aus seinem Herzen keine Mördergrube; daß er seine herbe Mißbilligung nicht früher zum Ausdruck gebracht hatte, lag lediglich daran, daß er die Dreharbeiten nicht behindern und auch nicht mit De Laurentiis brechen wollte, der den Fortgang Schritt für Schritt verfolgte.

Ulisse erzielte an der Kinokasse nicht das Ergebnis, das Ponti und De Laurentiis erwartet hatten. Wieder einmal kreuzten sie die Klingen und hatten die Absicht, sich zu trennen. De Laurentiis kümmerte sich praktisch allein um die Produktion von *War and Peace/Krieg und Frieden* von King Vidor mit Audrey Hepburn und Henry Fonda. Der »Schinken« bekam in Italien gehässige Kritiken, weil er – das behauptete jedenfalls die Drehbuchautorin Suso Cecchi d'Amico, die sich geweigert hatte, mit De Laurentiis und Vidor zu arbeiten – dem Produzenten nur dazu diente, »das italienische Kino zu meucheln, mitsamt seinen Möglichkeiten, ernsthafte, auf seiner kulturellen Identität basierende Filme herzustellen«. De Laurentiis antwortete, daß die Coproduktion mit den Amerikanern »nicht nur notwendig, sondern schlechthin unverzichtbar« sei: »Es war, auch wenn das als Paradox erscheinen mag, die Konsequenz des Erfolgs des italienischen Kinos, das sich, was die Zahl der produzierten Filme angeht, den zweiten Platz auf dem Weltmarkt erobert hat. Bei einer solchen Position war es klar, daß man die berühmten Filme im Stil des Neorealismo nicht ad infinitum weiterproduzieren konnte, einer Formel, die sich überdies bedauerlicherweise erschöpfte. Auf der anderen Seite stiegen die Produktionskosten in einem Ausmaß, daß wir sehr bald nicht mehr hätten mithalten können, wenn wir uns nicht an einen Markt angekoppelt hätten, der weitaus größer ist als der nationale.« De Laurentiis sah sich nicht als Mörder des italienischen Kinos, sondern als Retter des Vaterlands.

Vielleicht dachte Ponti nicht ganz so, jedenfalls fand er es an der Zeit, sich auf seine eigenen Interessen zu konzentrieren. Er war seines Kompagnons müde und der komplizierten Behandlung der beiden Diven Silvana und Sophia. Beide Partner argwöhnten, daß die Firma Ponti/De Laurentiis allzusehr die jeweils andere Schauspielerin favorisierte. Um diesem Problem auszuweichen, hatten sie *L'oro di Napoli* produziert, das beiden Damen eine eindrucksvolle Episode bot. Allerdings profitierte davon überlegen die Pizzabäckerin Sophia, während sich Silvana in der Rolle einer Prostituierten, die von einem Witwer wegen seiner Schuldgefühle gegenüber seiner dahingegangenen Frau zur Selbstbestrafung geheiratet wird, mit kargem und überdies indirektem Lob zufrieden geben mußte. Nach diesem 1:0 beschleunigte auch der Bruch der Partner Sophias Karriere, die nach *La donna del fiume* die nicht unbedingt bemerkenswerten, aber sehr erfolgrei-

chen Filme *La bella mugnaia/Eine Frau für schwache Stunden*, *Pane, amore e ... / Liebe, Brot und 1000 Küsse* und *La fortuna di essere donna* drehte. Es war eine gute Vorbereitung für den definitiven Aufstieg mit *The Pride and the Passion/Stolz und Leidenschaft*, inszeniert und produziert von Stanley Kramer, einem unabhängigen Hollywood-Produzenten, auf dessen Konto so bedeutende Filme wie Fred Zinnemanns *High Noon / Zwölf Uhr mittags* mit Gary Cooper und der blutjungen Grace Kelly, Lazslo Benedeks *The Wild One / Der Wilde* mit dem jungen Marlon Brando und Edward Dmytryks *The Caine Mutiny / Die Caine war ihr Schicksal* gingen.
Ponti behielt Hollywood im Auge und schmiedete Pläne: seine Informanten hielten ihn über die Filme, die in Vorbereitung waren, auf dem laufenden. Jede Meldung wurde erwogen. Carlo wartete auf die richtige Gelegenheit und zählte auf den Dominoeffekt der guten, häufig schmeichelhaften Kritiken über Sophia, die verführerische Frau mit den großen italienischen Brüsten. Während die der Russinnen »im Schnee gewachsen zu sein scheinen, sich kalt anfühlen, aber von unnachahmlich zärtlicher Weiße sind ..., während die der Französinnen wie Eichhörnchen sind, weicher als alle anderen, und auf der Hand einen Duft zurücklassen ..., während die der Engländerinnen etwas muffeln wie Aktentaschen oder Bibel-Einbände«, wie Ramon Gomez de la Serna in »Brüste« schreibt, erschienen die italienischen Brüste Sophias auf den Seiten der großen amerikanischen Wochenmagazine »Life« und »Newsweek« wie von stolzen Verheißungen geblähte Segel auf großer Fahrt, um die Welt zu erobern. Es gab sogar einen ägyptischen Haschischhändler, der seine teuren Tütchen mit dem Bildnis und dem Namen der Schauspielerin schmückte.

Stanley Kramer, an den Ponti schließlich herantrat, machte sich einen Spaß daraus, seinen Vorschlag nicht erst abzuwarten, und forderte für seinen Film die italienische Ava Gardner, das heißt Sophia, als Partnerin von Cary Grant und Frank Sinatra. Ponti frohlockte: »Es war er, der mir das Angebot machte: 200 000 Dollar und keinen Cent mehr. Das war eine der leichtesten Entscheidungen meines Lebens.«

Auf einen Schlag vergessen waren die Unstimmigkeiten mit De Laurentiis, der nunmehr allein seinem Schicksal entgegenging, vorbei die Sorge über einige amerikanische Projekte, die sich in Luft aufgelöst hatten, und auch das wirtschaftliche Problem hatte sich ohne Anstrengung gelöst. Carlo überrumpelte Sophia mit der Nachricht, die mehr wert war als ein Schmuckstück – eine Hauptrolle an der Seite von Grant und Sinatra. Sophia hatte Cary Grant gerade in Hitchcocks *To Catch a Thief/Über den Dächern von Nizza* gesehen: graumelierte Schläfen, kleine Runzeln, die dem spitzbübischen Lächeln keinen Abbruch taten, schwarze Augen, die lebendiger als je zuvor waren. Sie hatte auch Frank Sinatra in Otto Premingers *The Man with the Golden Arm/Der Mann mit dem goldenen Arm* zu würdigen gewußt: abgezehrt, nervös, aufs äußerste verwundbar in seiner Darstellung eines Drogensüchtigen. Zwei ideale Partner.

Leider schlug *The Pride and the Passion* nicht ein. Die vorwiegend in Spanien gedrehte Geschichte, in der Sophia das Mädchen eines Guerillakämpfers spielt, bestand aus wütenden Kämpfen zwischen napoleonischen Truppen, Engländern und Spaniern und aus albernen Scharmützeln um die Liebe, die von dem Guerillero Sinatra und dem englischen Captain Grant ausgetragen wurden. Das eine wie das andere hielt die Zuschauer nur mühsam wach.

Abseits vom Set entwickelte sich die Situation überraschender. Sehr schnell war Sinatra abgeschlagen, hatte der 50jährige Grant den Sieg errungen. »Wir sahen uns jeden Abend«, erinnert sich Sophia. »Wir aßen in romantischen Restaurants oben auf den Hügeln, wir tranken guten spanischen Wein zum Klang von Zigeunergitarren und plauderten verschwörerisch aus dem Nähkästchen. So blieb es nicht aus, daß wir uns ineinander verliebten. Aber mein Herz gehörte bereits Carlo.«

Sie verschwor sich mit Carlo, sie verschwor sich auf unschädliche Weise mit Cary. Sophia verfügte, was die Liebe betraf, nur über eine einzige Formel: zwei Menschen gegen den Rest der Welt, in Deckung vor den Augen der Öffentlichkeit. Zwar waren damals noch nicht die Gerüchte über Cary Grants Homosexualität in Umlauf, aber Carlo hatte die besseren Karten, weil er zuerst gekommen war. Die Allianz zwischen ihm und Sophia hatte andere Ziele als lauschige Abendessen in romantischen kleinen Restaurants.

12. Kapitel

Primadonnenwunder

Sopiha begann 1957, noch nicht in Hollywood, aber bereits mit Hollywood zu arbeiten, und galt auf Anhieb als Wunder. Als doppeltes Wunder. Zum ersten war es noch nie vorgekommen, daß eine italienische Schauspielerin, die den amerikanischen Produzenten und Geldgebern aufgefallen und engagiert worden war, dann auch in den festen Raster ihrer Vorstellungen vom Kino eingeplant wurde. Isa Miranda hatte Ende der dreißiger Jahre in Hollywood *Adventure in Diamonds* und *Hotel Imperial* gedreht, zwei Flops, und bekam darauf Gelegenheit, ihr Selbstvertrauen in Italien wieder aufzubauen. Noch härter war das Schicksal mit Alida Valli umgesprungen, die zwei prächtige Chancen gehabt hatte, 1947 in Hitchcocks *The Paradine Case / Der Fall Paradin* und zwei Jahre später in Carol Reeds *The Third Man / Der dritte Mann.* Danach gab es keine weiteren Angebote. Zurück in Italien, leckte sie ihre Wunden in *Senso / Sehnsucht* von Visconti und *Il grido / Der Schrei* von Antonioni.

Die italienischen Schauspielerinnen wurden geholt und danach wieder nach Hause geschickt. Ohne großen Bahnhof. Es war eine eingewurzelte, erbarmungslose Praxis, über die sich Sophia und Ponti völlig im klaren waren. Sie

wußten, daß sie nur gemeinsam dem wankelmütigen Hollywood die Stirn bieten konnten.
Das zweite Wunder, das sich mit dem verwegenen Eintritt des Paares in den amerikanischen Film überlappte, war das sogenannte italienische Wirtschaftswunder. Ohne diesen Faktor hätte ein transatlantisches Abenteuer wohl weniger befriedigende Ergebnisse gebracht. Italien entwickelte dank der großzügigen Hilfe der Vereinigten Staaten, die politische Zuverlässigkeit gegen Dollars tauschten, einen stürmischen Wohlstand, dessen Beginn Gian Franco Vené verblüffenderweise zwischen zwei besonders populären Schlagern des Festivals von San Remo ansiedelt: »1952 bewegte ›Vola Colomba‹ die Zuhörer, weil der Schlager die Geschichte eines Triestiner Liebespaars beschrieb, das die Besetzung und die Teilung der Stadt in eine amerikanische und eine jugoslawische Zone getrennt hatte; das andere Lied war 1958 ›Volare‹ (das ursprünglich den Titel ›Nel blu dipinto di blu‹ trug) von Domenico Modugno. Das eine triefte von ›chauvinistischer Rhetorik‹; zwei Jahre später wurde die Zone A einschließlich Triest an Italien zurückgegeben. Das andere hatte Zeilen, die schwerverständlich schienen und außerordentlich kühn, zumal im Vergleich zu den süßlichen Reimen der aktuellen Hits: ›Mi dipingevo le mani e la faccia di blu / poi d'improvviso venivo dal tempo rapito / e incominciavo a volare nel cielo infinito – Ich malte die Hände blau, blau mein Gesicht / ließ mich entführen vom Strudel der Zeiten / und flog hoch empor in die himmlischen Weiten.‹«
»Vola Colomba«, merkt Vené an, läutete »eine Epoche gieriger Vergnügungssucht« ein: »Die Vergangenheit muß vergessen werden, während über die Welt neuer Reichtum hereinbricht, bei dem nicht zählt, wie er von den Neureichen angehäuft wurde, die keine Skrupel haben, ihn zu

zeigen und damit aufzutrumpfen. Niemand macht ihn ihnen streitig, denn wer arbeitet, ist viel zu sehr mit seinen täglichen Problemen beschäftigt, um sich über die vulgären Kundgebungen dieses prahlerischen und anmaßenden Luxus aufzuregen.« Beispiele? In Hülle und Fülle. Da hatte der mexikanische Milliardär Don Carlo de Bastegui in Venedig den Palazzo Labia mit den Fresken von Tiepolo gekauft und ein großes Fest für den Adel und die Parvenüs veranstaltet. Ein kurzer Ausschnitt aus der Gästeliste, die Silvio Bertoldi überliefert: »Orson Welles, die Principessa Colonna, der Apotheker Gazzoni, der mit Kosmetika ein Vermögen gemacht hatte, die Schauspielerin Gene Tierney, die bald darauf in ein Irrenhaus eingeliefert wurde ...« Das Kino war inzwischen letzter Ausdruck einer reichlich dekadenten Aristokratie geworden. »Volare« hingegen artikulierte dank der phantasievollen Verse Modugnos ein Gegenmodell, das vielen als wahre Widerauferstehung des Futurismus erschien, des bereits historischen Beginns einer Avantgarde, die fast ein halbes Jahrhundert zum Dornröschenschlaf verurteilt gewesen war. Vené setzt den Erfolg des Schlagers mit der Zeitströmung gleich: »Nicht nur die zeitgenössische Malerei hatte leicht futuristische Anklänge, auch die raffinierten Vitrinen des Mailänder Kaufhauses La Rinascente, die Pavillons der Mustermesse Fiera di Milano, die für italienisches Benzin in einer Architektur aus fluoreszierenden Röhren warben, die Kamine mit einer Esse aus gehämmertem Kupfer, der ›gläserne Bus‹, der auf den Plätzen unübersehbar Reklame für die Agip-Gasflaschen machte, die allerersten Hamburger mit Käse, Salatblättern und Ketchup in den Restaurants à l'américaine. Futuristisch war Picassos Taube (›wo hat sie die Augen?‹), die er für die sozialistischen ›Friedenspartisanen‹ gezeichnet hatte;

futuristisch war ›Volare‹, dessen einziger realer Bezug nur der Sputnik II sein konnte, in dem die Russen die Hündin Laika in den Weltraum geschossen hatten, wo sie sich für eine Zeit im blu dipinto di blu verlor.«

Sophia hatte weder an der gierigen Vergnügungssucht teil, noch am neuen Futurismus, sie genoß ihr persönliches Wunder, in dem sich nicht nur ein Film an den anderen reihte, sondern in dem es auch höchst ernsthafte Heiratsanträge gab. Cary Grant, der ihr am Set von *The Pride and the Passion* verfallen war, ließ ihr bei den Dreharbeiten zu *Houseboat / Hausboot* ebenso starrköpfig und beharrlich wie galant riesige Blumensträuße überbringen – auf die Gefahr hin, Carlo Ponti damit vor den Kopf zu stoßen und die Beziehung zwischen Sophia und dem Produzenten in die Brüche gehen zu lassen. Der Effekt seiner Galanterie erwies sich jedoch als wohltätig. Um die unachtsam beschworenen Geister der Nebenbuhler wieder in die Flasche zu bannen, versprach Ponti Sophia, daß er sich von seiner Frau scheiden lassen und endlich die »Normalität« zwischen ihnen durch eine Heirat herstellen wolle, auf die eine oder die andere Weise. In der Zwischenzeit galt es, an die Arbeit zu denken.
Nach dem halben Betriebsunfall mit Stanley Kramer wurden die Filme für Sophia nach einem Stufenplan ausgewählt. *Boy on a Dolphin* diente dazu, den Unterschied zwischen den Darstellern der amerikanischen Schule – in diesem Fall dem glattrasierten, blonden Alan Ladd – und der animalischen und heißblütigen Sophia herauszustellen, die als Zufalls-Archäologin dauernd in nassen Kleidern herumläuft, was den Vorteil hat, daß ihre Formen besonders betont werden.
Giuseppe Marotta, der ihr durchaus wohlgesonnen war,

konnte der Verwandlung nichts abgewinnen: »Sie ist so griechisch und atemberaubend, wie ich ein Großwesir bin ... Sie tanzt, indem sie ihren Busen wie eine Bohrmaschine bewegt, ihn für Augenblicke vertrauensvoll in die Luft wirft (als ob er leichter als Luft wäre) und ihn darauf wieder einfängt und zügelt und ihn sich gleichsam, was sage ich, wieder zu eigen macht: in einer Weise, daß wir uns, Gott möge uns beistehen, regelrecht beraubt fühlen. Und ihr Dialog? Heilige Jungfrau. Sie sagt, daß sie einen Oscar möchte, und vielleicht (Amerika ist das Land der unbegrenzten Möglichkeiten) bekommt sie ihn auch. Sie bewegt sich mit der Natürlichkeit eines gefesselten Schafs; sie weint wie ein Glas in der Faust eines Besoffenen.«

Legend of the Lost / Die Stadt der Verlorenen mit John Wayne und Rossano Brazzi, Sophias nächster Film, diente mehr oder weniger demselben Ziel: an der Seite von Stars, die den Amerikanern teuer waren, die Figur einer mediterranen Frau zu kreieren, die in der Lage war, erfreuliche exotische Seelenmassage zu betreiben. Nach Spanien und der Ägäis war das Ansichtskartenmotiv diesmal eine Oase zwischen Tunesien und Libyen. Brazzi, als »latin lover« bereits bewährt, gab einen Exportfachmann. Sophia präsentierte sich in einer Arbeitskleidung, die der von Jennifer Jones in *Duel in the Sun / Duell in der Sonne*, einem Film von 1947, sehr ähnlich war, das heißt, vor allem aus einem nicht enden wollenden Dekolleté bestand.

Die Geschichte des Films und ihre Zufälle. 1943 hatte Jennifer auf Wunsch des Produzenten David O. Selznick die jungfräulich keusche Bernadette dargestellt, die Heilige von Lourdes. In *Duel in the Sun* erschien ihr dann nicht die Madonna, sondern Gregory Peck; und sie trug nicht mehr strenge Kleidung, sondern stellte einen aufsehenerregenden Ausschnitt zur Schau, der profunde

Einblicke gewährte. Sophia machte es ihr nach, im Einverständnis mit ihrem eigenen David O. Selznick alias Carlo Ponti.

Desire under the Elms / Begierde unter Ulmen mit Anthony Perkins nach einem Stück von Eugene O'Neill, dem bedeutenden Dramatiker und Nobelpreisträger, war nach den Drehbuchvorlagen minderer Güte etwas Neues. Doch Ponti und die amerikanischen Produzenten interessierte weniger die literarische Qualität, sondern – filmisch gesprochen – die Möglichkeit für Sophia, zum ersten Mal auf amerikanischem Territorium zu landen. Die Figur, die sie spielte, mußte sich, obwohl italienischer Abkunft, in eine Geschichte einfügen, die in dem charakteristischen Ambiente von New England spielte.

Der Film war ihre Feuertaufe in Hollywood, dem Land der Verheißung, und wurde gut aufgenommen, auch wenn es nicht an Seitenhieben über Sophias Mitwirkung aus »kommerziellen Gründen« fehlte. Beim Festival von Cannes gab es Applaus, und Ponti, der nach Sophias rascher Abreise nach Hollywood zu den Dreharbeiten von *Houseboat* alleine zurückgeblieben war, war so aufgedreht, daß er ein Projekt ankündigte, das ihm am Herzen lag: einen Film nach dem Roman »La ciociara« von Alberto Moravia mit Anna Magnani in der Rolle der Mutter. Mit dieser Pressemeldung demonstrierte er, daß das Paar Loren / Ponti durchaus in der Lage war, sich vom Hollywood-Klischee und den Gepflogenheiten der amerikanischen Filmmetropole nicht unterbuttern zu lassen.

Nach der Komödie *Houseboat*, in der die Haushälterin Sophia den verwitweten Diplomaten Cary Grant und seine Kinder zähmt, einem deutlichen Gegenpol zum Drama O'Neills, drehte sie mit William Holden und Trevor Howard *The Key / Der Schlüssel*. Eine Geschichte von

Liebe und Krieg, die eigentlich Ingrid Bergman hatte spielen wollen. Ihre eheliche und berufliche Beziehung zu Roberto Rossellini war beendet, die schwedische Schauspielerin suchte einen neuen Einstieg. Doch Sophia ließ sich von der gefährlichen Konkurrenz nicht unterkriegen und überzeugte den Regisseur Carol Reed, der erhebliche Zweifel hatte, ob sie in der Lage sein würde, die Gratwanderung dieser dramatischen Rolle zu meistern.

Mischte Ponti mit? Oder befreundete Produzenten? Sophia vertiefte, was sie bis dahin gelernt hatte, brachte gewissenhafte Vorbereitung und Spontaneität in die richtige Balance, strafte boshafte Anmerkungen Lügen und überzeugte schließlich den Regisseur und die Kritik. Die englische Presse bestätigte sie voll. Sophia hatte ein weiteres Examen bestanden. Und das bedeutete vor allem, daß sie nicht länger als lediglich animalisch und mediterran eingestuft wurde.

In Italien war die Aufnahme etwas lauer, aber Sophia ließ sich darüber keine grauen Haare wachsen. Dieser Film hatte ihr einerseits die Chance geboten, sich vom Rollenschema zu lösen, und ihr andererseits – zur übergroßen Freude von Mutter Romilda – die Gelegenheit verschafft, Königin Elisabeth II. und Prinz Philip vorgestellt zu werden, die der Londoner Premiere beiwohnten. Es gab dabei allerdings eine kleine Panne. Sophia hatte sich für die Zeremonie mit einem Diadem geschmückt, und es wurde ihr bedeutet, daß *ein* Diadem genug sei – das der Königin. Doch es war für einen Umbau der kunstvollen Frisur bereits zu spät, und die echte Königin übersah großzügig den Fauxpas. Sie war an die Extravaganz und Zerstreutheit der Filmdiven bereits gewöhnt. Kurz zuvor hatte ihr nach der Premiere von *The Prince and the Showgirl / Der Prinz und der Tänzerin* Marilyn Monroe in Begleitung ihres Ehemanns Arthur Miller bei ihrem sorgfältig einstudierten Hofknicks Einblicke geboten, die skandalöser waren als die anarchistische Provokation eines Diadems.

Inzwischen lag Sophia vor dem Wind. Sie arbeitete unermüdlich, und es zeigten sich Resultate. Sie begriff nur allzu gut, daß sich das Kino aufspaltete – in die Filme, die den Kritikern gefielen, und die, die dem Publikum zusagten. Die ersteren wurden für die Festivals hergestellt, mit denen sich allmählich jedes Kaff schmückte, die anderen für die Filmtheater und die immer nötigere Zweitauswertung eines Fernsehens auf dem Vormarsch. Sophia wollte beides, die Zustimmung der Kritiker und die Faszination eines Publikums, das die Kinokassen stürmte, um sie zu sehen.

Der Traum erfüllte sich in Venedig – kein Traum mehr, sondern Schlußpunkt einer sorgfältig kalkulierten Strategie: einer ihrer Filme wurde 1958 für die Mostra del Cinema ausgewählt. In *The Black Orchid / Die schwarze Orchidee* von Martin Ritt spielt Sophia die Witwe eines Mannes, der Kontakte zur New Yorker Unterwelt hatte und bei einer Bandenabrechnung getötet wurde. Sie lernt einen Witwer (Anthony Quinn) kennen, und die beiden beschließen, gemeinsam durchs Leben zu gehen, obwohl seine Tochter zu verhindern versucht, daß ihr Vater die »Witwe des Gangsters« heiratet. Ganz in Schwarz, die Schultern in einen ärmlichen Schal gehüllt, beschwört Sophia genau die seelische Verfassung in Little Italy, einem Italien, das weder Fisch noch Fleisch ist, in der Schwebe zwischen der Suche nach einem Platz an der Sonne und Verstrickungen in die Mafia.

Die Jury der Mostra verlieh Sophia Loren die Coppa

Volpi für die beste weibliche Darstellung. Über den Film gab es unterschiedliche Meinungen, ihre schauspielerische Leistung aber wurde uneingeschränkt anerkannt. »Die Unternehmungen Sophias, unserer Schönheit im Exil, haben einen steilen Aufwärtstrend«, prophezeite Carlo Laurenzi im »Corriere della Sera«.

Die Unternehmungen der Loren zeigten in der Tat ansteigende Kurven im Gleichklang von künstlerischen Ergebnissen und Gagen. Die Qualität der einzelnen Filme gab dabei nicht den Ausschlag. In einem Starsystem, das es in dieser Form heute nicht mehr gibt, hing das Schicksal eines Films von einem großen Namen ab, und alles übrige (Drehbuch, Regie, Stil) war von sekundärer Bedeutung. Also wurde Sophia in *That Kind of Woman/So etwas von Frau* zu einer Amerikanerin, die den Mann, der sie aushält, wegen eines Fallschirmspringers verläßt, den sie zufällig im Zug kennengelernt hat; präsentiert sie sich in *Heller in Pink Tights/Die Dame und der Killer* mit einem leicht lächerlichen Lockenkopf als Star einer Theatertruppe im Wilden Westen des 19. Jahrhunderts; und ist in *It Started in Neapels / Es begann in Neapel* neben einem spröden Clark Gable ein weiteres Mal die Neapolitanerin aus dem Bilderbuch. Ein Karussell hastiger Verwandlungen, gleichsam angetrieben vom Fieber, sich zu behaupten. In *Olympia/Prinzessin Olympia* trägt sie die Schleppe und das Diadem einer Prinzessin, die glücklich ist, mit Maurice Chevalier zu tanzen; und in *The Millionairess/Die Millionärin* mit Peter Sellers verliert sich die Diva in einem paradoxen Verwirrspiel zwischen Moneten und grotesken Musiknummern.

Die sechs Jahre zwischen *L'oro di Napoli* und *La ciociara* waren ein Weg ohne Hindernisse. Nach der Coppa Volpi bekam Sophia 1959 für *That Kind of Woman* Donatellos

David. Sie war im Gespräch für die Titelrolle in *Cleopatra / Kleopatra*, die dann an Elizabeth Taylor ging. Und heiratete schließlich per procura, aber trotzdem überglücklich, Carlo Ponti. Sophia hatte alles erreicht. Sie brauchte keine ihrer Kolleginnen in Cinecittà oder Hollywood zu beneiden, von denen viele ihren Erfolg bitter bezahlen mußten.

Es gab allerdings eine Frau, die Sophia ebenso bewunderte wie beneidete: Maria Callas, die zwischen 1954 und 1959, in den Jahren also, in denen die Loren ihren endgültigen Aufstieg erlebte, ihre größten Triumphe feierte. Sophia liebte die Oper. Es war ihr unvergeßlich geblieben, daß sie in den Filmen *La favorita* und *Aida* die Primadonnenrolle verkörpert hatte. In *Aida* hatte ihr Renata Tebaldi die Stimme geliehen, die klassische Rivalin der Callas. Und die Erinnerung an die Tebaldi führte sie unausbleiblich zu der anderen, einer Künstlerin, die sie bewunderte, aber gleichzeitig bemitleidete. Sie wußte einiges über ihre Jugend in Griechenland ohne den Vater, der in Amerika zurückgeblieben war, das Übergewicht, mit dem sie so lange zu kämpfen gehabt hatte, und den unbedingten Willen, sich im Gesang zu artikulieren. Und natürlich war Sophia auch das eine oder andere über Marias Beziehung zu Battista Meneghini zu Ohren gekommen, dem Provinzler aus Verona, der in Italien bis heute als Ausbeuter betrachtet wird.
Schon bei den ersten Begegnungen, schreibt Renzo Allegri 1991, »schlossen die beiden einen Vertrag, der Gunst und Geschäft regelte«: »Meneghini, der an der jungen Griechin sexuell heftig interessiert war, kaufte sich ihre Wohltaten für Geld ... Er behandelte Maria wie eine Prostituierte.« Damals waren die Urteile noch härter. Die bösen

Stimmen behaupteten, daß Meneghini mehr an den Prozenten interessiert sei, die er angeblich als ihr Agent verdiente, und weniger an Maria selbst. Und daß sie, müde, wegen ihres Zusammenlebens als »öffentliche Sünderin« abgestempelt zu werden, ihn schließlich mit der Drohung, nicht mehr zu singen, zur Heirat gezwungen habe.
Sophia machte sich über die Ungereimtheiten keine Gedanken, sie empfand schlicht und einfach Sympathie für Maria. Wenn sie Vergleiche anstellte, war das Leben mit ihr doch wesentlich weniger grausam umgesprungen, zumindest von einem bestimmten Zeitpunkt an. Ruhm konnte auch einen bitteren Geschmack haben. Sie hatte sich im Gegensatz zu Maria nicht kaufen lassen und war in ihrer Liebe zu einem wesentlich älteren Mann nicht versklavt.

13. Kapitel

Hollywood & Co.

Auf dem Höhepunkt von Italiens wirtschaftlicher Blüte gab es praktisch zwei Hollywoods: das eigentliche, das gleichsam aus heiterem Himmel auf die Gefahr des Aggressors Fernsehen reagieren mußte, der drauf und dran war, nach vielen gewonnenen Schlachten nun den Krieg endgültig zu gewinnen; und jenes am Tiber, das sich parallel zur Krise des ersteren entwickelte, und in dessen ganz spezieller Folklore sich ein Yankeetum in Tunika mit einer von dem schlichten englischen Wort »money« verführten Italianità vermischte.

Das eigentliche Hollywood verlor sich in Bilanzen und Kosten-Nutzen-Rechnungen wie nie zuvor. »1950 gab es in den gesamten Vereinigten Staaten fünf Millionen Fernsehzuschauer«, schreibt Selwyn Ford, »am Ende des Jahrzehnts waren es 50 Millionen. 25 Prozent der Kinos waren endgültig geschlossen. Das Antitrust-Gesetz hatte die Studios ihrer Kinoketten beraubt, und die Studios selbst verwandelten sich in die Unterhaltungsabteilungen der Multis. Paradoxerweise mästete sich der Feind Fernsehen, wie heute wieder, an dem alten Filmstock der Produktionsfirmen.«

Die Produktion schrumpfte: 296 Filme waren es noch 1956 gewesen, 1962 wurden nur noch 144 hergestellt.

Die großen Studios wie MGM wurden von Dauerkrisen geschüttelt; andere wie Paramount, Warner Bros., Universal und United Artists mußten mit großen Finanzierungsgesellschaften paktieren. Die Auswahl der Stoffe und der Drehbücher unterlag also einer buchhalterischen Kontrolle, die nur den kommerziellen Erfolg im Auge hatte.

Dem italienischen Kino hingegen gelang es, sich das Fernsehen vom Leib zu halten. Nach der Krise von 1955 ging die Erholung flott vonstatten: von 144 Filmen im Jahr 1956 auf 265 im Jahr 1963. Es ging aufwärts, zu steil aufwärts. Zumindest, was die amerikanischen Interessen betraf, die, wie wir gesehen haben, in überreichem Maß von der Gefälligkeit, wenn nicht Liebedienerei des italienischen Staates profitiert hatten.
Die Amerikaner wurden immer besorgter über die wachsende Präsenz italienischer Filme auf dem internationalen Markt, über den sie in alter Gewohnheit nach Belieben zu verfügen glaubten, und gingen zum Gegenangriff über. Sie erreichten, dank ihrem Einfluß auf die italienischen Politiker, die Streichung der »Synchronsteuer«, die für alle importierten Filme galt, und vor allem die Aufhebung der Einfuhrbeschränkung. Und nicht nur das. Sie beschlossen, in Filme zu investieren, die nur für den nationalen, allenfalls für den europäischen Markt produziert wurden, um jede Möglichkeit auszuschöpfen. Vincent Canby, der später ein berühmter Kritiker der »New York Times« wurde und damals Pariser Korrespondent für das Fachblatt »Variety« war, brachte das Rezept auf die einfache Formel: »Wenn die Italiener unbedingt italienische Filme sehen wollen, dann drehen wir sie ihnen eben.«
Die Amerikaner hofften, auf diesem Weg auf dem europäischen Markt das Doppelte von dem einzunehmen, was

sie im eigenen Land verdienten, und es gelang ihnen auch. Die MGM etwa tat sich mit der italienischen Titanus zusammen, was die Titanus nicht nur in Abhängigkeit, sondern auch in ernsthafte Schwierigkeiten brachte.
Dieser Kampf zwischen dem eigentlichen Hollywood und dem Hollywood am Tiber, kaum durch partnerschaftliches Händeschütteln kaschiert, der Mehrzahl der Kinobesucher aber gleichwohl nicht bekannt, entzündete in Cinecittà das Feuerwerk internationalen Startums. In ihrem gut belegten und geistreichen Buch »Hollywood am Tiber« legen Hank Kaufman und Gene Lerner, die Agenten vieler Stars in jenem Goldenen Zeitalter Roms, die Gründe dafür auseinander. Es standen Millionen an Dollars zur Verfügung, eingefrorenes Kapital, das nicht nach Amerika transferiert werden durfte, sondern in Europa investiert werden mußte. Die Produktionskosten in Italien lagen viel niedriger, und der amerikanische Fiskus gewährte Schauspielern und Regisseuren und jedem anderen Amerikaner, der im Ausland arbeitete, enorme steuerliche Vorteile, zumal wenn sie auch ihren Wohnsitz im Ausland nahmen. Außerdem rissen sich die marktbeherrschenden italienischen Produzenten (Carlo Ponti und Dino De Laurentiis, Goffredo Lombardo von der Titanus) darum, mit den Amerikanern auf dem Weltmarkt ins Geschäft zu kommen.
Lerner überzeugte Kaufman von der Notwendigkeit, ihre Agentur in Rom zu eröffnen, mit einer einfachen Aufzählung von Namen: »In Rom ist jede Menge geboten. Es schaut so aus, als ob alle amerikanischen Stars in Europa sind: Ingrid Bergman, Marlon Brando, Pier Angeli oder nach Belieben Anna Maria Pierangeli, Lana Turner, Stewart Granger, Kirk Douglas, Ava Gardner, Errol Flynn, Zsa Zsa Gabor, Claudette Colbert, Hedy Lamarr... die Li-

ste ließe sich x-beliebig erweitern. Und sicher dürfen wir nicht die italienische Riege vergessen: Anna Magnani, was für eine Type, Gina Lollobrigida, Silvana Mangano, Rossano Brazzi, der die Frauen in *Three Coins in the Fountain/Drei Münzen im Brunnen* verrückt gemacht hat, und diese Sophia Loren!«

»Diese Sophia Loren« war wieder heimgekehrt, nachdem sie eine stattliche Anzahl Filme mit den Amerikanern gemacht hatte. Es war ein Abenteuer gewesen, das ihr eine andere Art Befriedigung gegeben hatte als jene, die sie in ihrer Rolle als Pizzabäckerin genossen hatte. Ihre Legende nährte sich aus ihrer besonderen Vielseitigkeit und ihrem Nomadentum. Sophia hatte die Italiener dazu gebracht, sie mit anderen Augen zu sehen. Das Vorurteil, das viele gegen eine Halbwilde gehegt hatten, die mit Fotoromanen hochgekommen war, hatte sich vor dieser »neuen« Frau blamiert, die im Triumph die Meere überwand und Dollarbündel einheimste.
An die Stelle dieses nicht mehr haltbaren Vorurteils traten andere: Sophia war nur die Geliebte ihres Produzenten, eine Neureiche mit aufgesetzten Manieren; kurz und gut, sie war hochgepuscht worden und ein Kunstprodukt. Klatsch und Tratsch blühten in Rom, seit Unsummen von Geld in Cinecittà und anderen Filmstudios kursierten; unter ihnen schoß das neueste und allermodernste von De Laurentiis den Vogel ab, das er mit den Subventionen der Cassa del Mezzogiorno (also mit Geldern, die eigentlich für den unterentwickelten Süden bestimmt waren) errichtet und auf seinen Namen getauft hatte: Dinocittà. Es gab ungeheuren Stunk über die politische Protektion, die er dabei genossen hatte, und deren Spur dem Vernehmen nach wieder einmal zu Andreotti führte.

Wer ist Sophia? fragten sich die Stammgäste in den Cafés der Via Veneto müßigerweise und platzten mit einer Räuberpistole von vorgestern heraus: daß Marlon Brando, der zur Premiere seines Films *On the Waterfront / Die Faust im Nacken* nach Rom gekommen war, sich unversehens einer zutiefst ausgeschnittenen Sophia gegenübersah, ihr die Hand küßte und anschließend seinen Freunden zuflüsterte: »Sie ist eine unglaubliche Frau, es sind sogar zwei! Ich habe noch nie ein Doppelspiel von dieser Art gesehen!« Sie amüsierten sich auch köstlich beim Wiederkäuen einer pikanten Episode, die sich am Set von *Legend of the Lost* ereignet hatte. In einer Filmszene hatte die Loren mit Rossano Brazzi einen Steit zu mimen, nahm ihre Aufgabe allerdings zu ernst und ließ ihrem Realismus die Zügel schießen. Der Regisseur Henry Hathaway hatte sie angewiesen, Brazzi einen Fußtritt zu geben. Aber unglückseligerweise oder »möglicherweise nicht rein zufällig traf sie ihn an seinen edelsten Teilen«, wie Kaufman und Lerner behaupten: »Brüllend und stöhnend fiel Brazzi zu Boden und krümmte sich vor Schmerzen. Ein ausgeschlafener Standfotograf machte Aufnahmen von diesem dramatischen Zwischenfall, und die Fotos, die er schießen konnte, liefern den schlagenden Beweis für eine Episode, die anderenfalls nur als mäßig witzige Anekdote überliefert worden wäre.«
Die nämlichen Stammgäste versuchten bei jedem Neuzugang in ihrem Kreis Eindruck zu schinden, indem sie das miese Bonmot von Sandro De Feo, dem Theaterkritiker von »Il Mondo« und renommierten Schriftsteller, zitierten: »Erzählen Sie mir von dem Geruch der Achselhöhlen der Loren.«
Auch De Feo war Teil dieser Welt der Via Veneto, in der sich mehr oder weniger alle trafen, Journalisten, Politiker,

Schauspieler, Produzenten, Intellektuelle; einer Welt, in der Rom, eine im Grunde zersplitterte und aus den Fugen geratene Stadt, wieder an ihre Tradition anknüpfen konnte, Zwietracht zu säen und die Sprache wie ein Florett zu gebrauchen. Ein buntes Völkchen, das Eugenio Scalfari in seinem Buch »Abends gingen wir auf die Via Veneto« beschreibt, eine merkwürdige Mischung, zu der Alberto Moravia, Ennio Flaiano, Gian Gaspare Napolitano, Ercole Patti und manchmal auch Elsa Morante und Roberto Rossellini sowie die Schauspielerinnen Anna Proclemer und Eleonora Rossi Drago gehörten.
Viele dieser Personen versammelten sich in der Redaktion von »Il Mondo« um den großen Polemiker Ernesto Rossi, einen der erbittertsten Kritiker der »Kinorepublik«, des italienischen Staates, der im Kielwasser des faschistischen Erbes und im Verbund mit Cinecittà und anderen Filmgesellschaften massiv ins Filmgeschehen eingriff und Körperschaften finanzierte, die häufig lebensunfähig waren und bis über die Ohren in Schulden steckten.
Das Kino war bereits, wie Luciano Cafagna in seinem Buch »Die große Lawine« schreibt, Opfer des »deficit spending«, das heißt, eines ökonomischen Modells, das die Politiker mehr und mehr faszinierte: die Möglichkeit, Ausgaben zu machen, die nicht von Einnahmen gedeckt sein mußten, eine vorübergehende Maßnahme, um den Markt zu stützen, wie sie Franklin D. Roosevelt in den frühen dreißiger Jahren angewandt hatte, um die Depression zu beenden. In Italien wurde daraus allerdings ein Dauerzustand, der von den Parteien gehandhabt wurde, um politische Einigkeit zu erzielen, ob es nun den Film und das subventionierte Theater im allgemeinen oder das Fernsehen betraf. Der kleine Leviathan, das heißt, die Organisation der Parteien als Betrieb, dem um jeden Preis

Geld in den Rachen geworfen werden mußte, hob in der Ferne bereits sein Haupt.

Weder das plumpe Gewitzel in der Via Veneto über den »Achselschweiß« noch die scharfsichtigen Analysen über die Zukunft des Kinos konnten Sophia tangieren. Sie pendelte zwischen den Kontinenten, aber ihr Blick konzentrierte sich auf Amerika: »Es gibt kein Land auf der Welt, das so gastfreundlich ist. Und das gilt auch für Hollywood. Man muß nur einen Fuß hineinsetzen und schon wird man in das legendäre gesellschaftliche Leben der Hauptstadt des Kinos hineingerissen: Premieren, Parties, Wohltätigkeitsveranstaltungen. Es scheint keine Möglichkeit zu geben, irgend etwas anderes zu tun. Aber es genügt, zweimal einer Einladung nicht zu folgen, und schon beginnt ein anderes, unwahrscheinlich ruhiges Leben. Keiner wird dich dann noch stören.«
Hollywood war ein einladendes Territorium und voller Überraschungen für Sophia, die an die Logik des italienischen Kinos gewöhnt war, in dem etwa die Produzenten als die verhaßten unumschränkten Herren nicht nur der namenlosen Komparsinnen, sondern auch vieler namhafter Filmkünstler betrachtet wurden. Nun lernte sie die verdrehten Gesetze des amerikanischen Kapitalismus kennen: »Ich war bei Audrey Hepburn und Mel Ferrer beim Abendessen an dem Tag, an dem die Schauspieler den Streik ausgerufen hatten. Mel ließ die Hälfte des Abends verstreichen, bis er sich telefonisch informierte. Es war ziemlich schnell klar, daß der Streik den großen Studios von Nutzen war, statt ihnen zu schaden: er erlaubte ihnen, Anlagen stillzulegen und bestimmte Produktionsbereiche einzuschrumpfen. Zwei Tage später erklärte einer der großen Bosse: ›Dieser Streik war gegen

uns gerichtet, aber er wurde in unserem Interesse veranstaltet.‹«

Sophia konnte sich über die Geheimnisse der großen Traumfabrik nur verwundert die Augen reiben und tiefe Dankbarkeit empfinden: »Worauf stützte sich, bevor ich in Amerika zu arbeiten begann, meine ›box-office‹-Notierung? Im Grunde hat mir Hollywood einen Blankowechsel ausgestellt. Was wußte die Filmindustrie über mich und was das breite Publikum? Ich hatte als Aktivposten die Pizzabäckerin, die ein Spaziergang gewesen war, und vielleicht noch einen anderen Film: *La donna del fiume*. Nichts weiter.«

Die Diva hatte sich für ihren Export gut vorbereitet, vor allem, was die Garderobe betraf. Sie hatte die Dutzende Kleider, die sie bereits besaß, nicht weggeworfen. Sie kaufte nur rund vierzig neue dazu, fünfzig Paar Schuhe, zehn Hüte, eine ganze Kollektion Handschuhe (ein »Kaufhaus«, wie die zeitgenössischen Chroniken vermerkten), drei Pelzmäntel, zwei Stolen, eine Garnitur hauchdünner Seidenturbans, zyklamfarbene Morgenröcke, perlgraue Unterröcke aus reiner Seide und Nachtgewänder, die so elegant wie Abendkleider waren. Die zweiundvierzig Kleider waren eigens für Amerika angefertigt und aus siebzig Entwürfen von Emilio Schuberth ausgewählt worden, der damals bei der modebewußten Damenwelt hoch im Kurs stand und eine gesetzte, strenge Linie bevorzugte, ähnlich der von Valentino, dessen Mode Sophia einige Jahre später zu schätzen lernte.

In den Schrankkoffern waren acht große Abendtoiletten, zwanzig Cocktailkleider, fast alle rückenfrei, aber mit Schärpen, die am Rücken verknotet waren. Die Farbpalette enthielt außer Rosa und Weiß auch Türkis, Champagner und Chartreuse. Drei Kleider waren aus Chiffon, nur fünf waren schwarz, weil Sophia, obwohl sie diese Farbe liebte, fand, daß sie für eine Diva, die auffallen wollte, wenig geeignet war. Für die neue Garderobe hatte sie sich einer Abmagerungskur unterzogen. Sie hatte sich informiert, daß in Hollywood, wo Audrey Hepburn und Grace Kelly das modische Bild bestimmten, den »Bomben« durchaus ein großzügiges Dekolleté zugestanden wurde, aber daß der Rest der Figur sich mehr oder weniger den geradlinigen amerikanischen Schönheitsstandards anzupassen hatte.

Ponti hatte die Rechnungen bezahlt, ohne mit der Wimper zu zucken. Es durften keine Kosten gescheut werden, um seiner Schutzbefohlenen ein entsprechendes Entree zu verschaffen, von der Garderobe bis zur Presse. Sonderberichterstatter belieferten Dutzende Zeitungen mit Vorab-Porträts der Schauspielerin, sie erschien auf Hunderten von Titelblättern und trat in der Ed-Sullivan-Show auf.

Der Produzent hatte weit vorausgeplant. Nach der Kostprobe der ersten drei amerikanischen Filme, die in Europa gedreht wurden (*The Pride and the Passion*, *Boy on a Dolphin*, *Legend of the Lost*), schlossen drei Produktionsfirmen mit Sophia Verträge über mindestens anderthalb Milliarden Lire ab, ihr Marktwert war pro Film auf die Rekordsumme von 200 000 Dollar gestiegen. Es waren die ersten Anzeichen eines außergewöhnlichen Erfolgs, der nicht aufzuhalten war und sich sogar in einem Land wie der Sowjetunion bezahlt machen sollte. 1969 beteiligte sich die Mosfilm in der Tat an *I girasoli / Sonnenblumen* von De Sica mit Sophia und Mastroianni mit einigen hundert Millionen Rubel und stellte der Diva eine Luxuslimousine zur Verfügung, die sonst nur der Nomenklatura und Großindustriellen wie Agnelli auf ihren Geschäftsbesuchen vorbehalten war.

Die Karriere der Loren paßte gut in den ökonomischen Boom Italiens und ging über das hinaus, was Giorgio Bocca verächtlich als »die Vorhölle des Produktionismus« bezeichnete, eine hektische Betriebsamkeit, in der es sogar die Figur des »introduttore mondano« gab, eines Sittenrichters der anderen Art für die Damen, die eine gesellschaftliche Rolle spielen wollten, »der sich schrecklich wichtig macht, ihnen ohne einleuchtenden Grund beibringt, wie man einlädt oder mit den Mitgliedern des Jetset Konversation treibt, und die Signora trainiert, selbst ein Essen im Hotel oder im Luxusrestaurant zu geben« (Camilla Cederna). Die Filmwelt war in dieser Vorhölle natürlich auch mit Feuereifer zugange und kreierte das Ritual des »cocktail romanus«. »Es waren Parties, bei denen die Gäste ein Potpourri aus allen Typen und Nationalitäten bildeten: ein Ereignis, wie es nur im Rom von 1960 p. Chr. durchführbar war und von den Italienern als ›il coctèl‹ definiert wurde.«
Beim »cocktail romanus«, hauptsächlich von Filmleuten für Filmleute organisiert, mußten gewisse Regeln beachtet werden, wie uns Kaufman und Lerner mitteilen: »Man sollte keine Zeit verschwenden, indem man versucht, sich die Namen der Anwesenden einzuprägen, sondern vielmehr dafür sorgen, daß alle sich Ihre Telefonnummer notieren. Es ist verfehlt, wen auch immer zu fragen, was er tut. Weil viele nämlich absolut nichts tun und deshalb meinen könnten, daß Ihre Neugier ihren sexuellen Gepflogenheiten gilt und nicht ihren beruflichen Aktivitäten.«
Bei diesen prätentiösen Riten – Fellini gibt uns in *La dolce vita / Das süße Leben* einen Einblick – durften auch die Paparazzi nicht fehlen, die auf der Via Veneto lauerten, um die Prügelei zwischen einem eifersüchtigen Schauspie-

ler und seinem Rivalen zu verewigen. Diese Fotografen konzentrierten sich zwar auf die Schauspielerinnen, zumal auf die mit einladenden Formen, aber sie waren auch voll im Einsatz, wenn es galt, die Kraftkerle abzulichten, die nach Europa importiert worden waren, um den Export der weiblichen Oberweiten auszugleichen.

Es handelte sich um die »muscle-boys«, junge Männer aus Texas, Arkansas oder Colorado, die über mächtige Bodybuilder-Muskeln verfügten. Namen wie Steve Reeves, Gordon Scott, Ed Fury tauchten auf der Leinwand auf und verschwanden wieder, ohne Spuren zu hinterlassen. Lediglich an Mickey Hargitay besteht eine vage Erinnerung, weil er mit Jayne Mansfield verheiratet gewesen war.

Diese jungen Recken, die in den sogenannten »Sandalenfilmen« Pappfelsen stemmten und es schafften, daß sich auf der Leinwand Mädchen mit viel Busen und viel Haar sinnlos in sie verliebten, wußten nicht, daß sie eine bezeichnende kulturpolitische Rolle spielten. Der Filmhistoriker Gian Piero Brunetta ist der Ansicht, daß sie »kalifornische Luft« nach Cinecittà brachten, in Filmen, in denen die Massen der Komparsen den »Hühnern in einer Legebatterie« ähnelten. Während Hollywood auf der einen Seite, bemerkt Brunetta, »die großen kollektiven Ängste bedient, indem es Invasionen von anderen Planeten vorspiegelt, exorziert Cinecittà in derselben Periode die jüngsten Erinnerungen an die staatliche Mißwirtschaft mit exemplarischen Strafen für die Missetäter und exemplarischen Modellen, wie die Mächte des Bösen zu besiegen sind«.

Reeves, Hargitay und Co. wurden also zum Gegengift, wenn nicht gar zum Anästhetikum. Die »muscle-boys« gegen Andreotti und Scelba - um im Bereich der Politiker zu bleiben, die im Filmgeschäft mitmischten.

Bei diesen unglaublichen Titanenkämpfen von Herkules oder Maciste verdienten sich amerikanische Produzenten wie Joe Levine schwarz, während Goffredo Lombardo, der Robert Aldrichs Kolossalfilm *Sodoma e Gomorra / Sodom und Gomorrha* mit Anna Maria Pierangeli und Stewart Granger produzierte, mit der Rekonstruktion des biblischen Strafgerichts in Cinecittà ebenso kolossale Verluste machte.

Im Gegensatz zu seinen Produzentenkollegen zeigte Ponti den »muscle-boys« die kalte Schulter und konzentrierte sich auf Sophia und auf die Eroberung Amerikas. Er wollte nicht nur Geschäfte mit den Amerikanern machen, es schwebte ihm vor, in Hollywood eine Art europäischer Botschafter zu werden. Seine internationalen Ambitionen machten auch vor schwierigen Regisseuren wie Jean Luc Godard nicht halt, mit dem er zwei Filme produzierte: *Une femme est une femme / Eine Frau ist eine Frau* und *Le mépris / Die Verachtung* nach dem Roman »Il disprezzo« von Moravia, auch wenn Godard gegenüber Ponti seine intellektuellen Muskeln spielen ließ und die Dreharbeiten von *Le mépris* äußerst turbulent waren, willkommener Anlaß für weiteren gehässigen Tratsch in den Cafés der Via Veneto. Es waren die Anfänge der »nouvelle vague«, deren Vitalität Ponti im Aufwind einfangen wollte. Er hatte ein waches Ohr für Regisseure und Autoren, produzierte Michelangelo Antonionis Filme *Blow-up*, *Zabriskie Point* und *Professione: Reporter / Beruf: Reporter* und David Leans *Doctor Zhivago / Doktor Schiwago* nach dem in der Sowjetunion verbotenen Roman von Boris Pasternak. Unterdessen gab es eine technische Errungenschaft nach der anderen. Das Kino setzte auf die Magie der großen Leinwand und der Spezialeffekte, um das vom Fernsehen becircte Publikum festzuhalten. Das Cinerama-Verfahren mit konkaver Leinwand wollte dem Zuschauer vorgaukeln, daß er sich mitten im Geschehen befinde. Ein Beispiel war *How the West Was Won / Das war der Wilde Westen*, dessen Episoden von John Ford, Henry Hathaway und George Marshall gedreht wurden. Das Todd-AO-Verfahren, das von Mike Todd, einem der Ehemänner von Liz Taylor, in Auftrag gegeben wurde, überrumpelte den Zuschauer mit einer gigantischen Breitleinwand. Die prominentesten Beispiele waren Fred Zinnemanns Musical-Verfilmung *Oklahoma!* Und Michael Andersons Multi-Star-Vehikel *Around the World in Eighty Days / In 80 Tagen um die Welt*. Danach wurde es wieder aufgegeben, weil es sich zu unpraktisch erwies. Schließlich kam Panavision, ein vereinfachtes Todd-AO, das einzige System, das auf Dauer den Kampf mit dem aufdringlichen kleinen Bildschirm aufnehmen konnte.

Es waren Rezepte gegen die Angst, zu verlieren, die das doppelte Hollywood in Kalifornien und Cinecittà zum ersten Mal in seiner Geschichte überfallen hatte. Gewiß erläuterte Ponti Sophia diese Innovationen, und höchstwahrscheinlich hörte sie ihm nur zerstreut zu. Sie wollte Erfolg und Prestige, aber sie wollte auch ein Kind, und das war wichtiger als alles andere.

14. Kapitel

Ein Traum wird wahr, und wir sind Mann und Frau

In dem Bemühen des prominenten Paares, neben der gemeinsamen Karriere auch die Formel für ein befriedigendes Privatleben zu finden, gab es einen traditionellen, aber auch einen noch nie dagewesenen Aspekt. Traditionell war nicht nur Sophias Anspruch auf offizielle Anerkennung ihrer Beziehung mit Carlo, sondern auch Carlos Bereitschaft, ihrem Wunsch mit allem Respekt nachzukommen. Noch nie dagewesen, völlig neu war dagegen die Entschlossenheit, gemeinsam den gesellschaftlichen Normen die Stirn zu bieten und sich in Italien frei heraus als Paar zu präsentieren.

In diesen Gefühlen lag ein Nachbeben des süßen Versprechens eines Schlagers von Alberto Rabagliati aus den vierziger Jahren, »Oggi si avvera il sogno e siamo sposi«, ballte sich aber auch Sophias und Carlos Lust zur rigorosen Herausforderung einer Ordnung, die die Ansprüche zweier Liebender, sich im Bund der Ehe zu vereinigen, nicht begreifen wollte. Die einschmeichelnden Melodien Rabagliatis mischten sich gleichsam mit den harten, aufsässigen Rhythmen der Rock'n'Roll-Ära. Die neue Musik hatte zusammen mit den Filmen frischen Wind aus Amerika gebracht, und in diesen Luftzug war auch das Thema Scheidung geraten, ein Tabu für Italien, eine Fata Morgana für Sophia und Carlo, die für die Kirche im Konkubinat lebten.

Die Situation in Italien ließ keinen Spaltbreit Hoffnung, im Gegenteil, es gab genug Präzedenzfälle, die der Diva und ihrem Pygmalion deutlich machten, mit welchen Schwierigkeiten sie zu kämpfen haben würden, auch wenn sie über eine Elite von Anwälten verfügen konnten. Es waren bittere Geschichten. Zwei zumal waren höchst lehrreich: die des Radrennfahrer-Idols Fausto Coppi und die eines Durchschnittspaares in der Toskana.
Coppi hatte sich in Giulia Occhini verliebt, die Frau seines Arztes, oder vielleicht war es auch umgekehrt gewesen. Die Weiße Dame, wie sie wegen ihres weißen Mantels genannt wurde, von dem sie ebenso unzertrennlich schien, folgte dem Champion bei allen seinen Rennen. Die Fotografen schossen kompromittierende Fotos, die Reporter berichteten. Die Auswirkung war verheerend. Coppi war im Gegensatz zu dem nationalen Heros Gino Bartali, dem Tour-de-France-Sieger von 1938 und 1948, noch ein Benjamin. Und Bartali war, wie Silvio Lanaro bemerkt, der Lieblingssohn »des Papstes, Mitglied der Azione cattolica, der den Primat einer Sache auf seine Fahne geschrieben hat«, während Coppi »der mürrische weltliche Mensch ist, der keine Fahne hochhält«. Der Skandal, der über Coppi und die Weiße Dame hereinbrach, nährte sich auch aus diesen Polemiken, die möglicherweise nur einen indirekten, aber um so verheerenderen Einfluß hatten.
Als die Signora Occhini Ehemann und Kinder verließ und Coppi sich seinerseits von seiner Frau Bruna trennte, wurde die Weiße Dame wegen Ehebruchs und böswilligen Verlassens der ehelichen Gemeinschaft ins Gefängnis ge-

worfen und schließlich gezwungen, nach Argentinien auszuwandern, um der Welt eine Kreatur vorzuführen, »auf die jahrelang mit dem Finger wie auf eine Aussätzige gezeigt wurde« (S. Bertoldi).
Die zweite Geschichte spielte sich in Prato ab und betraf den Kaufmann Mauro Bellandi, einen Kommunisten, und Loriana Nunziati, ein Mitglied der Azione cattolica. Sie hatten beschlossen, sich nur standesamtlich trauen zu lassen. Worauf Monsignore Pietro Fiordelli, Bischof von Prato, aus dem Fall eine nationale Angelegenheit machte: er bezeichnete die beiden in einem Dokument, das von den Kanzeln verlesen wurde, als »öffentliche Sünder und öffentliche Beischläfer« und »bestrafte« sie, indem er ihnen den Zugang zu den Sakramenten verweigerte. Der Kaufmann verklagte den Bischof wegen übler Nachrede. Damit wurde der Fall erst richtig brisant. Der Kardinal Lercarco ließ die Pforten der Tempel in Bologna mit Trauerfarben verhängen. Monsignore Fiordelli weigerte sich, vor Gericht zu erscheinen, mit der Begründung, daß die italienische Justiz nicht die Kompetenz habe, ihr Urteil über einen Bischof zu sprechen. Schließlich kam es doch zur Verhandlung. Der Bischof wurde zu einer Geldbuße von 40 000 Lire verurteilt und in der Berufung freigesprochen.

Carlo und Sophia hatten, was die Ehe betraf, übereinstimmende Bedürfnisse, die sich zumal während ihrer Zeit in Amerika entwickelt hatten. »In den drei Jahren, die wir in Amerika verbrachten«, erinnert sich Sophia, »waren wir insgesamt vielleicht dreimal auf einer Cocktailparty. Ich arbeitete den ganzen Tag in den Studios und verbrachte die Abende mit Carlo. Wir schauten uns Fernsehen an und gingen dann ins Bett. Ich war – über meine Karriere als Schauspielerin hinaus – nach Hollywood gegangen, um einer unerträglichen Situation zu entrinnen: in Rom war Carlo bei seiner Frau, und ich war allein. Ich wußte, daß ich ihn in Amerika zum ersten Mal, seit wir uns kannten, ganz für mich alleine haben würde.«

An diesen langen Abenden vor dem Fernseher und gleich darauf in der Intimität diskutierten Sophia und Carlo, wie dieses »ganz für mich allein« auch in der Öffentlichkeit stattfinden und zur Heirat führen könnte.

Was die Öffentlichkeit betraf, hatte es bis dato nur einen kleinen, unerfreulichen Zwischenfall während eines Flugs gegeben: Carlo hatte Sophia geohrfeigt, weil er auf Cary Grant eifersüchtig war. Sophia wurde nicht rebellisch, vergoß nur ein paar Tränen, weil sie sich unschuldig fühlte, und flüsterte ihrem Produzenten-Geliebten einige gewichtige Worte ins Ohr, die sie danach gerne in Interviews widerholte: »Untreue ist etwas, das einfach nicht sein darf. Wenn ein Mann und eine Frau einander untreu werden, ist meiner Meinung nach ihre Liebe bereits am Absterben. Wenn man seinen Partner wirklich liebt, hat man die Welt in Besitz. Dann braucht man keinen anderen.«

Ponti ließ sich überzeugen. Für diese Frau hatte er beschlossen, mit der Vergangenheit zu brechen und völlig neu anzufangen. Er hatte endlich begriffen, daß das Leben nicht nur aus Arbeit bestand. Was diese Macke betraf, hatte sich Sophia kein Blatt vor den Mund genommen: »Carlos Arbeitswut hat etwas von einer freudianischen Regression. Diese schrecklichen kleinwüchsigen Männer sind alle gleich. Ich habe ein anderes besessenes Arbeitstier kennengelernt, Charlie Chaplin. Der nämliche Fall – ein Kleiner, der durch seine Arbeit groß wurde.« Freudianisch oder nicht, Carlo »aus Magenta, Mailänder vom

Land«, wie er sich selbst bezeichnete, tat alles, um den Hürdenlauf zur Eheschließung zu verkürzen.
Der Produzent tat, was viele Bürger der Vereinigten Staaten taten, wenn sie es eilig hatten: er begab sich auf Pilgerfahrt nach Mexiko, nach Ciudad Juarez, das Paradies für Scheidungen und Hochzeiten der ungeduldig scharrenden Liebespaare im Filmbusiness oder anderer Reicher. Vielmehr pilgerten seine Rechtsanwälte dorthin und regelten auf einen Schlag Pontis Scheidung von seiner ersten Frau Giuliana Fiastri und am 17. September 1957 per procura die amtliche Eheschließung zwischen Signorina Sofia Scicolone, Tochter des Riccardo Scicolone und der Romilda Villani, und Signore Carlo Ponti.
Sophia war glücklich, endlich hatte sie die so heiß ersehnten Papiere. Auch wenn sie sich einige Sorgen über das Echo in der Heimat gemacht hatte, hatte sie sich nicht ausmalen können, welche Entrüstung nun losbrach. Nicht nur, daß der Tratsch auf Hausmeisterinnen Art aus ihr eine hinterlistige und gierige »Familienzerstörerin« machte, sie handelte sich auch den Titel »Götzenbild der Perversion« ein. Die »Hausfrau und Mutter« Luisa Brambilla erstattete gegen das Paar Anzeige zur »Verteidigung der Institution Ehe«, auf dem Fuß gefolgt von Giuseppe Salamida, einem rechtskräftig verurteilten Bigamisten, der lebhaftes Interesse daran hatte, daß Carlo Ponti nach Artikel 556 des Strafgesetzbuches dieselbe Strafe ereilte, sowie dem Abruzzen-Anwalt Nelo Orlandi, der sich als Hüter der öffentlichen Moral aufspielte.
Mehr als Carlo, der potente Mann, der den unwiderstehlichen Reizen ihrer Oberweite verfallen war, war Sophia nach übereinstimmender Ansicht ihrer Ankläger und eines großen Teils des sogenannten »anständigen« Italien die wahre und einzige Schuldige. Der »Osservatore Ro-

mano« meldete sich ebenfalls mit einer harten Verurteilung zu Wort, die denselben Tonfall wie die Bewertungen hatte, mit denen Jahre zuvor die harmlosen Filme der jungen und »allzu« anstößigen Schauspielerin abgekanzelt worden waren. Die Kirche verlor dadurch eine treue, wenn nicht gläubige Seele. »Ich bin nicht mehr imstande, beim Beten niederzuknien«, sagte die Schauspielerin. »Ich habe meine Religion gefunden und brauche dafür keine Vermittler wie diese Priester.«

Die Anwälte gaben Sophia den Rat, nicht nach Italien zurückzukehren, um nicht eine so gut wie sichere Verhaftung zu riskieren. Nach Gesuchen an die Sacra Rota, das Band zwischen Ponti und Giuliana Fiastri zu lösen, nach gesetzlichen und bürokratischen Klimmzügen zwischen Mexiko und Italien, begannen neue rege Unterhandlungen mit Signora Fiastri über andere juristische Auswege. Der Leidensweg zwischen Papierkrieg und Erwartung dauerte fast zehn Jahre, glücklicherweise gemildert durch den weiteren Aufstieg der Diva und das Wohlwollen der Amerikaner, die in Fragen der Ehe inzwischen nicht mehr die puritanische Hysterie an den Tag legten, mit der sie Roberto Rossellini und vor allem Ingrid Bergman verfolgt hatten, die im Amerikanischen Senat allen Ernstes dafür angegriffen worden war, daß sie wegen des italienischen Regisseurs ihren ersten Mann verlassen hatte.

Wie Elizabeth Taylor, die erklärte, daß es für sie unabdingbar sei, mit dem geliebten Mann verheiratet zu sein (was ihre zahlreichen Ehen in anderem Licht erscheinen läßt), hoffte und bangte Sophia dennoch ihrem zweiten und endgültigen Rendezvous mit der Ehe entgegen, dem Lohn für ihr standhaftes Warten. Dieses Rendezvous fand – neun Jahre nach Ciudad Juarez – am 9. April 1966 statt. Um so weit zu kommen, hatten Sophia, Carlo und seine

Exfrau Giuliana die französische Nationalität annehmen müssen. Es dauerte weitere acht Jahre, bis eine Scheidung 1974 auch in Italien möglich wurde.

Mit zweiunddreißig Jahren tilgte die Diva eine Erinnerung, die für sie nicht minder schmerzlich als für Romilda gewesen war – den alten Familiengram, den Riccardo mit seiner Weigerung, vor den Altar zu treten, ausgelöst hatte. Natürlich waren die Schicksale von Mutter und Tochter nicht zu vergleichen, aber gleichwohl schien es Sophia, daß sie erst jetzt vergessen und eine Familie auf solider und offizieller Basis aufbauen könne. Es fehlten die Kinder, aber sie würden sich einstellen, und ihr und Carlo würde es nicht an heißem Bemühen darum fehlen: zwei Gatten, die Juwelen, zeitgenössische Malerei und Häuser sammelten (den Palazzo gegenüber der Ara Coeli in Rom, die große Villa aus dem 18. Jahrhundert in Marino mit Swimmingpool, das Chalet in Gstaad, das Pariser Penthouse in der Avenue George V, die Ranch in Kalifornien), die wenig stritten und auch dann nur mit Verstand: »Wenn wir geteilter Meinung sind, was die Arbeit oder andere Bereiche betrifft, diskutieren wir darüber. Die wirklichen Ehekriege spielen sich stumm ab: wir sprechen ganze Tage nicht miteinander. Gewöhnlich explodieren wir, wenn einer von uns in schlechter Laune etwas Häßliches sagt. Die zwanzig Jahre Altersunterschied zwischen Carlo und mir machen sich manchmal bemerkbar. In der Hinsicht, daß mich Carlo wie ein Kind behandelt. Viele Streitereien entstehen aus dieser Einstellung. Aber wir schaffen sie aus der Welt, indem wir darüber schlafen. Wenn die Sache allerdings ernsthafter ist, dauert es einige Tage, weil wir beide unseren Stolz haben und keiner es fertigbringt, zu sagen: ›Entschuldige, tut mir leid.‹ Wir sind füreinander Luft, bis einer von uns beim Frühstück oder beim Mittagessen wieder zu reden beginnt.«

Was die Sehnsucht nach Nachwuchs und die Komplettierung der Familie betraf, gab es allerdings nie Uneinigkeit. Sophia betrachtete die Funktion des Ehemanns auf eine ganz besondere Weise, wobei sie sich auf eine alte Überzeugung berief: »Die Mutter meiner Mutter, eine Neapolitanerin, pflegte zu sagen: ›Der Ehemann ist geliehenes Blut‹. Er borgt also sein Blut, um Kinder in die Welt zu setzen. Damit will ich nicht die Bedeutung der Gefühle herabmindern oder die schicksalhafte Anziehung, die ein Paar vereinen kann. Ich möchte nur immer wieder betonen, daß für mich die durch nichts zu ersetzende Liebe, die Blinde wieder sehen läßt und dich so in Besitz nimmt, daß du völlig in ihr aufgehst, die Liebe zu deinen Kindern ist.«

Sophia nahm es nicht hin, daß ironische Bemerkungen über den Altersunterschied gemacht wurden, oder gar taktlose Anspielungen über die mutmaßlichen Qualitäten Pontis als Liebhaber, allerdings aufgrund bestimmter Träume, die sie einige Male zerstreut in Interviews ausgeplaudert hatte. Ein deutscher Journalist erlaubte sich, sie an einen zu erinnern: »Ich weiß, daß Sie einen immer wiederkehrenden Traum haben. Ein Ungeheuer verfolgt Sie auf einer endlosen Wendeltreppe. Als es Sie beinahe zu fassen kriegt, wachen Sie auf. Sind Sie sich bewußt, daß es sich dabei um einen sexuellen Traum handelt?« Sophia: »Im Ernst? Da können Sie mal sehen, daß ich nicht frigide bin.« Der Journalist, hartnäckig: »Der Traum könnte bedeuten, daß Sie sexuell nicht befriedigt sind.« Sophia: »Mag sein. Wie auch immer – er ist verschwunden. Seit

ich zwei Söhne geboren habe, träume ich wenig und habe keine Alpträume mehr.«
In Wirklichkeit hatte sich Carlo, bevor der Traum verschwunden war, alle Mühe gegeben, um den gemeinsamen Plan von Liebe und Leben zu verwirklichen. Dafür gab es immer wieder unumstößliche Anzeichen. Der »Osservatore Romano« jedenfalls hätte keinen Anlaß mehr gehabt, mit dem Paar ins Gericht zu gehen: Carlo und Sophia standen voll hinter der Enzyklika »Humanae vitae«, in der die Verdammung der Abtreibung durch die Kirche bekräftigt wurde.
Sophia war mindestens dreimal guter Hoffnung, und jedesmal wurde ihre Hoffnung auf Mutterschaft enttäuscht. Das erste Mal 1960 während der Dreharbeiten zu *La ciociara*. Es hieß, daß sie das Kind verloren habe, weil die körperlichen Anstrengungen, die ihr der Film abverlangte, zu groß gewesen waren. Darauf folgten die Dementis: Sophia war am Set nicht deshalb ohnmächtig geworden, weil sie schwanger war, sondern weil sie, den Erfordernissen der Szene entsprechend, einen Bergbach bei äußerst rauhem Wetter durchwaten mußte.
Was war die Wahrheit? Die Presseagenten Lucherini & Spinola lieferten ihre eigene Version. Sie waren von Ponti engagiert worden, um Sophia in Italien wieder aufzubauen und sie vom Ruf der »Familienzerstörerin« reinzuwaschen. Sie kreierten die Legende von »Sophia, der verhinderten Mutter« in Trastevere, während die Schauspielerin im Laden eines Kohlenhändlers drehte: »Es begann mit der gezielten Verbreitung einer Serie von Fotos, auf denen sie während einer Drehpause mit den Kindern aus dem Viertel Ringelreihen spielte und ein Neugeborenes im Arm hielt. Einmal wurde sie am Set ohnmächtig, und wir ließen gegenüber den Journalisten durchblicken, daß sie

möglicherweise schwanger sei: auf diese Weise gab es viel Wirbel, als die aufsehenerregende Meldung erschien, und das Gerücht hielt sich, auch als wir gezwungen waren, zu dementieren. Wir hielten diese Legende acht Jahre am Köcheln, bis Sophia endlich die Probleme gelöst hatte, die in Wahrheit schuld daran gewesen waren, daß sie keine Kinder bekommen konnte. Zu diesem Zeitpunkt hatte sie endgültig die Herzen des Publikums zurückerobert.«

Hatte es acht Jahre lang wirklich nur falsche Vorspiegelungen gegeben? Die beiden Agenten waren zwar ausgekochte Profis, aber die in der Presse lancierten Meldungen konnten nicht kaschieren, daß das Paar ernsthafte Anstrengungen unternahm. Ein indirektes Indiz waren etwa die unvorgesehenen und wiederholten Konsultationen von Ärzten. In Spanien wurde Sophia 1961 während der Dreharbeiten zu *El Cid* von einem Unwohlsein befallen, und Ponti mußte einen berühmten Gynäkologen aus Madrid zu Rate ziehen. Ein Jahr später bei De Sicas *Ieri, oggi e domani / Gestern, heute und morgen* hatte sie erneute Beschwerden und mußte sich in einer Klinik, wie zu hören war, einem chirurgischen Eingriff unterziehen. Abermals ein PR-Trick?

Falls es so war, und vielleicht traf es in einigen Fällen sogar zu, stand diese Lesart im Widerspruch zum aufrichtigen Wunsch der Schauspielerin, Mutter zu werden, den sie immer wieder mit Emphase äußerte. So war in den einschlägigen Illustrierten zu lesen, daß Sophia bei der Hochzeit ihrer Schwester Maria mit Romano Mussolini die Braut umarmt und gesagt habe: »Maria, beeil dich, mir einen Neffen zu schenken... beeil dich, denn den ersten bekomme ich.« Und als Marias und Romanos Tochter Alessandra geboren wurde, meldeten die Blätter, daß die Schauspielerin einige Tränen vergossen und erklärt habe:

»Wenn ich jemals so glücklich sein sollte, einen Sohn zu bekommen, möchte ich, daß er genauso hübsch ist wie Alessandra und mir das Gefühl gibt, daß er schon immer da war.«
Sophia ersehnte die Mutterschaft und erzählte über die Frauen, die ihr schrieben: »Ich habe Tausende Briefe bekommen. Einige von Frauen, die aus dem einen oder anderen Grund keine Kinder bekommen konnten. Das ist bei mir glücklicherweise nicht der Fall. Aber ich teile ihre Meinung, daß unter solchen Umständen eine Adoption eine wunderbare Lösung ist... In vielen Briefen wurden Qualen beschrieben, wie ich sie erduldet habe, und auch die machten mir Hoffnung. Große Hoffnung, denn nicht wenige dieser leidvollen Geschichten endeten mit der freudigen Mitteilung, daß diese Frauen schließlich doch noch Mutter geworden waren... Ich bete zu Gott, daß sich mein Geschick auf dieselbe Weise erfüllen wird.«

Sophias Leiden waren ein gefundenes Fressen für die Presse. Regelmäßig landeten auf den Redaktionstischen Meldungen, daß die Schauspielerin vor der Madonna Kerzen angezündet oder das Gelöbnis abgegeben habe, sich vom Film zurückzuziehen, und daß sie Kartenlegerinnen und Hellseher aufgesucht habe. Es wurde behauptet, daß sie nicht nur einen Sohn, sondern zwei oder drei Zwillingspärchen wolle und diesen Wunsch Freunden gestanden habe, während sie nervös an einer Zigarette zog.
Viel Platz räumten die Illustrierten einem Ereignis ein, das sich am Set von *Ieri, oggi e domani* abgespielt hatte. In diesem Film gab es eine Episode – geschrieben von Eduardo De Filippo –, die berühmt werden sollte. In dieser Geschichte wird eine Frau aus dem Volk wegen Zigarettenschmuggels verhaftet und sofort wieder freigelassen, weil

sie schwanger ist: nach dem Gesetz kann die Justiz die Rechnung erst sechs Monate nach der Geburt begleichen. Um dem Gefängnis zu entgehen, bringt die Frau in fünf Jahren stolze sieben Kinder zur Welt.

Für die einzelnen Stadien dieser Rolle benutzte Sophia Schaumgummipolster verschiedener Größe. Der Regisseur Vittorio De Sica, der sie jeden Tag in diesem interessanten Dauerzustand beobachten konnte, tätschelte in einer Drehpause ihren Kunstbauch und rief aus: »Donna Sophia, du bist wahrhaftig dazu geschaffen, Mutter zu sein ... Du hast sogar die Augen, diesen etwas müden Ausdruck, geduldig, in Erwartung, typisch für eine Frau, die schwanger ist, die weiß, was es bedeutet, ein Kind zu kriegen!« Sophia, die nur mit Mühe ihre Tränen zurückhalten konnte, gab De Sica zur Antwort: »Ich werde in diesem Film sieben Kinder haben, fünf Söhne und zwei Töchter. Könnte ich im wirklichen Leben wenigstens eines haben ... eines, das ganz mir gehört.«

Kurz darauf hatte sie eine Bauchhöhlenschwangerschaft, wie sie auch Marilyn Monroe in ihrer Ehe mit Arthur Miller mit falschen Hoffnungen erfüllt hatte, und es wurde sogar ein jugoslawischer Spezialist zu Rate gezogen. Endlich begegnete Sophia dem Richtigen, dem Schweizer Gynäkologen Hubert De Watterville, Chefarzt der Entbindungsstation im Kantonsspital in Genf, Universitätsprofessor, Ehrendoktor verschiedener Universitäten in Europa, Asien und Amerika, eine wirkliche Kapazität und darüber hinaus auch Nachkomme einer der wenigen adeligen Familien in einem Land ohne heraldischen Adel, was seine Ahnen jedoch nicht daran gehindert hatte, verschanzt in ihren mittelalterlichen Burgen den jeweiligen Herrschern und Fürstbischöfen das Leben schwer zu machen.

So jedenfalls beschrieben die Zeitungen den Wundermann, unter dessen Beobachtung die Schauspielerin sich monatelang auf das Ereignis vorbereitete wie ein gewissenhafter Sportler auf einen entscheidenden Wettkampf. »Sie ist eine außergewöhnliche Frau«, stand De Watterville den Journalisten zu Wort. »Sie bewohnt drei Zimmer im obersten Stockwerk des Hotels und sieht nur Ines, ihre Sekretärin, ihren Mann, ab und zu jemanden aus der Familie und natürlich den Arzt. Ihre Zerstreuungen sind Radio, Fernsehen und die Zeitungen. Diese Regeln hat sie sich selbst auferlegt, denn sie hat einen eisernen Willen. Sie verbringt ihre Tage in Gedanken an das Kind, das bald geboren wird.«
Den Zeitungsleuten wäre es lieber gewesen, wenn die Geburt Weihnachten stattgefunden hätte, aber Carlo Ponti junior, genannt Cipì, kam erst einige Tage später zur Welt, am 29. Dezember 1968. Sophia war glücklich. Carlo senior, der, wie sie erzählte, an den öden Abenden im Hotel allmählich jeden Abend früher vor dem Fernseher eingeschlafen war, gewann seine polternde Lebhaftigkeit wieder. Beide beugten sich ungläubig über die Wiege und die Geschenke, die aus der ganzen Welt eintrafen. Zu den wertvollsten zählte ein alter Stich, den der französische Schriftsteller André Malraux geschickt hatte, und der die Gärten von Versailles mit dem Feuerwerk anläßlich der Geburt des Dauphin zeigte, des Erstgeborenen des Sonnenkönigs Ludwig XIV. Gleichsam, um zu sagen, daß sich die Zeiten veränderten, und daß jede Epoche ihre eigenen kleinen Prinzen habe.
Sophia war, mehr als Carlo senior, verwundert über die Gnade, die ihr widerfahren war. Die Presse registrierte minuziös, daß sie nur, wenn sie das Baby stillte (um sieben Uhr morgens, um elf, um drei Uhr nachmittags, um sieben

Uhr abends, um elf und um drei Uhr in der Nacht), durch den unmittelbaren körperlichen Kontakt die Gewißheit hatte, daß dieser Sohn nicht mehr nur ihrer Traumwelt angehörte. Bis zum letzten Augenblick war sie in Angst und Zweifel gewesen: »Eines Tages ließ mich Professor Watterville, um mich davon zu überzeugen, daß ich wirklich ein Kind trug, mit einem Stethoskop seinen Herzschlag hören. Ich wollte es nicht glauben. ›Aber hören Sie doch genau hin‹, sagte er, ›dieses Herz ist das Herz Ihres Kindes.‹ Und ich stur: ›Aber nein, das ist bestimmt die Verdauung.‹«

Schließlich mußte Sophia zugeben, daß es nicht die Verdauung war, und daß sie gut daran getan hatte, sich in die Hände des adeligen Schweizer Arztes zu begeben, der sie die Desaster in den italienischen Kliniken vergessen ließ: »Sie stopften mich mit Progesteron voll, dabei hatte ich das Gegenteil nötig, nämlich Östrogene. Eine läppische Kleinigkeit hatte verhindert, daß ich meine Schwangerschaften austragen konnte. Ein falsches Medikament. Ich werde gefragt, warum ich eine Milliarde in einem Krankenhaus in Genf ausgegeben habe und nicht in Italien. Aber wird dabei in Betracht gezogen, daß es mir in Italien nicht gelungen war, ein Kind zu bekommen?«

Hollywood hatte sie zur Diva gemacht, die Schweiz zur Mutter. Für das Mädchen aus Pozzuoli hatte sich seine Zukunft in anderen Vaterländern erfüllt, zwischen Film und Nachwuchs, zwischen Set und Kinderzimmer.

Fünf Jahre nach Cipì wurde Dodò geboren, oder Eli oder Edy, wie der Zweitgeborene Edoardo genannt wurde, der am 6. Januar 1973 zur Welt kam. Die Familienplanung konnte als abgeschlossen betrachtet werden. Da hatte es 1966 die Hochzeit in Paris gegeben, genau zur richtigen

Zeit, um den ersten Sohn im Stand der bürgerlichen Konventionen aufwachsen zu lassen; es waren Kinder, die in äußerst behaglichen Häusern aufwuchsen und schließlich in die Vereinigten Staaten kamen, wo sie zur Schule gingen, mit der Mamma als Partnerin Film spielten und zwischen Zucht und Bequemlichkeit ihr Leben zu gestalten begannen – immer unter den liebevollen und wachsamen Blicken der Mutter.

Alles hatte also seine Ordnung, wenn auch mit großen Sorgen verbunden. Die Söhne sind die Söhne, sie sind Stücke des Herzens, wie Eduardo de Filippo sagt. Sophia mußte schnell genug erfahren, daß die ihren gefährdeter waren als andere. In ihre Suite im Hotel in New York war eingebrochen worden, während sich der kleine Cipì dort aufhielt, und glücklicherweise hatten die Einbrecher nur Wertgegenstände mitgehen lassen. Seit diesem Vorfall veränderte sich das Leben der Diva. Jedes Haus verwandelte sich in eine Art Festung. Die Villa in Marino in der Nähe von Rom wurde von bewaffneten Bewachern kontrolliert. Privatdetektive wurden zur ständigen Überwachung engagiert. Um den Einbruch in New York kümmerte sich sogar das FBI.

Sophia fühlte sich und ihre Kinder von vagen Bedrohungen eingekreist. Zumal, da jeder ihrer öffentlichen Auftritte von häufig recht giftigen Polemiken begleitet wurde. Es gab genug Journalisten, denen es nicht geschmeckt hatte, daß sie über die zweite Heirat mit Ponti erst im nachhinein informiert worden waren, die die Pressekampagne über die Mutter Sophia gefressen hatten oder sauer waren, weil sie nicht das Exklusivinterview bekommen hatten, das der Konkurrenz zugestanden worden war, und die sie angriffen, weil sie zur Vorsitzenden der Jury eines

wichtigen Festivals berufen worden war (Cannes 1966). Um den einstimmigen Chor der Beschuldigungen zu bestätigen, wurde der Schauspielerin von der Presse der »Premio limone« verliehen.
Unwirsch, unkooperativ, anmaßend: Sophia hätte nie für möglich gehalten, daß sie jemals so eingeschätzt werden würde. Sie fragte sich, wie sie ihre sympathischen Gestalten in *Peccato che sia una canaglia*, *Sotto il segno di Venere*, *L'oro di Napoli* hatten vergessen können, und vor allem, wie sie ihre leidenschaftliche Darstellung der Cesira aus dem Gedächtnis hatten streichen können, der Ciociara, die mit der Tochter an einem furchtbaren Tag im Krieg vergewaltigt wird, als alle glauben, daß der Krieg endlich zu Ende ist.

15. Kapitel

La ciociara

Erinnerungen an zu Hause und an ärmliche Kleidung, an bestimmte Bewegungen und Worte, die im Ohr zärtlich nachklangen; danach verlangte es Sophia, als der Ehemann ihr vorschlug, die Cesira zu spielen. Es hatte so viele Rollen gegeben, in denen sie sich – mit Ausnahme der Gangsterwitwe in *The Black Orchid* – wie eine Puppe hatte verkleiden müssen, mit langen Spitzenunterhosen à la Wildwest oder lastenden Diademen und Ballkleidern im Stil des kaiserlichen Wien. Nicht, daß sie sich darüber zu beklagen gehabt hätte, im Gegenteil. All diese Rollen hatten sie aufgebaut und ihr die unüberwindlichen Pforten Hollywoods geöffnet.

Aber sie wollte nun wieder die Erregung einer Rolle auskosten, die mehr mit ihr selbst zu tun hatte und, wie in *L'oro di Napoli*, ihre verborgenen, persönlicheren Talente zur Geltung brachte. Als Pizzabäckerin war sie sprühend gewesen und hatte dem Publikum das Gefühl gegeben, eine Freundin von überschäumender Kontaktfreudigkeit kennenzulernen; nun ergab sich die Möglichkeit, eine komplexere Gestalt darzustellen. Sie wollte weinen und die Menschen zum Weinen bringen und damit beweisen, daß in ihren Adern echtes Blut floß, und wie wenig ihr an den amerikanischen Maskeraden lag.

Ponti war wieder einmal so weit, daß das Projekt bereits konkrete Formen angenommen hatte. Er hatte die Rechte an dem Roman »La ciociara/Cesira« von Alberto Moravia gekauft, der 1955 nach der Veröffentlichung wegen vorgeblicher Obszönität und Beleidigung des Schamgefühls mit der Justiz eine Menge Ärger gehabt hatte. Ponti war etwas im Zweifel gewesen, ob er die Entwicklung des Drehbuchs und die Suche nach einem geeigneten Regisseur weiter betreiben solle, ganz abgesehen von der Auswahl der Partner für Sophia. Er scheute zwar nicht vor einem Kampf mit vielen Risiken zurück – daran war er gewöhnt, und Zusammenstöße machten ihm Spaß –, aber zu jener Zeit reagierte Italien auf dem moralischen Sektor noch mimosenhafter als gewohnt.

Beschlagnahmungen waren, wie Paolo Sarcinelli schreibt, an der Tagesordnung und erreichten »einen historischen Höhepunkt«. Es traf die Romane von Moravia und Pasolini und sogar ein Wochenblatt, das gewagt hatte, einen weiblichen Akt von Modigliani zu veröffentlichen. Die Filmzensur schäumte und erließ Urteile, die später als symptomatisch für den Zeitgeist gelten sollten. Lattuadas Film *I dolci inganni / Süße Begierde* wurde aus dem Verkehr gezogen, und es lohnt sich, die Anordnung zur Beschlagnahme nachzulesen: »[Der Film] erzählt, wie eine Siebzehnjährige, die plötzlich die Frau in sich entdeckt und von einem unbezwinglichen erotischen Drang überwältigt wird, ausgelöst durch einen schamlosen Traum, in dem sie sich von einem reifen Ingenieur besitzen läßt, den sie seit jungen Jahren kennt, im Laufe eines einzigen Tages willentlich und entschlossen ihre Reinheit opfert, indem sie sich ihm wirklich hingibt ... Nicht genug damit, das Mädchen belauscht auch den fleischlichen Verkehr zwischen einer Prinzessin und dem jungen Mann, den sie aus-

hält, wobei die Obszönität in der Schilderung des Vorspiels besteht, das heißt, der Selbstentblößung der Frau in erotischer Raserei und der in Unordnung geratenen Kleidung ihres jungen Liebhabers ...«
Man mußte schon sehr entschlossen sein, um diese und andere Fakten in einer Zeit zu ignorieren, in der zum Beispiel, als es um Schändung ging, der Sekretär der Jungkommunisten Enrico Berlinguer den jungen Genossinnen das Beispiel von Maria Goretti ans Herz legte, jenes Symbols christlicher Reinheit, das Augusto Genina 1949 in seinem Film *Cielo sulla palude/Himmel über den Sümpfen* verewigt hatte.

Ponti blieb trotzdem am Ball, zumal Sophia ihn anstachelte, die vom Stoff überzeugt war und speziell von der Möglichkeit, sich wieder in ein Schicksal aus ihrem geliebten Süden zu versenken, in einem Film, in dem sie für die Hauptrolle allerdings nicht die erste Wahl gewesen war. In der ersten Phase der Vorbereitung war sie nicht als Cesira vorgesehen gewesen – für diese Rolle wollte der Produzent Anna Magnani –, sondern als ihre Tochter Rosetta. Und damals war als Regisseur auch nicht De Sica im Gespräch gewesen, sondern der Amerikaner George Cukor, der mit der Perspektive gelockt wurde, mit der Interpretin von *Roma città aperta / Rom – offene Stadt* und Oscar-Preisträgerin für *The Rose Tattoo / Die tätowierte Rose* zu arbeiten.
Wegen der drohenden Gefahr einer Zensur war die Produktion aufgeschoben worden, und Ponti hatte sich, treu seiner Idee, daß Filme internationalen Zuschnitt haben müßten, nach Hollywood aufgemacht. Doch dort hatte er keine qualifizierten Drehbuchautoren gefunden, die geneigt waren, den Roman zu bearbeiten: das Buch gefiel

ihnen zwar, aber sie fanden, daß es zu wenig »action« hätte.

Cukor dagegen war enthusiastisch und nahm es gerne auf sich, nach Rom zu fliegen und die Magnani zu überzeugen. Und dabei stellte sich ein großes Problem heraus. Die ehemalige Lebensgefährtin Rossellinis, die ihm einen Teller Spaghetti ins Gesicht geworfen hatte, als ihr sein Verhältnis mit Ingrid Bergman klargeworden war, die »Wölfin« des Neorealismo, die attackierfreudige ehemalige Soubrette in den Revuen von Totò, mit Preisen überhäuft und geliebt wie kaum eine andere in der Geschichte nicht nur des italienischen Films, dieses lebende Monument also lehnte Sophia für die Rolle der Tochter kategorisch ab. »Sie ist zu groß«, sagte sie Cukor, »wie stellen Sie sich vor, daß ich ihre Mutter spiele, wenn ich den Kopf heben muß, um mit ihr zu reden?«

Als die streitbare Anna erfuhr, daß Cukor sie nicht »verraten« und den Auftrag abgelehnt hatte, ließ sie es bei dieser Bemerkung nicht bewenden. Die Meldung, daß an seiner Statt Vittorio De Sica verpflichtet worden war und Ponti beschlossen hatte, seine liebe Sophia von Rosetta zu Cesira zu befördern, brachte sie zur Weißglut.

Anna schüttete ihren Agenten Kaufman und Lerner ihr Herz aus. Eine Tirade, würdig eines Theatermonologs: »Wenn Gott vorgesehen hätte, der Schlange im Garten Eden einen Namen zu geben, welcher Name wäre es gewesen? Carlo Ponti. Carlo Ponti! Und dieser bedauernswerte De Sica! Vom Spielteufel besessen, ist seine Seele in Fäulnis übergegangen, armer Mann. Jetzt ist er nur noch eine Dirne, die sich zu allem hergibt, nur um seine Schulden bezahlen zu können ... *La ciociara* ist kein Phantasieprodukt! Es geht um Menschen aus Fleisch und Blut, um grausame Erfahrungen! Es geht um Kreaturen, die sich in

Höhlen flüchten müssen, um sich vor Bomben und Bajonetten zu retten, die mitten im Terror leben müssen, die fast Hungers sterben. Wie haben sie glauben können, daß ich mich für eine solche Scheußlichkeit hergeben würde? Ich als Mutter, und die Loren als meine kleine Rosetta. Das Publikum hätte erwartet, daß sie die marokkanischen Soldaten vergewaltigt, und nicht umgekehrt ... Sie hätten mir eine Million Dollar bieten können, und ich hätte ihnen ins Gesicht gespuckt. Wie hätte ich mich selbst belügen können? Ich hätte ja sagen können. Die Rolle der Cesira steht mir zu und niemand anderem. Das hat sogar Sophia gesagt. Aber das Publikum hätte mir die Mutter und Sophia die Tochter nicht geglaubt. Und wie hätte ich es glauben können?«

Vittorio De Sica behandelte diesen Kulissendonner wesentlich diplomatischer und gab beschwichtigend den Umständen die Schuld. Ponti habe die Magnani leider nicht bekommen können, weil sie in anderen Filmen beschäftigt sei. Außerdem betrachtete er Sophias Rollenwechsel nicht als Problem. Denn in der Ciociaria – De Sica war in der Ciociaria geboren und nicht, wie allgemein angenommen, in Neapel – entwickelten sich die Mädchen außerordentlich früh und heirateten mit fünfzehn Jahren, deshalb genügte es, Sophia, die bereits sechsundzwanzig war, ein wenig älter zu machen, um sie einsetzen zu können.

Ponti war einverstanden, und Cesare Zavattini überarbeitete das Drehbuch, um die Rollen den Darstellern besser anzupassen. Sophia war zufrieden. Sie hatte billig die Stelle der großen Magnani eingenommen und lächelte wohlgefällig, als ihr gesagt wurde, daß sie die einzige echte Erbin der Heldin des Neorealismo sei. Sie stürzte sich mit äußerstem Einsatz in die Arbeit, stand jeden Morgen um fünf Uhr auf, um nach einer langen Fahrt zum Set auf dem Land und den Vorbereitungen in der Maske um sieben Uhr drehfertig zu sein. De Sica lobte sie für ihre Opferbereitschaft und wußte das Schauspiel, das die neue Cesira am Set bot, zu schätzen: »Sie hat Angst zuzunehmen, aber die Übermacht ihrer Jugend zwingt sie, dicke Scheiben Brot mit Peperoni, Schinken und Mozzarella zu verschlingen.«

Die Magnani hatte Sophia doch wohl unrecht getan, als sie ihr unterstellte, daß sie keine Ahnung von jenen Kreaturen hätte, »die sich in Höhlen flüchten müssen, um sich vor Bomben und Bajonetten zu retten, die mitten im Terror leben müssen, die fast Hungers sterben«. In Pozzuoli hatte Sophia mit der Mutter und der Schwester die Fratze des Krieges gesehen, hatte sich in den Höhlen versteckt, um sich vor den Bomben zu retten, und hatte Abfälle oder Kastanienmehl gegessen. Sie hatte die gültigen Papiere, um eine echte Bäuerin darzustellen, die sich plötzlich mit den Auswirkungen des Krieges in der eigenen Familie konfrontiert sieht. Sie war zwar für die Rolle der Cesira einige Jahre zu jung, aber ihr Gesicht erwies sich als gute Unterlage, um auf die jugendlichen Züge die bereits welkenden einer immer noch schönen Frau aufzutragen. Und Sophia ist schön, außerordentlich schön im Kostüm der Cesira, als sie wegen ihrer Tochter Rosetta in Verzweiflung gerät, die der etwas kalt und starr blickenden Amerikanerin Eleonora Brown anvertraut war.
Die Cesira der Loren fegte die aufgesetzten Sequenzen ihrer unmittelbar vorausgegangenen Filme hinweg. Sie gab das selbst zu, als sie im Gespräch über *La ciociara* und De Sica erzählte, daß der Regisseur »meine Odyssee im angloamerikanischen Film niemals gebilligt hat«. Und im

zeitlichen Abstand, vielleicht immer noch von den freudvollen Erinnerungen an diese Cesira erregt, die ihr die Begeisterung der Kritik und des Publikums eingebracht hatte und darüber hinaus ihren ersten Oscar, erzählte sie auch ihre Version des Rollenwechsels. Sie behauptete in einem Interview, daß die Magnani De Sica gestellt und ihn herausgefordert habe: »Hör zu, Vittorio, wenn dir diese Sophia so gut gefällt, warum läßt du sie nicht die Mutter spielen?« Worauf De Sica nach kurzem Überlegen meinte: »Ich glaube, daß ich deinen Rat befolgen und Sophia die Rolle der Mutter geben werde. Es ist durchaus keine schlechte Idee.« Wie Anna auf eine solche Antwort reagiert hätte – wer kann das wissen? Sophia genügte es, schon um keine Gewissensbisse zu haben, an eines dieser Paradoxe zu glauben, die in der Welt des Kinos so überaus beliebt sind.

Sophia begeisterte sich für die Arbeit an dem Film und die Rolle der Mutter bis zu dem Grad, daß sie ihre jüngere amerikanische Partnerin Eleonora künstlerisch gewissermaßen adoptierte. Sie tat es aufrichtig, wenn ihr auch nicht im geringsten der Gedanke mißfiel, daß das Team, das sie so großzügig und hingegeben erlebte, möglicherweise seine Vergleiche anstellte. Die Magnani war für ihr gewinnendes Wesen bekannt, aber auch für ihre Aggressivität, die jeden Moment zubeißen konnte. Indem sie sich ruhig und bereitwillig zeigte, bewies Sophia, daß sie eine seelische Reife erlangt hatte, die sie einer unerfahrenen Kollegin zugute kommen lassen konnte, die mit Fragen nicht sparte. Sophia sprach naturgemäß gut Englisch, und zwischen den beiden herrschte Einverständnis.

Als der Drehtermin für die wichtigste Szene des Films, die Vergewaltigung durch die marokkanischen Soldaten, näherrückte, bat Eleonora Sophia in aller Unschuld, ihr zu erklären, was eine Schändung praktisch bedeute. Die Diva war einen Augenblick leicht verwirrt und zog sich danach mit einer allgemeineren Beschreibung aus der Verlegenheit: »Sie schlagen dich, sie sind böse, sie geben dir einen Tritt in den Bauch ...« Rund dreißig Jahre später, als Sophia mit Dino Risi das Fernseh-Remake von *La ciociara* drehte, konnte sie feststellen, daß ihr die junge Schauspielerin Sidney Penn, die neue Rosetta, überhaupt keine Fragen stellte. Sic tempora mutantur.

Wenn sie als Sexlehrerin auch etwas knapp war, offenbarte die Loren in diesem Film, der sofort mit wichtigen Auszeichnungen bedacht wurde – die alle, in Italien und im Ausland, vor und nach dem Oscar, ihr selbst galten –, daß sie sich durchaus mit der Magnani messen konnte, die ihr »auf ideale Weise die Krone als neue Botschafterin des Idealbilds der Italianità abtritt», wie Gian Piero Brunetta schreibt, um hinzuzufügen: »Ihre Schönheit, vom Bodensatz der Vulgarität gereinigt, hat den Zenit erreicht: ihre physische Präsenz ist dank Hollywood-Training und De Sica kein Sprengkörper mehr, kein sexueller Köder, der im urbanen Bereich herumstreift: die Augen haben eine Intensität bekommen, die man vor einigen Jahren nicht für möglich gehalten hätte, und die nunmehr ganz von selbst, nur mit einem Blick, die Geschichte eines Lebens erzählen können. Mit *La ciocara* setzt Sophia Loren Maßstäbe und definiert ihr ideales Rollenmodell, in dem es der inneren Schönheit gelingt, die körperliche zu verdunkeln ... In diesem Film verkörpert sie wesentlich kraftvoller als Rosa Parondi in Viscontis *Rocco e i suoi fratelli / Rocco und seine Brüder* die mediterrane Große Mutter und andererseits die neue starke Frau, selbständig und unabhängig, durch den Krieg dazu getrieben, bewußter eine gesellschaftliche Rolle zu übernehmen, die sich selbst verän-

2/43 Wieder zwei Filme unter der Regie von Vittorio De Sica und mit Marcello Mastroianni als artner: »Gestern, heute und morgen«, 1963, ein Episodenfilm mit dreifacher Verwandlungsmögchkeit für die Hauptdarstellerin. Hier als ständig schwangere Schwarzhändlerin, als liebensertes Callgirl …

4 … und in »Hochzeit auf italienisch«, 1964, nach der Komödie »Filumena Marturano« von duardo de Filippo

45 In Peter Ustinovs »Lady L«, 1965, nach dem Roman von Romain Gary, mit Paul Newman …

Gegenüberliegende Seite ▷
47 Porträt, 1966

46 … und in Stanley Donens Agentenkomödie »Arabeske«, 1966, mit Gregory Peck

48 »Die Gräfin von Hongkong«, 1967: Szene mit Marlon Brando …

49 … und Besprechung mit Regisseur Charles Chaplin während der Dreharbeiten

50 Mit Mario Adorf in
Renato Castellanis »Die
Über-Sinnliche«, 1968, ...

1 ... und als Bauern-
mädchen mit Omar Sharif
ls Prinz in Francesco
Rosis »Schöne Isabella«,
967

52 Mit Ehemann Carlo Ponti und dem am 29. Dezember 1968 Erstgeborenen Carlo jr. …

Gegenüberliegende Seite ▷
54–56 Oben: In Rußland muß Giovanna erfahren, daß ihr Mann mit einer anderen Frau zusammenlebt und eine Tochter hat: In Vittorio De Sicas »Sonnenblumen«, 1970. – Unten: Mit Marcello Mastroianni in Dino Risis »Die Frau des Priesters« (links) und als Schwester Germana in Alberto Lattuadas »Die Sünde«, beide 1971

Übernächste Seite ▷▷▷
57 Als Aldonza in Arthur Hillers Filmversion des Musicals »Der Mann von La Mancha«, 1972

53 … sowie dem zweiten Sohn Edoardo, der am 6. Januar 1973 zur Welt kam

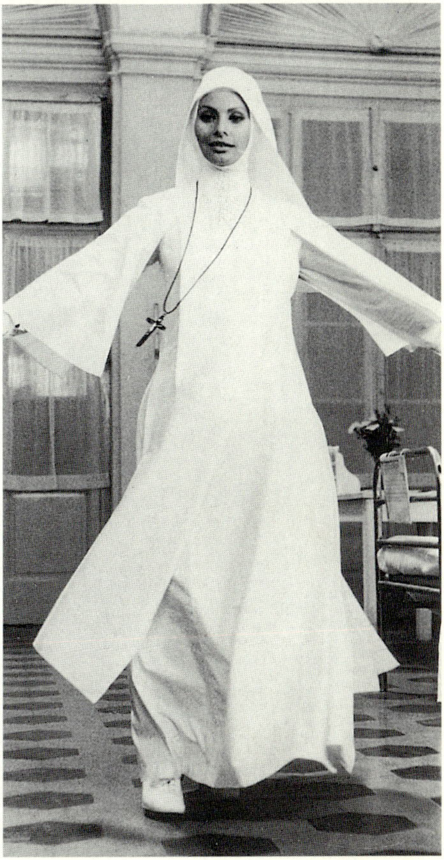

dert, ohne jedoch über den Rhythmus der Veränderungen im Land die Oberhand zu gewinnen.«

Schon bei den ersten Vorführungen des Films war klar, daß Sophia eine ganz besondere Leistung erbracht hatte und daß es ihr gelungen war, etwas Heutiges in die Rolle der Cesira einzubringen, von der eine Figur aus Moravias Roman behauptet, sie sei »eine Vorkriegsfrau, eine Frau, der die Liebe nie gefallen hat, weil ›dir beigebracht wurde, daß ohne den Segen des Priesters die Liebe keine Liebe ist, was beweist, daß es Liebe nicht geben kann‹«.
Sophia vermittelte in ihrem verstörten Gesichtsausdruck die Spuren der Vorkriegs- und der Nachkriegszeit. Sie brachte in die Rolle ihr eigenes Liebeskonzept ein, ohne den Segen des Priesters, aber dennoch ehrerbietig gegenüber den Normen. Kurz, sie war sie selbst, die aufrichtige und leidenschaftliche Frau, die De Sica einst hinter einer Mauer von Hochmut kaschierter Schüchternheit aufgespürt hatte.
Sophia-Cesira wurde 1961 für den Oscar nominiert. Unter den anderen Kandidatinnen in der Sparte Beste Hauptdarstellerin war Audrey Hepburn für *Breakfast at Tiffany's / Frühstück bei Tiffany*. Sophia hatte Angst, nicht vor ihr, oder zumindest nicht nur vor ihr, sondern vor sich selbst. Sie entschloß sich, der Verleihung fernzubleiben und sich die Tortur des Wartens vor einem Publikum in Abendkleid und Smoking zu ersparen, das sie vor dem Endergebnis mit den Augen längst aufgefressen haben würde.
Die Schauspielerin berichtete dem Chronisten Alberto Ceretto von den Unsicherheiten und Ängsten der durchwachten Nacht. Sie erinnerte ihn daran, daß sie bei der Vorpremiere in Rom Fieberbläschen an der Lippe bekom-

men hatte und keine Wiederholung riskieren wollte; deshalb war es im Palazzo an der Ara Coeli in Rom eine lange Nacht geworden. Sie hatte aufs Geratewohl zwei Beruhigungstabletten genommen. »Glaubst du, daß sie helfen?« hatte sie Carlo gefragt, und er: »Da hilft nur Chloroform.«

Kurz zuvor hatten ihr Ilva und Nunziatina, die beiden ergebenen Hausangestellten, gleichzeitig mit Ines, der treuen Sekretärin, gute Nacht gewünscht. Alle nahmen sich vor, zu schlafen, aber niemand schlief. Um drei Uhr früh kam ein Telegramm aus Übersee, in dem Red Silverstein Sophia freudig mitteilte, daß sie in Santiago de Chile als beste Darstellerin des Jahres 1961 mit dem »Golden Laurel« ausgezeichnet worden sei.

Ines, die das Telegramm in Empfang genommen hatte, klopfte leise an Sophias Schlafzimmertür. Sie war wach. »Ist es ein gutes Vorzeichen oder ein Trostpflaster?« fragte Sophia Carlo, der unterdessen aus seinem Zimmer in den Salon gekommen war, um mit ihr eine Tasse Kaffee zu trinken. Um die Zeit totzuschlagen, blätterten sie die »Time« durch. Darin stand ein großer Bericht über die Loren mit einem Porträt, das der amerikanische Maler Marian Wright Bouché eigens zu diesem Zweck angefertigt hatte. Darauf zog sich Carlo in sein Studio zurück, und Sophia versuchte vergeblich, sich zum Lesen zu zwingen.

Ein kurzes Klingeln, das rote Lämpchen am Telefon leuchtete auf. Genau um 6 Uhr 39 wurde die Nachricht gleichzeitig auf zwei Leitungen durchgegeben. An Carlo von seinem amerikanischen Rechtsanwalt, der die Gala zu Hause vor dem Fernsehen verfolgte; und an Sophia von ihrem enttäuschten Anbeter Cary Grant, der von der anderen Seite des Atlantik durch den Hörer brüllte: »Sophia, du hast gesiegt!« Ponti hatte Tränen in den Augen, als er herüberkam. Aber der Höhepunkt des Wahrheit gewordenen Märchens kam erst.

»Sie hat einen Freudenausbruch. Sie hüpft im Wohnzimmer herum, schreit: ›Ich habe gesiegt‹ und beginnt sich wie ein Kreisel im Tanz zu drehen. Das Telefon klingelt abermals. Die Stimme von Sophias Arzt Cordone fragt scherzhaft, ob sie ein Beruhigungsmittel braucht. Damit beginnt die Sarabande der Anrufe, Besuche, der Umarmungen und des Jubels, der Ströme Kaffee und Champagner. Das Wohnzimmer wird für ein Fernsehinterview in Scheinwerferlicht getaucht, plötzlich beginnen die Gemälde an den Wänden zu leben, die antiken Möbel, die Flieder- und Rosensträuße, die Azaleentöpfe, mit denen das Zimmer geschmückt ist. An einer Wand hängt ein fabelhaftes Bild der Loren aus *La ciociara*, eine Ausdrucksstudie in schwarzweiß von Dina Bellotti, die einen in ihrer Gewalt förmlich anspringt ... Um 8 Uhr 30 öffnete Ponti schließlich die Fensterläden, die den Blick auf das Kapitol freigaben, und das Zimmer wurde von Sonnenlicht überflutet.«

Um der Sonnenstrahlen teilhaftig zu werden, waren Journalisten, Freunde und Vittorio De Sica gekommen. Die Magnani blieb in ihren vier Wänden ganz in der Nähe und beschränkte sich, als ihr die Nachricht überbracht wurde, auf einen kurzen Kommentar: »Sensationell, ganz ohne Zweifel, mit diesen zwei Fußbällen, die mir bis zur Nase reichen. Wenn ich diesen Film gemacht hätte, was hätte ich da machen sollen? Etwa Fußball spielen? Es wäre ihnen nichts übriggeblieben, als mich oben auf ein Leiterchen zu postieren. Oder ihr die Beine abzusäbeln. Toll, was?«

Das große Fest, wie wir bereits sagten, war erregend und verdient, vielleicht etwas naiv und typisch römisch. Es gab zwar entsprechendes Echo auf diesen Oscar – immerhin war er zum ersten Mal in der Geschichte der Academy einer Schauspielerin in einem ausländischen Film verliehen worden, und *La ciociara* war als *Two Women* einer der ersten untertitelten Filme, die in Amerika ein breites Publikum fanden. Aber im Grunde markierte das Ereignis keinen klaren Fachwechsel.
Zwischen der Nominierung und der Verleihung hatte Sophia zwei Filme auf der historischen Schiene gedreht. *El Cid*, in dem Charlton Heston Spanien heldenmütig gegen die Mauren verteidigt und aufs neue Sophias Herz gewinnt, die ihm verzeiht, daß er ihren Vater getötet hat. Ein Kostümschinken, so überaus ordentlich, daß die Legion of Decency, die frömmlerischste Organisation der Vereinigten Staaten auf dem Filmsektor, nicht anstand, ihn für seine besondere Erbaulichkeit auszuzeichnen. In *Madame Sans-Gêne/Madame sans Gêne* nach dem gleichnamigen Lustspiel von Victorien Sardou und Emile Moreau spielt Robert Hossein einen Unteroffizier Napoleons, der Sophias Gunst gewinnt, Herzog wird, Sophia an den Hof bringt und der geliebten Frau bei ihren ungenierten Auftritten assistiert, die ihr den Respekt des Kaisers der Franzosen einbringen. Ein Lustspiel, das dem draufgängerischen Komödiantentum einer Primadonna Zucker gibt.
Die Strategie Pontis blieb immer dieselbe. Einerseits hielt er sich um jeden Preis auf dem Markt, um Sophia immer wieder die Beschäftigung durch große Produzenten zu sichern; andererseits schob er von Zeit zu Zeit einen gediegeneren Film ein. Es war immer noch möglich, an ein Kino zu denken, das alle gleichermaßen bediente. Die Filmfirmen trachteten nach einem Gleichgewicht zwischen

Unterhaltungsware und hochgestocheneren Projekten, die eine begrenzte Elite interessierten, von der jedoch der Funke auf die internationale Filmindustrie überspringen konnte, die von den Stofflieferanten und Regisseuren neue gültige Formeln erwartete.

Ponti lieferte dazu unermüdlich seinen Beitrag. Er glaubte, Sophias »Ressourcen« zweigleisig ausbeuten zu können. In der Episode »La riffa / Der Hauptgewinn« in *Boccaccio '70* wollte er sie so volkstümlich wie nur möglich (die Loren spielt hier eine ansehnliche Schaustellerin im Vergügungspark, die als Preis für eine Liebesnacht ausgesetzt wird), ebenso in *Ieri, oggi e domani* und in *Matrimonio all'italiana / Hochzeit auf italienisch*. Dagegen wollte er sie in *Five Miles to Midnight – La troisieme dimension / Die dritte Dimension*, in dem die Schauspielerin bei einem Schwindel die Fäden ziehen muß und Anthony Perkins aus *Desire under the Elms* wiederbegegnet, elegant und unpersönlich; eisig und abwesend neben Maximilian Schell in der Rolle einer deutschen Schauspielerin in *I sequestrati di Altona / Die Eingeschlossenen*, einem Film, in dem Ponti fünf Oscar-Preisträger einsetzte – neben Sophia und De Sica noch Fredric March, Schell und den Drehbuchautor Abby Mann – mit dem Ergebnis, daß Sartres Stück total ruiniert wurde; und schließlich streng und vage im Kostüm der Lucilla, der Tochter Marc Aurels, in *The Fall of the Roman Empire / Der Untergang des Römischen Reiches*.

In einer Szene in *I sequestrati*, die Sophia von allen am wenigsten gerecht wird, muß sie sich als Brecht-Schauspielerin präsentieren, das Gesicht weiß geschminkt unter einem Trauerschleier, der sich um einen Hut in Form einer Blumenvase rankt, die Augen von Verkehrszeichen umrandet, die Hände im Gerangel mit zwei weiten Pelzmuffs, am rechten Unterarm ein fünf Kilo schweres Armband. Eine absolute, unfreiwillige Karikatur.

Anders erging es ihr in den »populären« Rollen. *Ieri, oggi e domani* bekam 1964 den Oscar als bester ausländischer Film und bescherte Sophia den David von Donatello. Im gleichen Jahr wurde sie für *Matrimonio all'italiana* nominiert. Diesmal trug allerdings Julie Andrews in *Mary Poppins* den Sieg davon, doch Sophia bekam immerhin den Golden Globe, den Preis der ausländischen Presse. Beide Filme schlossen zwar an »La riffa« an, ebenfalls in der Regie von De Sica, waren aber größere Würfe und wesentlich erfolgreicher.
In *Ieri, oggi e domani* hatte Sophia endlich Gelegenheit, eine Verwandlungsfähigkeit zu zeigen, die mehr ihre eigenen Saiten berührte. Und das nicht nur in der Episode, in der sie sich als Zigarettenverkäuferin ständig von einem mehr und mehr ernüchterten Mastroianni schwängern läßt, um dem Gefängnis zu entgehen. Die andere Episode, die unter den Rollen der Diva Geschichte gemacht hat, ist die des Callgirls Mara, das einem Seminaristen den Kopf verdreht und vor allem einen – diesmal feurigen – Mastroianni mit einem Striptease ganz in Schwarz mit Strapsen und allem Drum und Dran umgarnt.
In *Matrimonio all'italiana* war der Einsatz höher. Diesmal ging es nicht um Vorlagen für Verwandlungskünste, sondern um Eduardo De Filippos berühmte Komödie *Filumena Marturano*, die auf die große Leinwand übertragen werden mußte. Die Rolle war für De Filippos Schwester Titina geschrieben worden, die die Filumena unter der Regie ihres bedeutenderen Bruders 1951 auch im Film gespielt hatte. Um eine neue Filmversion herzustellen, arbeitete Eduardo diesmal mit Renato Castellani, Tonino

Guerra, Leo Benvenuti und Pietro De Bernardi. Seine erste Drehbuchfassung war als wenig filmisch erachtet worden, und die Überarbeitung spielte sich in einer Atmosphäre von Zweifeln und und immer wieder neuen Änderungen ab. Schließlich schaltete sich De Sica ein, schlichtete die Kontroversen, und es konnte mit dem Drehen begonnen werden.

Für die Loren ging es einmal mehr ums Ganze. Nun mußte sie sich an einer der großen Mythen der kleinen neapolitanischen Welt messen. Sie zögerte nicht, die Aufgabe elektrisierte sie und bot ihr noch dazu Gelegenheit, nach Neapel, wo ein Großteil der Szenen gedreht wurde, als gekrönte Diva zurückzukehren.

Die Leute stürzten sich auf sie. Leibwächter und Polizisten konnten das Gedränge nur mühsam im Zaum halten. Alle wollten sie sehen. Aus dem Getümmel, das eines Tages in einem der ärmsten Viertel entstand, löste sich ein vornehmer Herr, der laut Überlieferung staunend die Fingerkuppen seiner einen Hand betrachtete und dabei ungläubig vor sich hin murmelte: »Ich habe Sophia berührt, ich habe Sophia berührt.«

Matrimonio all'italiana zeigt eine sehr persönlich gestaltete Filumena Marturano: Sophia wird dieser Frau, die einem Liebhaber, den sie in einem öffentlichen Haus kennenlernte, nicht sagen will, welcher ihrer drei Söhne von ihm stammt, mit Feingefühl und Ungestüm gerecht. Es ist eine andere Sophia als jene, die die Cesira verkörperte, und doch finden wir wieder die Palette von Scham und Verzweiflung. Eines der Treffen zwischen Filumena und Domenico Soriano (Mastroianni), in denen er ihr das Geheimnis entreißen will, findet auf einem der Hügel Neapels statt. Sie umarmen einander mit gegensätzlichen Absichten, sie sind Feinde, die Worte der Liebe korrespondieren mit der Schönheit des Golfs und beschwören ein Postkarten-Neapel, aber die wirklichen Empfindungen der beiden sind voll Schärfe und Mißtrauen, vielleicht sogar Haß wegen des unerträglichen Widerstreits der Gefühle.

Das genaue Kalkül des Films erwies sich bereits in der Wahl des Titels, der vom Erfolg von Pietro Germis *Divorzio all'italiana/Scheidung auf italienisch* aus dem Jahr 1962 profitierte. Und nun, zwei Jahre später, hatte Germi mit *Sedotta e abbandonata / Verführung auf italienisch* schon wieder einen großen Erfolg in Italien und im Ausland, zumal in Amerika.
Ponti folgte also, angespornt von seinem amerikanischen Partner Joe Levine, zumindest, was den Anklang des Titels betraf, ausgetretenen Pfaden. Aber dabei ließ er es nicht bewenden. Während Germi in einer brillanten Komödie die italienischen Gesetze gebrandmarkt hatte, die für ein »Verbrechen aus verletzter Ehre« milde Strafen, quasi eine Absolution vorsahen, und in *Sedotta e abbandonata* das Unglück eines Mädchens zeigte, das in den Augen »der Leute« kompromittiert war, kehrten Ponti und De Sica über das Vehikel De Filippo zu einem typisch italienischen Wechselbad aus Prostitution, Eifersucht, Leidenschaft und volkstümlichem Melodram zurück.
Es war nicht bloßer Imitationstrieb. Es war eine Formel. Die Amerikaner – denen die pseudomythologischen Filme aus Cinecittà inzwischen zum Hals heraushingen, und die wenig Neigung zeigten, sie durch die Italo-Western von Sergio Leone zu ersetzen (*Per un pugno di dollari / Für eine Handvoll Dollar* stammt ebenfalls aus dem Jahr 1964) – amüsierten sich mit den Italienern über die Attacken auf deren eingefleischsteste und häufig uneingestandene Kon-

ventionen: über die Rückständigkeit und die Neigung, aus einem Drama eine Komödie zu machen und umgekehrt. Diese Formel hielt sich bis Anfang der neunziger Jahre, als der italienische Film im unmöglichen Kampf mit dem amerikanischen wieder den großen Atem bekam, der es möglich machte, daß Giuseppe Tornatore mit *Nuovo cinema Paradiso/Cinema Paradiso* und Gabriele Salvatore mit *Mediterraneo* Oscars für den besten ausländischen Film bekamen.

Zwar wechselten Ambiente, Figuren und Zielsetzung, aber absolut verbindlich blieb die Sicht auf ein provinzielles, ländliches Italien irgendwo am Rand der Welt. Wie es eben die Amerikaner aus *La ciociara* und *Matrimonio* noch immer in Erinnerung haben, dieselben Amerikaner, die gekommen waren, um Italien zu befreien, und ihren Freunden den Tip gegeben hatten, ihren Urlaub in diesem Land zu verbringen, in dem auch die Zeit »auf italienisch« vergeht.

16. Kapitel

Die Rivalinnen und die Gräfin

Als Sophia 1963 vor dem delirierenden Mastroianni ihren Striptease aufführte, schien Italien vom Fleck zu kommen. Der christdemokratische Ministerpräsident Aldo Moro hatte eine Zentrum-Links-Koalition gebildet, der »Avanti!«, das Sprachrohr der sozialistischen Partei, erschien mit der Schlagzeile »Von heute an sind wir alle freier«. Es gab viel Hoffnung im Lande. Die Wirtschaft florierte, so schien es jedenfalls: der Mindestsatz für die Arbeitslosenunterstützung war angehoben worden, die Abwanderung aus dem Süden in den Norden Italiens hatte die 200 000-Marke überschritten, die zusätzlichen Arbeitskräfte sorgten dafür, daß das hohe Produktionsvolumen in den großen Fabriken gehalten werden konnte, die Gehälter und Löhne stiegen; aber um die Begeisterung abzukühlen, stieg auch das Defizit in der Außenhandelsbilanz, begann die Kapitalflucht ins Ausland.

Bereits im nächsten Jahr, als Sophia *Matrimonio all'italiana* drehte, ließ Moro die Löhne einfrieren, die Arbeiter streikten, die Industriellen strukturierten ihre Firmen um, und es gab erste Entlassungen. Es waren deutliche Anzeichen für eine Krise, das Wunder hatte Risse bekommen. Unter dem Mäntelchen der Wohlfahrt lauerte die alte Schlange von Mißwirtschaft und Rückständigkeit.

Das Kino verstand die Signale. *Una vita difficile* nannte Dino Risi seinen Film über die Mißgeschicke Alberto Sordis, der versucht, bei den überheblichen und anmaßenden Neureichen einen Fuß zwischen die Tür zu kriegen; in *I mostri* mit Ugo Tognazzi und Vittorio Gassman in den Hauptrollen geht er noch einen Schritt weiter und führt ein tragikomisches Italien vor, das ein gigantisches Zerrbild seiner selbst geworden ist. In *Boom* stellt De Sica das Wunder der Konjunktur an den Pranger, das Sordi – abermals in einer gleichnishaften Rolle – dazu zwingt, einem schwerreichen Unternehmer ein Auge zu überlassen, um seinen hohen Lebensstandard zu halten. In seinem ersten Film *Accatone / Accatone – Wer nie sein Brot mit Tränen aß* hatte Pier Paolo Pasolini bereits 1961 gewarnt, daß sich in den Villenvierteln der großen Städte die Paläste drängten, während in den Vorstädten Elend und Verzweiflung herrschte; und in der Episode »La ricotta / Der Käse« in *Rogopag* zeigte er vor dem Hintergrund von Cinecittà die Passion und den Kreuztod eines armen Kerls, eines Komparsen, dem alles lieber ist als die Folter des Hungers. Nun läßt Michelangelo Antonioni in *Il deserto rosso / Die rote Wüste* Wiesen und Hausmauern anmalen, als Chiffre der Entfremdung in einer forciert industrialisierten Gesellschaft zwischen den Öltankern und den Raffinerien von Ravenna.

Müßig zu sagen, daß dies nicht das Kino war, mit dem Sophia zu tun hatte. Ponti hatte für sie ein Programm völlig anderer Art vorbereitet: *Operation Crossbow / Geheimaktion Crossbow* in der Regie von Michael Anderson, eine Spionagegeschichte aus dem Zweiten Weltkrieg mit dem gerade aktuellen amerikanischen Star George Peppard, einen Film, dem die Kritik nicht das geringste

abgewinnen konnte, und Peter Ustinovs *Lady L*, mit Paul Newman, David Niven, Philippe Noiret und Michel Piccoli, einen Bilderbogen, in dem sich Sophia als 80jährige Herzogin an ihre romantische und abenteuerliche Jugend als Wäscherin in Paris erinnert.
Die Absicht, wie bereits gesagt, war, die Genres und Rollen bunt durcheinanderzumischen, um auf dem internationalen Markt präsent zu bleiben. Außerdem maß sich Sophia lieber mit den ausländischen Diven als mit ihren Kolleginnen zu Hause, die sie, was Ruhm und Gagen betraf, längst ausgestochen hatte.
Die ehemaligen Konkurrentinnen bei den Schönheitskonkurrenzen, von Lucia Bosè bis Eleonora Rossi Drago, hatten mit ihrem Kapital weit weniger zielstrebig gewuchert; aber auch eine so gefährliche Rivalin wie Silvana Mangano, die nicht mehr den Biß von *Riso amaro* hatte und sich in ein elegantes Kunstgeschöpf verwandelt hatte, stellte kein Problem mehr dar. Beide waren sie Siegerinnen, aber Silvana konnte Sophia durchaus als unbefriedigte und bitter gewordene Frau erscheinen, die sich selbst verleugnete. Sophia dagegen hatte in Rollen wie Cesira und Filumena nicht ihren Ursprung »verraten«. Sie war nach wie vor, auch mit schlankeren Formen und in Kleidern, die mindestens so kostbar wie die Silvanas waren, für die Italiener diesseits und jenseits des Ozeans die Verkörperung der Abundanz. Das gab ihr ein Gefühl der Überlegenheit, das sie wohlweislich in ihrem Busen bewahrte und in keinem Interview oder Presse-Statement anklingen ließ.

Die Kontakte zwischen Sophia und ihren Rivalinnen waren sporadisch und eher zufällig, dann aber hübsch giftig, zumal was Gina Lollobrigida betraf. Während Silvana, als Sophia auf Oscar-Jagd ging, ihre Filmographie mit der

Rolle von Edith Ciano in Carlo Lizzanis *Il processo di Verona* erweiterte und von Pasolini als Jokaste in *Edipo Re / Edipo Re – Bett der Gewalt* besetzt wurde, konnte die Lollobrigida sich immerhin rühmen, die Leading Lady in internationalen Produktionen wie John Hustons *Beat the Devil / Schach dem Teufel* mit Humphrey Bogart, Carol Reeds, *Trapeze / Trapez* mit Burt Lancaster und Tony Curtis und King Vidors *Solomon and Sheba / Salomon und die Königin von Saba* mit Yul Brynner gewesen zu sein. Und zu Sophias Ärger konnte sie auch noch darauf verweisen, daß sie der Konkurrentin die von ihr kreierte Rolle der Bersagliera in der dritten Folge der *Pane, amore e ...*-Filme verächtlich abgetreten hatte.
Es war ein ständiges Klingenkreuzen auf Distanz. Da wurde die Lollobrigida in London um ihre Meinung über Sophia befragt und gab zum besten: »Es tut mir aufrichtig leid, aber ich bin so mit Arbeit überhäuft, daß ich einfach nicht die Zeit finde, mich um meine Freundinnen zu kümmern.» Worauf Sophia ebenso trocken konterte: »Die Lollo sollte endlich begreifen, daß sie eine andere Generation ist. Sie ist sieben Jahre älter.«
Die PR-Agenten Lucherini & Spinola liefern einschlägiges Material über diese Duelle. Einer der »blutigsten« Zusammenstöße ereignete sich 1961 in Cannes. Beide Schauspielerinnen waren auf dem Festival vertreten: Sophia mit *La ciociara* und Gina mit *Vènus impériale / Kaiserliche Venus*. Lucherini hatte die Aufgabe, »Industriespionage zum Schaden des Unternehmens Lollobrigida« zu betreiben: »Wie viele Gewänder innerhalb von vierundzwanzig Stunden, welche Schneider, welche Farben, wie oft den Kopfputz gewechselt, wie viele Fototermine und Interviews, was erzählt sie, welche Masche hat sie drauf ... Am Abend der Premiere ihres Films legte die Lollo die Strecke

vom Hotel zum Palais du Cinéma in der kaiserlichen Karosse zurück, im Kostüm der Paolina Bonaparte. Hunderte Fans gerieten in Verzückung: ›Gina! Gina!‹ Ich war zerschmettert. Was, dachte ich, wenn die Loren kommt, und niemand Spalier steht? Ich mußte eine Idee haben. Oder besser noch: zwei... Ich rief Sophia noch am selben Abend an: ›Also die Sache ist so: es bringt nichts, die Diva zu spielen, denn da hat sie bereits abgeräumt. Ich würde vorschlagen, daß wir das genaue Gegenteil tun: sie trägt fünf Kleider pro Tag, du bloß eines; sie trägt riesige Hüte, du keinen. Es genügt, wenn du dich auch in der Realität als Ciociara präsentierst.‹«

Lucherinis zweite Idee war noch unbekümmerter. Er befestigte an seinem Ellbogen unter dem Smoking ein Stück von einer eisernen Rüstung, das er sich bei einem Theatergarderobier besorgt hatte, und mischte sich unter das Volk hinter der Phalanx der Fotografen, direkt vor einer der riesigen Glastüren des Filmpalastes. Als Sophia am Arm Pontis ankam, die begeisterte Menge auf sie eindrang, und die Polizisten das Menschenmögliche taten, um die Leute zurückzudrängen und Sophia zu beschirmen, stieß Lucherini mit seinem gepanzerten Ellbogen gegen die Glastür, die plangemäß zu Bruch ging. Es klang wie die Explosion einer Bombe. Der PR-Agent hatte sein Ziel erreicht, dem Abend ein emotionales Gepräge außerhalb des Üblichen zu geben.

Am nächsten Tag berichteten die Zeitungen, daß die Meute, nur um die Loren aus der Nähe zu sehen, sogar die Glastür eingedrückt habe. Gina, die ohnehin schon irritiert war, daß Sophia den Preis für die beste schauspielerische Leistung bekommen hatte, kam noch mehr die Galle hoch, als ihr das Bravourstückchen zu Ohren kam. Die schwierige Gratwanderung zwischen praktischem Kon-

kurrenzdenken und purer beruflicher Eifersucht kannte ab da nur noch Härte.
Matteo Spinola, Lucherinis Partner, weiß darüber eine Geschichte zu erzählen, die sich drei Jahe nach Cannes zutrug. Die Lollobrigida drehte mit Mauro Bolignini die Episode »Monsignor Cupido / Die Versuchung« für den Film *Le bambole / Die Puppen* und suchte jemanden, der die Pressetermine koordinierte. Sie erinnerte sich an Lucherini & Spinola.
Spinola begab sich zur Verabredung am Set und wurde von der Schauspielerin mit einem huldvollen Lächeln und einer Bosheit empfangen: »Hoffentlich macht es Ihnen keine Umstände, da Sie doch sonst nur mit den großen Diven zu tun haben.« Der PR-Agent war einen Augenblick verdutzt und spielte dann den Unschuldigen, indem er sich auf den Film bezog, den er gerade eben begleitet hatte: »Meinen Sie etwa Bette Davis?« Doch Gina ließ ihm keine Ausflucht: »Nein, eine andere Person, die eine gute Freundin von Ihnen ist. Wissen Sie, was der Unterschied zwischen mir und ihrer Freundin ist? Daß ich die Schönheit einer Puppe habe, und sie die Schönheit einer Sau.«
Gina nahm sich kein Blatt vor den Mund. Schließlich war sie wegen ihres kampflustigen Temperaments nicht nur auf der Leinwand berühmt. Aber auch Sophia war kein Lämmchen, als sie – laut Aussage der beiden PR-Agenten – beim Anblick eines Fotos der Rivalin ausrief: »Entzückendes Kleid, aber leider nicht der Stil, der zu ihr paßt. Hat sie denn niemanden, der sie berät? Sie ist so niedlich, warum zieht sie etwas so Unvorteilhaftes an?« Oder: »Warum trägt sie ihr Haar so und nicht so? Sie würde viel jünger wirken.« Und schließlich, als sie ein Foto von Ginas Sohn sieht, auf dem er den Hut und die Schuhe sei-

ner Mutter anhat: »Großartig, so erzieht man seinen Sohn zum Schwulen.«

Im Grunde ging es um die Frage: »Wer ist die Schönste – nicht nur im ganzen Land, sondern auf der Welt?« Und da unterschieden sich die Anfänge von Gina und Sophia nicht wesentlich von denen einer Marilyn Monroe oder einer Brigitte Bardot. Eine der Gemeinsamkeiten waren die frühen Pin-up-Fotos und der Gebrauch, der davon gemacht wurde. Es gibt verbalen Klatsch und den Klatsch, den Bilder verbreiten können – vielleicht sogar noch effektiver.

Jeder weiß, daß Marilyns Aufstieg begann, als sie nackt für einen Kalender posierte, aber nicht alle wissen über andere Fotos Bescheid, die wir heute in der Nähe des Begriffs »hardcore« ansiedeln würden, und die erst unter der Hand zirkulierten und später in Männermagazinen. Die verstohlene Neugierde nahm solche Formen an, daß gewiefte Fotografen die wenigen authentischen Fotos um gewagte Fotomontagen vermehrten. Auch Brigitte Bardot ließ Anfang der fünfziger Jahre pikante Aufnahmen von sich machen, möglicherweise von ihrem Entdecker und ersten Ehemann Roger Vadim. Im Schottenrock auf einem Sofa ausgestreckt, hat sie einen Finger im Mund und läßt unter dem kindlichen Gesicht und dem hochgerutschten Schulmädchenpullover unerwartet große und runde Brüste sehen.

Der Busen war in jener Zeit die Schamgrenze. Brigitte ging als Pariserin und Geschöpf des Erotomanen Vadim noch weiter. Sophia hätte das nie gewagt. Aber immerhin war sie erst siebzehn und kaum dem Komparsinnen-Dasein entronnen, als sie ihren majestätischen Busen in *Era lui... sì sì* 1951 zum ersten Mal ins Gefecht warf, um

ihn ein Jahr später in *La tratta delle bianche / Mädchenhandel* und *Due notti con Cleopatra* abermals zu enthüllen. Es sind berühmte Fotos, die sie lächelnd und leicht unbehaglich zeigen.
Welchem Zweck dienten diese Fotos? Viele Jahre später erklärt Sophia: »Heute schäme ich mich, als ob ich bei einem Diebstahl ertappt worden wäre. Aber ich hatte eben keine andere Wahl. Ich hatte Pozzuoli und die Familie verlassen, um eine große Schauspielerin zu werden. Wenn ich so arm zurückgekommen wäre, wie ich ausgezogen war, wäre ich der Schandfleck der Familie gewesen. Ich bekam ein Röllchen in einem italienischen Film angeboten. In der französischen Version dieses Films mußte ich mit nacktem Busen spielen. Ich sträubte mich, aber dann siegte der Hunger. Als die Szene abgedreht war, wurden einige Standfotos gemacht. Ich glaubte, daß ich verpflichtet sei, mich in diesem Zustand fotografieren zu lassen. Es sind die einzigen Aktfotos, die es von mir gibt.«
Diese Fotos – in den Standfotos von *Cleopatra* dienen bereits die Hände als Feigenblätter und die Wasseroberfläche als Zensurstreifen – sollten zu veritablen Dokumenten werden. 1985 verlor Sophia einen Prozeß gegen ein Männermagazin, das einige reproduziert hatte, weil der Richter der Zeitschrift das Recht zubilligte, die »historischen« Aufnahmen zu veröffentlichen. Im selben Jahr schickte ein italienischer Journalist ein Päckchen via Vatikan-Post nach Südafrika, weil das normalerweise schneller ging als über die Post des italienischen Staates. Dieses Postamt öffnete – gemäß seinem Reglement, was Eilsendungen betraf – das Päckchen und konfiszierte es, »... weil es Dias einer leichtbekleideten Frau enthält und damit für die Beförderung nicht in Frage kommt«. Wenn der Journalist nicht sofort protestiert und die Rückgabe dieser

persönlichen und historischen Dokumente eingefordert hätte, hätte der Vatikan sie verbrannt.
Sophias Busen, vor dem Scheiterhaufen gerettet, war nunmehr schützenswertes Kulturerbe, wenn auch gegen den Willen seiner legitimen Besitzerin. Die Aktfotos, die am Set räuberisch geschossen und mit dem unterstellten Einverständnis der Darstellerinen verbreitet worden waren, waren im Lauf der Zeit Allgemeingut geworden. Für diese Art Nacktheit gilt nicht der Unterschied, den Hans Peter Duerr in seinem Buch »Nacktheit und Scham« macht: »Die Nacktheit kann Ausdruck einer paradiesischen Unschuld sein oder eine unmißverständliche Aufforderung zum Sexualverkehr.« Diese Fotos erzielen ihren Effekt aus ihrer Zweideutigkeit. Sie können von paradiesischer Unschuld durchdrungen sein (der es allerdings nicht an einer gewissen Tücke mangelt) und sind gleichzeitig fraglos eine Aufforderung. Sie sind ganz offenkundig Signale einer kriegerischen Nacktheit. Die Schauspielerinnen kämpfen um einen Platz an der Sonne und berufen sich paradoxerweise auf das, was Duerr als »apotropäische Nacktheit« definiert, als Zauber gegen Unheil. Das heißt: die Schauspielerinnen ziehen sich unter finanziellem und dem Druck des Publikums aus, um sich selbst aus der Anonymität zu retten und den Regisseur und den Produzenten vor dem Desinteresse des Publikums, mit dem Ergebnis, daß dem Zuschauer der Boden für seine Heuchelei entzogen wird.
Der uns inzwischen vertraute Giuseppe Marotta nahm es auf sich, das Loblied auf Sophias kriegerische Nacktheit oder Halbnacktheit zu singen: »Diese Beine, die zugleich konkret und abstrakt sind, lang wie die Nächte um Weihnachten; diese vor dem Sprung erstarrten Flanken wie die Rücken der Katzen, dieser hyperbolische Busen, der sie

preist und zugleich verleumdet, sie begleitet, um sich gleich wieder wegzustehlen – Freunde, hindert mich nicht, diesen Busen einen biblischen Busen zu nennen, einen Busen auf Wanderschaft, der die Wanderung des Volkes Israel zu symbolisieren scheint, einen Busen voll der Verheißung.«

Was zu beweisen war: der Busen als Waffe und als Verheißung. Für Sophia wie für Gina. Was die letztere betraf, mangelte es auch ihr nicht an Würdigungen aus berufenem Mund, die sich in die Effizienz einer Waffe hineindachten, die derart mit Faszination geladen war. Der Regisseur John Huston sagte über sie: »Bei jeder einigermaßen ernsthaften Diskussion über Ginas Talent ist es unmöglich, ihren Busen außer Betracht zu lassen, der unverzichtbar Teil dieses außergewöhnlichen Talents ist. Ja, es geht so weit, daß ich jedesmal, wenn ich an Gina denke, sogar ihre Knie wie zwei Brüste vor mir sehe.«

Ginas Partner in Hustons *Beat the Devil* war Humphrey Bogart, damals in der Krise mit Lauren Bacall, die sich in den amerikanischen Präsidentschaftskandidaten Adlai Stevenson verliebt hatte. Bogart tröstete sich mit Hymnen auf seine Partnerin: »Sie macht das Leben satt! Gina müßte in Gold aufgewogen werden, und außerdem, Jungs, ist sie heiß wie Feuer. Schaut mich an, ich bin nur noch ein Häufchen Asche!«

Die Waffe wurde von den Männern gefürchtet und begehrt, gefürchtet auch von der Konkurrenz, die daran interessiert war, sie herabzusetzen. Als Marilyn gefragt wurde, ob sie Sophia kenne, antwortete sie verächtlich: »Wer ist sie denn schon? Eine, die für die Titelseiten der Illustrierten posiert.« Und vergaß dabei völlig, daß sie selbst für einen Kalender posiert hatte.

Sophia gab dazu keinen Kommentar. Erst nach Marilyns

tragischem Tod meinte sie schlicht: »Sie mußte ja auch unbedingt Arthur Miller heiraten, damit alle Intellektuellen entdeckten, was für eine große Schauspielerin sie war.« 1965 verkündete sie, daß Ponti die Filmrechte an Millers Bühnenstück *Nach dem Sündenfall*, in dem er Marilyns Leben darstellte, speziell für sie gekauft habe. War es der Tribut an eine große Diva, oder für eine andere große Diva die Gelegenheit, noch größer zu werden? Eine postume Verbeugung oder eine kaltschnäuzige Abrechnung?
Sophia war bei dem Gedanken, Marilyn darzustellen, jedenfalls sehr »erregt«. Der eigentliche Grund für diese Erregung war vielleicht der Wunsch, nach den halben Mißerfolgen von *Operation Crowbow* und *Lady L* endlich wieder abzuheben. Doch das Projekt zerschlug sich. Daraufhin spekulierte Sophia auf David Leans *Doctor Zhivago*, den ihr Ehemann produzierte, aber der Schluß liegt nahe, daß die amerikanischen Finanziers Julie Christie den Vorzug gaben, wegen ihres Aussehens, und weil sie mehr russisches Flair ausstrahlte als die »Ciociara«. Statt dessen drehte Sophia *Judith* unter der Regie von Daniel Mann, der der Magnani zum Oscar für *The Rose Tattoo* verholfen hatte, und *Arabesque / Arabeske* mit Stanley Donen.
Im ersten Film, der in einem Kibbuz spielt, ist Sophia die nichtsahnende jüdische Frau eines Nazi-Kriegsverbrechers, der mit den Arabern gemeinsame Sache macht und schließlich von ihr demaskiert wird. Im zweiten Film, mit Gregory Peck, ist sie eine Geheimagentin, die im Nahen Osten den Mord an einem Oxford-Professor vereitelt. Zwei wenig interessante Aufgaben, was die Stoffe und die Rollen anging. Die Schauspielerin bemühte sich, eine Chance zu bekommen, die der Höhe ihres Ruhms entsprach. Da kam Charles Chaplins Angebot für *A Countess*

from Hong Kong / Die Gräfin von Hongkong gerade richtig.
Mit einem Monument der Filmgeschichte zu arbeiten, war eine bedeutende Aufgabe. »Das Drehbuch hatte zwanzig Jahre in der Schublade gelegen«, erzählte Sophia, »und ich weiß, daß Chaplin es ursprünglich für Paulette Goddard geschrieben hatte. Er überarbeitete und modernisierte es, nachdem er mich in *Ieri, oggi e domani* gesehen hatte.« Wenn sie schon Marilyn nicht hatte darstellen können, bekam sie jetzt die Rolle von Chaplins Exfrau, der unvergeßlichen Protagonistin in *The Women / Die Frauen, The Great Dictator / Der große Diktator* und *The Diary of a Chambermaid.*
Chaplin war siebenundsiebzig und mit Oona, der Tochter des amerikanischen Dramatikers Eugene O'Neill, verheiratet. Er hatte sich in die Schweiz an den Genfer See zurückzogen und den Freuden der Vaterschaft hingegeben. Oona hatte ihm acht Kinder geschenkt. Er liebte sie mit unendlicher Zärtlichkeit, nach einem ziemlich stürmischen Leben als Don Juan, in dem er auch einen Prozeß wegen seines Verhältnisses mit einer Minderjährigen nicht ausgelassen hatte. Oona hatte ihn gezähmt, und in seinen Memoiren schrieb Chaplin, wie sehr es ihn bewegte, sie anzuschauen: »Bei unseren Spaziergängen ging ich eigens einige Meter hinter ihr, um ihren köstlichen Nacken zu betrachten. In diesen Augenblicken wurde ich nicht müde, mir zu wiederholen, was für ein Glück ich doch habe, eine solche Frau mein eigen nennen zu dürfen. Ich war von Dankbarkeit erfüllt.«
Über die Bedeutung des Projekts hinaus ließ sich Sophia, die vor ihrer zweiten, definitiven Eheschließung mit Ponti stand, von dieser Sensibilität anstecken und widmete sich auch darum diesem Film mit besonderer Hingabe. Das

Drehbuch war im übrigen in seltsamen Einklang mit ihrem derzeitigen Gefühlsleben. Wie Natascha, die adelige russische Emigrantin, die sich aus Liebe zu einem amerikanischen Diplomaten als blinder Passagier auf einem Schiff einschleicht, war Sophia nach dem italienischen Gesetz und dem Gesetz der bösen Zungen als Ehefrau ebenfalls ein blinder Passagier gewesen. Die romantische Krönung ihres Liebestraums mit Ponti in Paris, für die die Dreharbeiten ein paar Tage unterbrochen wurden, deckte sich mehr oder weniger mit der Filmhandlung, in der Natascha sich auf der Flucht vor dem Kapitän bei ebendiesem Diplomaten versteckt und ihn schließlich so weit bringt, daß er seiner Angetrauten und seinem steifen Leben Ade sagt.

Trotz all dieser Übereinstimmungen, der Rückkehr des Altmeisters Chaplin und der beachtlichen Produktionskosten war der Film ein völliges Fiasko. Die Kritiker überboten sich mit vernichtenden Urteilen wie »107 Minuten seniler Infantilismus«. Sophia kam glimpflich davon, heimste sogar das eine oder andere Lob ein, aber zog daraus natürlich nicht die Befriedigung, die sie sich versprochen hatte. Im Gegenteil, zwischen den wenigen positiven Erinnerungen war auch eine äußerst unerfreuliche. Für die Rolle des Diplomaten hatte Chaplin sich Marlon Brando ausgesucht. Wie wir uns erinnern, war ihm Sophia nach der römischen Premiere von *On the Waterfront* begegnet, und Brando hatte sich über die fast noch Unbekannte in enthusiastischen Tönen geäußert. Das war lange her, und Sophia dachte vielleicht nicht mehr daran, war einfach froh, mit einem so bewunderten Star zu spielen. Andererseits ist es möglich, daß Brando die Erregung angesichts dieses Dekolletés nicht vergessen hatte. Der Beweis, daß da etwas Unbewältigtes zurückgeblieben war, jedenfalls von seiner Seite, wurde eines Morgens vor Beginn der Drehbarbeiten in der Maske geliefert. Marlon, sagt man, trat vor seine Partnerin und griff ihr unvermittelt in jenes Dekolleté, das er bislang nur bewundert hatte. Sophia flüchtete in Panik.

17. Kapitel

Götzenbild der Perversion

Die sexuellen Zudringlichkeiten, mit denen Marlon Brando Sophia verfolgte, dauerten während der gesamten Dreharbeiten zu *A Countess from Hong Kong* an, und es bedurfte großer Geduld von seiten der Schauspielerin, ihnen keine Bedeutung beizumessen und sich nicht aus der Rolle bringen zu lassen. Brando, erinnert sich Sophia, »alberte ständig herum«: »In einer Szene mußten wir aus einer Ecke in den Ballsaal kommen ... ich voran, und er hinter mir. Plötzlich gab er mir einen Schlag auf den Hintern. Ich blieb stehen und sagte: ›Machen Sie das nie wieder!‹ – ›Warum? Ich dachte, daß es amüsant ist.‹ – ›Machen Sie das nie wieder!‹ Ich fühlte mich derart beleidigt ... Ich blieb stehen und drehte mich um: ›Machen Sie das nie wieder! Nie wieder!‹ – ›Stop! Stop!‹ schrie Chaplin. ›Was ist los?‹ – ›Nichts, gar nichts. Wir machen die Szene noch einmal.‹ Ich muß allerdings sagen, daß Brando seine Hände danach in Zaum hielt. Vielleicht dachte er sich nichts Böses dabei.«

Handgreifliche Beweise von Wertschätzung sind die unerquicklichen Begleiterscheinungen, denen mehr oder weniger alle schönen Frauen ausgesetzt sind. Ines, Sophias Sekretärin, konnte in dieser Hinsicht auch Bagatellfälle registrieren, wie etwa die Steinchen, die ein angeheiterter Maximilian Schell während der Dreharbeiten zu *I sequestrati di Altona/Die Eingeschlossenen* gegen das Fenster seiner Partnerin warf. Sophias Chauffeur amüsierte sich damit, Ines' Aufgabe innerhalb des Clans der siebenundzwanzig von Ponti besoldeten Personen, die die Diva nie aus dem Auge verloren, als die eines »Keuschheitsgürtels« der Loren zu definieren.

Doch hätte sie niemand vor sich selbst beschützen müssen. Sie hatte keine Anlage zu einem zeitgemäßen »Götzenbild der Perversion«, das Bram Dijkstra als »die Blume des Bösen, deren aggressiv spitze Brüste Schrecken einflößen wie die Reißzähne eines Raubtiers« beschwört. Sie schien eher eine Frau aus dem vorigen Jahrhundert, gemäß Dijkstras Gegenmodell: »... ein betauter Rosenstrauß, eine Gebärmutter, die die warme Erde zum Blühen gebracht hatte, bereit, den Mann zu empfangen, der sich ihr gleichsam wie ein verlorenes Kind zuwandte, immer, wenn er der Wirklichkeit der Welt entfliehen wollte.«

Für Sophia, die im Zeichen der Jungfrau geboren war – »Eros und Reinheit, ich biete dar, aber ich gewähre nicht«, schreibt die Astrologin Grazia Mirti über sie –, wurde der zur Schau gestellte Sex eine Art Schabernack, ein verwirrendes Spiel, das man mit Geduld erlernen mußte. So trifft es zu, daß De Sica, als sie den Striptease in *Ieri, oggi e domani* zu absolvieren hatte, die Produktion so weit brachte, Alan Bernardin, den Schöpfer des »Crazy Horse Saloon« in Paris, für einige nützliche Unterrichtsstunden zu engagieren.

Die Männer waren für Sophia in der Tat verlorene Kinder, die man aufnehmen mußte, aber mit Verstand. Achille Togliani, ihr netter Verlobter aus den Fotoromanen, bekam den Laufpaß, weil Sophia – nicht zuletzt durch die

Einflüsterungen der Mutter – überzeugt war, daß er aus ihren ersten Erfolgen für sich selbst Publicity schlagen wollte. Das Wochenmagazin »Serena« wurde mit Briefen neugieriger Leserinnen bombardiert, die die Wahrheit wissen wollten. Es entwickelte sich ein umfangreicher öffentlicher Briefwechsel zwischen Sophia und dem schönen Achille, der rührend die Aufrichtigkeit seiner Absichten beteuerte: »Ja, Sofia, ich trage alle die Fotos bei mir, die uns gemeinsam zeigen. Bis gestern waren sie für mich der greifbare Beweis meines Glücks. Warum hätte ich anders sein sollen als alle anderen Verliebten auf der Welt? Du beschuldigst mich, daß ich den Journalisten etwas über unsere bevorstehende Hochzeit erzählt hätte. Cinecittà ist eine kleine Welt, und Du weißt das besser als ich. Niemand konnte unsere Liebe übersehen, weil weder Du noch ich sie geheimhielten. Deine Mutter und meine Eltern waren häufig mit uns zusammen. Es konnten keine Zweifel darüber bestehen, daß es sich praktisch um eine offizielle Verlobung handelte. Sofia, wenn Du einen einzigen Journalisten auftreiben kannst, der bezeugt, daß er von mir die Bestätigung unserer Heiratspläne bekommen hat, bin ich jederzeit bereit, öffentlich zuzugeben, daß die Meldung von mir stammte, und zwar gegen Deinen Willen. Aber diesen Journalisten, und das weißt Du ganz genau, wirst Du nicht finden ...«

Togliani war das erste in einer langen Reihe enttäuschter und enttäuschender Kinder. Von Cary Grant, der sich laut Sophia darauf beschränkte, ihr die Richtigkeit einer Hypnose-Methode auseinanderzusetzen, die er selbst anwandte, um vom Alkohol loszukommen, über John Wayne, Alan Ladd, William Holden, Frank Sinatra, »der jeden Tag wiederholte, daß er mich liebe«, Peter Sellers, der nach Aussage des Fotografen Tazio Secchiaroli die Schau-

spielerin verärgerte, weil er »durch bestimmte Anspielungen glauben ließ, daß ihn mit Sophia eine Interaktion verbinde, die mehr sei als Freundschaft«, bis zu Sean Connery, den Secchiaroli ganze Tage vor dem Zimmer der Schauspielerin auf der Lauer liegen sah. »Mit mir«, schreibt Sophia in ihren Memoiren, »keine sexuellen Scharmützel.«
Diesen Strohfeuern zog Sophia nicht nur Ponti vor, den Kino-Potentaten »reinsten Wassers«, sondern auch die soliden Freundschaften mit dem ergebenen Basilio Franchina, ihrem Vertrauten und Hausphilosophen, Verfasser ihrer Bücher über richtige Ernährung und die Schönheit, oder mit Mastroianni und De Sica.

In diesen Freundschaften liegt möglicherweise der Schlüssel zu einem anderen Geheimnis einer zurückhaltenden, ihre Beziehungen penibel auswählenden Diva, wie ihn uns Dijkstra liefern kann: Sophia als liebende Mutter, die »mit ihren unübersehbaren weißen Brüsten ihre ahnungslosen Söhne mit dem Versprechen einer passiven Aufnahme verführt; sobald sie aber ihrem schnöden Busen verfallen sind, merken die wehrlosen Söhne, daß der Mutter die Krallen gewachsen sind, und daß sie ihre Forderungen stellt«.
De Sica wird, was die Schauspielerin betrifft, »eine Art Heuchler, für den alles, was sie tut und sagt, nichts anderes als ein pures Wunder sein kann«; und der sich deshalb behexen und überfahren läßt, mit ihr Film nach Film dreht, unterjocht und manchmal auch verschreckt, wie er zugeben mußte: »Sophia hat außerordentliche Qualitäten, aber einen riesigen Fehler. Sie ist auf die Schauspieler eifersüchtig, die mit ihr arbeiten – gleich, ob Männer oder Frauen. Ich erinnere mich, daß sie sich, als wir in Rußland *I gira-*

soli / Sonnenblumen drehten, Ljudmila Saweljewa vornahm. Sie fand, daß sie dicke Beine habe und einen Hängearsch, daß ihre Mimik überdreht und ihr Spiel übertrieben sei. Alle Speichellecker um sie herum beeilten sich, ihren Behauptungen im Chor zuzustimmen. Ich schwieg.«
Mastroianni hegte die Hoffnung, mit Sophia im Theater unter der Regie von Luchino Visconti *Der Widerspenstigen Zähmung* zu spielen, und handelte sich eine Absage ein. Der angegebene Grund war ihre schreckliche Angst vor der Bühne. Aber vielleicht war es nur die Angst vor einem Schauspieler, den die Diva als Teil ihrer selbst betrachtete und ihn damit an seiner empfindlichsten Stelle traf: »Marcello und ich sind ein Körper, schade, daß er sein Leben nicht ändern kann… Ich bin dem schönen Marcello nie ins Netz gegangen. Wir sind spontane, lustige Freunde, wie zwei ewige Lausbuben, jederzeit auf dem Sprung, gemeinsam den Marmeladetopf zu klauen.«
Es ist ziemlich merkwürdig, De Sicas und Mastroiannis Interviews nachzulesen, in denen es um Sophia geht. Sie sind durch die Bank ausweichend und voller Komplimente. De Sica, der die Schauspielerin wohl heimlich liebte, geht nie über wohlüberlegte Bezeugungen seiner Wertschätzung hinaus, als ob er seine wirklichen Gefühle wegen ihrer Vehemenz verbergen oder verleugnen wollte. Mastroianni ist noch zugeknöpfter, und wenn er über Sophia spricht – sogar noch in heutigen Interviews –, beschränkt er sich darauf, sie als großartige, einfühlsame Arbeitskollegin zu schildern, über die er wenig oder nichts weiß oder zumindest nichts sagen will.

Vielleicht waren De Sica und Mastroianni, die als mögliche Rivalen Carlo Pontis angesehen wurden, aus dem Hut gezauberte Partner in einem kindischen Spiel, das von

der Presse genährt wurde. Über diesen Punkt hat Sophia immer geschwiegen, sogar eisern geschwiegen. Die Gerüchte rauschten nur im Blätterwald, in dem sie sich im übrigen außerordentlich gut zurechtfand und sogar zwei so alte Füchse wie Lucherini & Spinola in Erstaunen versetzte. Was die beiden mit einer delikaten Episode dokumentieren: »Ein Paparazzo bekam Sophia auf den Bahamas vor die Linse, als sie nackt in der Sonne lag. Auf diesen Fotos sah sie nicht unbedingt vorteilhaft aus, sie wirkte fett, und es waren Spuren von Zellulitis zu erkennen. Als sie zurück in Italien war, bestellte sie einen Fotografen, auf den sie sich verlassen konnte, und ließ sich von ihm per Teleobjektiv halbnackt am Swimmingpool der Villa in Marino aufnehmen. Mit diesen gestellten ›Raub‹-Fotos, auf denen sie sich von ihrer Schokoladenseite zeigte, verwischte sie die Erinnerung an die häßlichen echten Raubfotos.«
Sophia ließ sich nicht leicht in die Falle locken. Nicht einmal, als sich zwischen 1979 und 1980 Meldungen über eine Trennung von Ponti häuften. Sie waren schon so lange zusammen, daß es allmählich unglaubhaft wurde, daß diese Ehe keine Risse zeigte. Schließlich war Sophia fünfundvierzig, und Carlo ging an die siebzig, also war es für die Yellow Press geradezu Pflicht, ihre Spalten mit Mutmaßungen über belebende außereheliche Beziehungen der beiden zu füllen.
Sophia dementierte, daß sie Ponti wegen des Sängers Serge Lama verlassen wolle: »Wir haben uns bei einer Fernsehsendung in Paris kennengelernt. Wir sind gemeinsam ausgegangen, um die Premiere einer Freundin von Serge anzuschauen. Es war mein Geburtstag, und um die Wahrheit zu sagen, kam mir nicht im geringsten der Gedanke, daß die Geschichte so skandalös sein könnte.« Der Wirbel

war durch ein Foto entstanden, auf dem der unbekannte Serge die Hand der Schauspielerin hielt.
Kurz danach folgte ein weiteres Dementi: sie habe sich nicht in den Arzt Etienne Emile Baulieu verliebt, auch wenn sie – damit vielleicht auf eine mögliche Trennung von Ponti anspielend – erklärt hatte, sie wolle »allein leben, denn man lebt nur einmal«: »Ich habe nach wie vor die Mentalität eines jungen Mädchens, das sich vom Leben noch Überraschungen erwartet.« Die Überraschung, kombinierten die Klatschjournalisten, konnte der wackere Arzt sein, mit dem sie fotografiert worden war, als sie gemeinsam eine Wohnung in den Außenbezirken von Paris verließen. Nach den üblichen, ebenso bereitwilligen wie indirekten Dementis der Schauspielerin – »Man kann sich nicht nur um den Haushalt kümmern, um die Erziehung der Kinder und immer nur arbeiten, sonst sterben Seele und Geist ab – und außerdem bin ich stark vom Kampf der Frauen um die Emanzipation beeinflußt« – beschränkte sich die Presse darauf, einhellig festzustellen, daß die Beziehung zwischen Loren und Ponti immer mehr als ein Rätsel erschien.

Sophias Losung, sobald sie bemerkte, daß etwas das kristallklare Bild, das sie der Welt von sich geben wollte, bedrohen könnte, bestand aus einem Wort: entgleiten. Sie hatte gelernt, in aller Ruhe zu widerlegen, auszuweichen, zu beschwichtigen. Sie hatte für die Erkenntnis bezahlt, daß eine Schauspielerin weder der Presse trauen konnte, noch den Personen in ihrer Umgebung, die es nicht ertrugen, im Schatten des Erfolgs zu stehen.
Unter diesen Personen gab es auch skrupellose Kreaturen, denen es auf eine kleine Abrechnung nicht ankam. Da machte sich etwa in Spanien eine gewisse Adelina an So-

phia heran, eine Sterndeuterin und Kartenlegerin. Die Schauspielerin beging den Fehler, ihr zu erlauben, sie zu besuchen. Adelina verliebte sich offenbar in die Diva und träumte davon, ihr ganz zu Diensten zu sein. Eines Morgens baute sie sich vor Sophias Freunden auf und verkündete: »Man schläft wirklich herrlich neben ihr.« Sophia begriff endlich und schickte sie in die Wüste.
Nicht die Affären, die sich die Presse oft genug nur aus den Fingern sog, sondern solche unerquicklichen Geschichten brachte das Los eines Sexsymbols mit sich. Doch Sophia hatte nicht die Anlage zu Depressivität wie Marilyn. Abgesehen von ihrer eisernen neapolitanischen Gesundheit hatte sie ihr eigenes Rezept, das den Besuch beim Psychiater ersetzte, auch dies ein Erbe der Großmutter: »Ich stürze mich in die Hausarbeit wie eine tüchtige Haushälterin. Ich wische Staub, bügle, scheuere den Boden und putze die Fenster. Ich gönne mir keine Verschnaufpause. Das ist gut für Leib und Seele und die beste Medizin.« Es konnte sich bei dieser Medizin auch um einen Rappel handeln. Seit der *Countess from Hong Kong* kämpfte sie an zu vielen Fronten: Carlos Scheidung, die Ehe, die Kinder, der Kampf, sie überhaupt zu bekommen, die gierige Neugier des Publikums. Sie hätte sich nie träumen lassen, daß es derart schwer sein würde, Karriere und Privatleben unter einen Hut zu bringen.
Während sie in Hauspantoffeln davon träumte, ein Kind zu stillen, begann sie zu begreifen, daß sie, die als Körnchen im Getriebe des Kinos angefangen hatte, nun selbst zu einem Teil dieses Räderwerks geworden war. Der Film gebot nicht über ihr Herz, aber über ihre Zeit. Wenn sie in der Konkurrenz mit ihren Rivalinnen und auch, was ihr persönliches Konzept als Königin des Films betraf, nicht an Terrain verlieren wollte, mußte sich im

Mosaik ihrer Terminplanung ein Steinchen ans andere fügen.
Carlo half dabei natürlich, und hilfreich war auch die Wertschätzung der Regisseure, aber letztlich mußte sie selber den Karren ziehen, einen Karren immerhin, den die Insignien der Schönheit und die Trophäen schmückten. Sophia konnte nicht verbergen, daß das mühselig war. Mühselig für eine Schauspielerin, die sich zwischen den Ansprüchen der Kinder und dem frühen Aufstehen, um rechtzeitig vor Drehbeginn in der Maske zu sein, immer weniger als Symbol fühlte und mehr und mehr wie ein Bauer auf dem Schachbrett des Kinos.

Nach dem Film mit Charles Chaplin hatte sie mit Vergnügen *C'era una volta / Schöne Isabella* mit Francesco Rosi gedreht, in dem sie als Bäuerin dem Prinzen Omar Sharif den Kopf verdreht, auch wenn sie mit dem Regisseur gestritten und verlangt hatte, daß sie umbesetzt würde, was wieder Rosi die Gelegenheit gab, sich auf sonderbare Weise zu rächen: »Sophia? Sie hat wunderschöne Füße.« Danach hatte sie in *Questi fantasmi / Die Über-Sinnliche* abermals eine Gestalt von Eduardo De Filippo gespielt. Und 1970 bei *I girasoli* in Rußland war bereits der kleine Carlo jr. dabei. Gemeinsam fuhren sie im Rolls-Royce zum Set, durch das Spalier einer enthusiastischen und ihren Augen nicht trauenden Menge. Damals schrieb ein junger russischer Dichter eine Ode auf sie mit dem Titel »Die Arktis hungert nach Sophia Loren« und wurde dafür von der »Prawda« aufs schärfste gerügt.
Darauf hatte Sophia in Dino Risis *La moglie del prete / Die Frau des Priesters* ein weiteres Mal Marcello verführt und danach in Alberto Lattuadas *Bianco, rosso e ... / Die Sünde* in der Rolle einer Äbtissin den »Kommu-

nisten« Adriano Celentano. Zwischen diesen beiden Filmen hatte sie in Mario Monicellis *La Mortadella / Mortadella* auch noch versucht, unter Umgehung des Zolls Wurstwaren zu exportieren.

Es waren nicht gerade gigantische Unternehmungen und letzten Endes ziemlich unnütz, zumal was die Einspielergebnisse betraf. Die Filme von Lattuada und Monicelli waren finanzielle Pleiten. Ponti war gewöhnt, mit Milliarden umzugehen, nun mußte er sich mit Kleingeld begnügen. Die Kritik interessierte sich auf einmal für die Kinokasse und schrieb über fallende Kurse und einen Glücksstern im Sinken. Aber das Schlimmste kam erst: Arthur Hillers Musical-Verfilmung *Man of La Mancha / Der Mann von La Mancha* mit Peter O'Toole als Cervantes / Don Quixote und Sophia als Aldonza / Dulcinea lief miserabel.

Ponti griff also ein weiteres Mal auf die Formel Sophia / De Sica zurück, die noch nie versagt hatte. In *Il viaggio / Die Reise nach Palermo* spielt Richard Burton einen Grafen, der seine Jugendliebe (Sophia) einst an seinen Bruder verlor und ihr nun, da sie Witwe geworden ist, zur Seite steht. Vor dem Hintergrund einer nebligen venezianischen Lagune scheint es, daß sie ihre späte Erfüllung finden, doch Sophia wird durch eine Herzattacke dahingerafft. In Wirklichkeit ging es Richard, dessen Säuferleber nicht mehr mitmachte, bereits ziemlich schlecht. Auch dieser Film konnte den Niedergang nicht aufhalten. Und Burton wußte über die Dreharbeiten nur von seinem maßlosen Erstaunen über Sophias Busen zu berichten, der größer sei als der seiner Exfrau Liz Taylor.

Unbeirrbar machte Ponti einen weiteren Versuch mit *Le verdict / Das Urteil* in der Regie von André Cayatte mit Jean Gabin in seiner letzten Rolle. Sophia spielt eine Tige-

rin (der ursprüngliche Titel war *La tigresse et l'éléphant*), die ihren Sohn, der wegen Vergewaltigung und Mord vor Gericht steht, retten will, indem sie die Frau des Richters als Geisel nimmt. Es war ein weiterer Mißerfolg.
Darauf probierte Ponti es erstmals mit dem Fernsehen. Der TV-Film *Brief Encounter / Flüchtige Begegnung* nach einem Einakter von Noël Coward mit Sophia und Richard Burton war das Remake eines berühmten Films von David Lean mit Celia Johnson und Trevor Howard aus dem Jahr 1945: eine englische Madame Bovary träumt von der romantischen Flucht aus der Provinz mit einem Arzt, den sie bei ihren wöchentlichen Shopping-Fahrten nach London kennenlernt. Ein Desaster.

Man schrieb das Jahr 1974, und die Uhren des Films gingen inzwischen völlig anders. 1971 war erstmals der Oscar an einen politischen italienischen Film vergeben worden: *Indagine su un cittadino al di sopra di ogni sospetto / Ermittlungen gegen einen über jeden Verdacht erhabenen Bürger* von Elio Petri mit Gian Maria Volonté. Es war der neue Wind der italienischen 68er, revolutionäre junge Regisseure wie die Brüder Taviani, Bertolucci oder Liliana Cavani artikulierten die Protestbewegung der Studenten, die vom kalifornischen Berkeley nach Europa und auch nach Italien herübergeschwappt war.
Welchen Stellenwert hatte Sophias Kino zwischen all diesen Filmen, die zwar die meisten Häuser nicht füllten, aber die Jugend anzogen und vor allem die Kritik beherrschten? Und welchen Platz hatten Pontis Großproduktionen in einem Wettbewerb, der sich immer mehr nach den Bedingungen des Fernsehens ausrichtete? Das Fernsehen finanzierte Altmeister wie Blasetti und Rossellini, aber auch Olmi, die Cavani und Bertolucci. Es be-

gnügte sich nicht mehr damit, die Abende der Italiener mit den Straßenfegern der Quiz-Programme, ungemein beliebten Präsentatoren wie Mike Buongiorno oder Varieté-Programmen mit neuen Vedetten wie den Kessler-Zwillingen und Mina zu blockieren, es bedrohte den Film auf seinem ureigenen Gebiet. In den Produktionsbüros des Fernsehens antichambrierten, mit dem Drehbuch unter dem Arm, inzwischen alle. Vom berühmten Produzenten De Laurentiis bis zu dem sogenannten Unabhängigen Leo Pescarolo.

Auf den Festivals – auch denen von Venedig und Cannes, die ebenfalls auf den Zug der Zeit aufsprangen – wurden die Filme der amerikanischen und europäischen Avantgarde gezeigt, es gab keine Stars mehr, es sei denn, sie wurden durch Anti-Stars ersetzt, wie sie Andy Warhol kreierte.

Selbst das alte Hollywood tünchte sich neu. Die großen Studios waren gezwungen, sich mit einer Produktion auseinanderzusetzen, die ihr zu entgleiten drohte. Internationale Überraschungserfolge wie *Easy Rider* mit Peter Fonda, Dennis Hopper und dem noch völlig unbekannten Jack Nicholson veranlaßten die Filmbosse, Filme für ein vorwiegend jugendliches Publikum zu produzieren, das sich nicht entrüstete, wenn der Gebrauch mehr oder weniger leichter Drogen oder freier Sex thematisiert wurden. Die Produzenten waren auf den Trichter gekommen, daß diese neuen Filme, Regisseure und Schauspieler die Erben des frühen Marlon Brando in *The Wild One / Der Wilde* sein konnten, mit seiner Formel aus Motorradkult, Rock und existentiellem Gestörtsein.

Hollywood war nach wie vor Sophias und Pontis Traum. Sophia beeilte sich, mitzuteilen, daß sie sehr wohl auf der

Höhe der Umwälzungen war. »Auch ich war ein Hippie, wußten Sie das?« sagte sie, vielleicht ein wenig ironisch, einem Journalisten. »Mit zwölf sang und tanzte ich, ohne daß meine Mutter eine Ahnung davon hatte, auf den Straßen von Pozzuoli und bettelte.« Sie hatte das Prinzip nicht begriffen, und falls doch, mußte sie so tun, als ob sie ihr Schiff auch durch diese neuen, unvorhersehbaren Strudel steuern konnte.

Es war ihr jedoch klar, daß es keinen Giuseppe Marotta mehr geben würde, um in den glühenden Versen sehnsuchtsvoller Liebe ihre Schönheit zu besingen. Die Jahre waren nicht spurlos an ihr vorübergegangen. Trotz aller Anstrengungen und spezieller Diäten hatten die Schwangerschaften und die endlosen Tage am Set ihren Zoll verlangt.

Um ihr die Gegenwart noch mehr zu trüben, setzte sie der amerikanische Modepapst Richard Blackwell obenan auf seine Liste der schlechtestgekleideten Frauen der Welt. Lattuada, der um eine Stellungnahme gebeten wurde, ließ sich – obwohl er gerade mit ihr *Bianco, rosso e...* gedreht hatte, oder vielleicht gerade deshalb – die Gelegenheit zu einer Boshaftigkeit nicht entgehen: »Vorausgeschickt, daß die Loren nicht der Typ Frau ist, der einen Modeschöpfer interessieren oder professionell inspirieren kann, scheint mir doch, daß der Preis wohlverdient ist und mit einer gewissen Scharfsicht verliehen wurde. Es gibt natürlich viele Arten, sich schlecht zu kleiden: die rührend hausbackene der Lollobrigida, die putzmuntere von Liz Taylor, den Bardot-Stil, aber durchwegs mit Überzeugung getragen und zur eigenen Persönlichkeit passend. Der Stil, den die Loren bevorzugt, scheint mir der schlechteste von allen, weil er aufgesetzt ist... Ihre Schminke ist immer übertriebener und menschenunähnlicher geworden, ihre Kleidung

und ihre Frisur (auch wenn sie von berühmten Stylisten kreiert wurden) immer deplazierter, mit dem ganz merkwürdigen Resultat, daß sie kleinbürgerlich wirkt, und das ist das Schlimmste, was einem Superstar passieren kann.«
Sophia Superstar vergoß nicht allzu viele Tränen über diese harten Worte eines ihrer prominentesten Regisseure. Sie hatte sich schließlich immer ein ganz anderes Bild von sich gemacht: »Es würde mir Spaß machen, einen Vamp zu spielen, der davon träumt, eine Hausfrau zu sein, oder eine Hausfrau, die davon träumt, ein Vamp zu sein.» Vielleicht daher die kleinbürgerliche Konfusion, von der Lattuada sprach.
Die wirklichen Tränen kamen erst, und sie strömten reichlich. Der Film hatte damit nur bis zu einem bestimmten Grad zu tun.

18. Kapitel

Gefängnis

Die Tränen begannen im März 1977 zu fließen. Nur einmal waren sie so bitter gewesen: Als sie in London *The Millionairess* drehte, war ihr Schmuck im Wert von zwei Milliarden Lire nach heutigem Kurs gestohlen worden. Sie war zutiefst verstört über eine Tat, die ihr Dinge raubte, die vor allem symbolischen Wert besaßen. Carlo hatte ihr nach jedem Film ein Schmuckstück geschenkt, und jedes dieser Schmuckstücke war ein Liebespfand und die Erinnerung an eine Etappe in ihrer Karriere. Sie klagte so sehr und mit solcher Aufrichtigkeit, daß sich etwas Unerwartetes ereignete. Sie hatte eine hohe Belohnung für Hinweise ausgesetzt, aber es kamen nur Briefe von Frauen aus dem Volk, die versuchten, ihr Trost zu spenden. Eine dieser einfachen Frauen drängte ihr einen Ring und ein kleines Kreuz auf, nicht um daraus Geld zu schlagen, sondern als Zeichen der Verbundenheit. Als ob sie zum Ausdruck bringen wollte: wer nie etwas besessen hat, kann den Kummer über den Verlust von Gegenständen, an denen das Herz hängt, besser verstehen.
Es war ein spektakulärer Diebstahl, wie dreißig Jahre später der Dieb dieser Juwelen verriet – Ray Jones, genannt »The Cat«. Er erschien ihm so bedeutend und verwegen, daß es ihn drängte, sein Tun zu Papier zu bringen, mit

einer genauen Liste seiner Beute: einer Garnitur antiker Diamanten; einer von Smaragden; einer Halskette aus antiken Rubinen; zwei großen Brillantnadeln; einem großen Brillantring (alles bei Bulgari in Rom gekauft); einer Halskette und einem Ring mit Saphiren (gekauft bei Herper Van Cleef in Paris); eine dreiteilige Brillant-Agraffe (ein antikes russisches Schmuckstück, eine Erinnerung an Wien); und diverse andere Preziosen. »Die Loren ist eine bewundernswürdige Schauspielerin«, läßt uns »die Katze« wissen, »aber wie man so sagt: Geschäft ist Geschäft.«

Die Tränen im März 1977 waren dagegen Tränen des Entsetzens und der Verachtung. Sophia hatte gerade zwei Filme gedreht, die ihre Geschicke an der Kinokasse wieder zum Besseren wenden sollten: *La pupa del gangster / Die Puppe des Gangsters* und *The Cassandra Crossing / Cassandra Crossing – Treffpunkt Todesbrücke.* Der erste in der Regie von Giorgio Capitani ist eine Komödie, die sprühend sein wollte. Mastroianni, der Unersetzliche, spielt darin Charlie Colletto, einen Mailänder sizilianischer Herkunft, der aus den Vereinigten Staaten zurückgekehrt ist, um sich der Prostitution in der Heimat anzunehmen. Charlie, der bereits als Junge fanatischer Fan von Rita Hayworth war, verliebt sich in alle Frauen, die ihr irgendwie ähnlich schauen, einschließlich Pupa (Sophia Loren), die seine Favoritin wird. Der Boss ist jedoch von der Sorte, die zuviel prügelt, und deshalb beschließt Pupa, der Mißhandlungen müde, ihn bei der Polizei anzuzeigen. Der zweite ist ein Eisenbahn-Thriller mit einer All-Star-Besetzung, in dem Sophia in eine dramatische Jagd zwischen Terroristen und Geheimagenten hineingezogen wird. Ihre unmittelbaren Partner sind Richard Harris und Ava Gardner.

Beide Filme unterschieden sich nicht wesentlich von denen, die sie davor gedreht hatte, und wurden in ihrer konventionellen Machart ohne viel Aufsehen vom Markt verschluckt. Sophia hatte mit viel Spaß die Parodie einer Prostituierten abgeliefert und auf einem Zug in rasender Fahrt quasi akrobatische Talente entwickelt – Rollen, die man anschließend gleich wieder vergessen konnte. Aber nun geschah etwas, das ihr plötzlich das Gefühl gab, daß sie in Wirklichkeit die Puppe eines Gangsters war oder sogar eine Terroristin auf der Flucht.

Am 8. März 1977 um 19 Uhr 30 wurde sie von der Polizei am Flughafen Fiumicino abgefangen, nachdem sie die Paßkontrolle passiert hatte, um vierzig Minuten später mit einer DC 9 der Air France nach Paris zu fliegen. Sie reiste unter falschem Namen, die Bordkarte lautete auf Mercedes Prentice. Die Schauspielerin erklärte vergeblich, daß dies der übliche Trick der Filmprominenz sei, sich die Meute vom Leib zu halten. Die Erklärung genügte den Polizisten nicht, das Gepäck der Diva, ihre Handtasche und ein großer Karton wurden gefilzt und einige Dokumente beschlagnahmt. Was war geschehen? Was wollte die Polizei?

Sophia hatte einem Vorfall einen Monat vorher nicht viel Gewicht beigemessen, oder ihre Anwälte hatten ihr die möglichen Konsequenzen nicht genügend klargemacht. Die Steuerfahndung hatte auf Anweisung des Richters Paolino Dell'Anno Durchsuchungen in der Villa in Marino und im Büro des Produzenten im Zentrum von Rom vorgenommen, da der Verdacht bestand, daß Ponti im Zusammenhang mit seinen Koproduktionen Geld ins Ausland verschoben habe. Das Ehepaar, die Diva und der Produzent, wurde demnach von der Justiz observiert.

Die Schauspielerin wurde in Fiumicino die ganze Nacht verhört; erst um 4 Uhr 20 morgens wurde ihr nach dem Einschreiten ihrer Advokaten gestattet, die Maschine einer japanischen Gesellschaft nach Paris zu nehmen. Trauben von Journalisten erwarteten sie bereits. Auf ihre Fragen log sie: »Ich habe meine Maschine versäumt, weil zu viele Fotografen um mich herum waren, und das war der Grund, weshalb die Polizei eingreifen mußte.« Die französische Presse übernahm die lohnende Aufgabe, den Ablauf so darzustellen, wie er sich in Fiumicino tatsächlich abgespielt hatte, und enthüllte, daß Ponti – der, um seine Scheidung und Wiederverehelichung zu ermöglichen, französischer Staatsbürger geworden war – wegen der Unduldsamkeit des Pariser Fiskus Sophia dazu überredet hatte, wieder die italienische Staatsbürgerschaft anzunehmen, und über die Ehefrau verschiedene Möglichkeiten ausprobierte, sich eben diesem Fiskus zu entziehen. Es gab Ondits über sagenhafte Transaktionen von Kapital und wertvollen Gemälden. In die Gerüchteküche wurden auch Richard Harris und Ava Gardner hineingezogen, die von Ponti persönlich für *The Cassandra Crossing* engagiert worden waren. Kurz und gut, es handelte sich um einen Thriller von internationalem Ausmaß, über den man ein Jahr später Genaueres erfahren durfte.
Im April 1978 erließ der Richter Dell'Anno einen Haftbefehl gegen Ponti wegen Unregelmäßigkeiten im Zusammenhang mit *The Cassandra Crossing*, einer Koproduktion, die nach Meinung der italienischen Justiz vor allem zustandegekommen war, um den Staat zu betrügen. Eine Streitfrage, die die gesamte italienische Filmwelt anging. Die Koproduktionen als Formel, um neues Geld zusammenzuharken und der heimischen Filmindustrie, die, abgesehen vom Neorealismo, in regionalen Themen veran-

kert zu bleiben drohte, europäischen Atem einzublasen, waren auf Erfolgskurs: zwölf Koproduktionen hatte es 1950 gegeben, 1962 war das Hundert überschritten worden, und 1977, in dem Jahr, das uns interessiert, war die Zahl auf 228 gestiegen.

Unter diesem Gebirge von Filmstreifen nagten manche Produzenten am Käse wie die Mäuse. Der Mechanismus war einfach. Es gab zwei Arten von Koproduktionen: die mit Mehrheits- und die mit Minderheits-Anteil, je nachdem, ob der italienische Produzent mehr oder weniger als fünfzig Prozent an Geld hineingesteckt hatte. Der wirkliche Vorteil lag im zweiten Modell, weil hier mit wenig Eigenkapital beachtliche Gewinne gemacht werden konnten. Auch eine solche Konstruktion wurde in Italien als italienischer Film betrachtet und partizipierte an den staatlichen Subventionen und Sonderkrediten, mit der einzigen Auflage, daß der Film im Kino gezeigt werden mußte.

Es gab dabei drei Möglichkeiten, den Staat zu prellen. Man machte eine Koproduktion, in der der italienische Anteil mit dreißig Prozent angegeben wurde, aber in Wirklichkeit fünfzig Prozent und mehr betrug. Sobald der Kuchen der Einnahmen verteilt wurde, überwies der ausländische Produzent dem italienischen die zwanzig Prozent »Schwarzgeld« auf ein Konto jenseits der Grenzen, so daß also das Geld außer Landes verschwand (es hieß, daß dies Pontis Methode war).

Oder der Film wurde als Koproduktion deklariert, obwohl er keine war. Das heißt, der italienische Produzent kaufte für ein Butterbrot die Rechte an der Auswertung eines ausländischen Films in Italien, deklarierte ihn als Koproduktion und sackte neben den Kasseneinnahmen auch die Prämien und anderen Steuervergünstigungen ein,

die für die nationale Filmindustrie bestimmt waren. So gingen die Brüder Ever und Robert Haggiag vor, die Bosse der Dear-Film, die angeklagt wurden, rein ausländische Filme wie *The Man from Del Rio/Der Mann von Del Rio*, *El Cid* und Buñuels *Le journal d'une femme de chambre/Tagebuch einer Kammerzofe* als Koproduktionen ausgegeben zu haben, wofür sie 650 Millionen Lire an staatlichen Subventionen kassiert hatten. Ein Fall, der viel Staub aufwirbelte.
Schließlich gab es noch den Trick, einen Film mit einer ausländischen Firma zu koproduzieren, die in Wirklichkeit keine ausländische, sondern nur ein Ableger der italienischen war, wodurch der Produzent einen Teil seines Kapitals »legal« im Ausland hatte. Das Filmgeschäft war in schlimmes Fahrwasser geraten.

Sophia kam in dieser schrecklichen Nacht in Fiumicino mit einem Italien in Berührung, über das sie aus der Ferne das eine oder andere in den Zeitungen gelesen hatte. Das Panorama der Finanz- und politischen Skandale erschreckte sie. Es war das Italien, dem 1964 ein Staatsstreich gedroht hatte, in dem der Geheimdienst des Sifar eine undurchsichtige Rolle spielte, und kurz darauf ein zweiter Zündelversuch, angestiftet von Oberst Valerio Junio Borghese, dem ehemaligen Befehlshaber der Zehnten Flotille der Republik von Salò. Es war das Italien eines neuen Neapel, eines Neapel der Camorra, in dem sinistre »Helden« wie Pascalone 'e Nola und seine Partnerin Pupetta Maresca hochkamen. Es waren die Zeiten des Bombenanschlags am 12. Dezember 1969 auf die Banca dell'Agricoltura an der Piazza Fontana in Mailand. Sophia war, wie alle, vom »Selbstmord« Pino Pinellis im Mailänder Polizeipräsidium geschockt worden und hatte,

als Schauspielerin, einige Zeit über das Angebot nachgedacht, in einem Film Pinellis Frau Licia zu spielen.
Sophia fand sich in einem veränderten Land wieder. Die Polizisten hatten sie in Fiumicino sistiert, und statt der Reaktionen, wie sie einer Königin gebührten, mußte sie in den Zeitungen harte und sarkastische Angriffe auf ihre Person lesen. Der neapolitanische Dichter Luigi Compagnone schrieb einen offenen Brief an die »allerverehrteste Zufia«, in dem er sich bei ihr entschuldigte, daß sie sich, bevor sie ins Flugzeug nach Paris stieg, genötigt gefühlt habe zu schluchzen: »Italien sieht mich niemals wieder.« Antonio Ghirelli war noch härter und verstieß als Neapolitaner eine Sophia, die ihre »Natürlichkeit« verloren habe: »Sie haben sie mit Haarspray einbalsamiert, sie haben sie mit Juwelen und Nerzen bedeckt, sie haben sie in Zellophan gewickelt, sie haben sie zwischen Schecks und Orchideen im Penthouse in der Avenue George V bestattet, in dem das Dienstmädchen den Reportern wie eine tibetanische Gebetsmühle immer dieselbe Auskunft gibt: ›Madame n'est pas encore rentrée.‹«
Die Tränen blieben Sophia im Hals stecken. Der nächtliche Alptraum auf dem Flugplatz war leider nur ein erstes Signal gewesen. Nach ein paar Wochen wurde ihr eine Anklage wegen des Handels mit Kunstwerken zugestellt. Die Diva wurde darin beschuldigt, im Ausland Schund zu kaufen und sich darüber Rechnungen über wertvolle Gemälde ausstellen zu lassen, um riesige Summen transferieren zu können, die sie auf ihren Pariser Konten deponierte, sowie bedeutende Kunstwerke außer Landes gebracht zu haben, deren Wert sie beim Ministerio delle Belle Arti nur mit einem Zehntel des wirklichen Wertes angegeben habe.
Es war ein weiterer Schlag, der die öffentliche Meinung so

gegen sie einnahm, daß Ferdinando Camon sagen konnte: »Und was geschieht jetzt? ... Sophia, die Exportexpertin, Sophia, die betrügerische Grenzgängerin, kann niemals mehr Filumena Marturano spielen oder die Frau aus dem Volk in Ettore Scolas *Una giornata particolare / Ein besonderer Tag* und auch nicht Moravias Ciociara. Sie ist nicht mehr exemplarisch für uns alle. Sie kann nicht mehr auf die Identifikation des einfachen Publikums rechnen, kein Regisseur kann ihr mehr eine solche Rolle anbieten. Und so sind wir zu dem Schluß gekommen, daß diese Anklage wegen des Verschiebens von Valuta und Gemälden auch ästhetische Konsequenzen haben wird. Das schönste, das kostbarste Kunstwerk, das Sophia uns geraubt und exportiert und damit für ewig beschädigt hat, ist sie selber. Ein perfektes Vehikel für unsere Träume liegt in Trümmern.«
Sophia tat alles, um Camons Prophezeiung nicht in Erfüllung gehen zu lassen, aber alle ihre damaligen Versuche schienen, wie Patrizia Carrano konstatiert, vergeblich: »Wir erinnern uns des Versprechens, der Stadt eine Klinik zu stiften, das sie nach der Niederkunft in Genf gegeben und nicht gehalten hat; an den Prozeß gegen den Pater Virginio Rotondi, dem Sophia eine Villa für ein Jugendzentrum geschenkt hatte und sie nachher wieder zurückforderte; an die Anklage des Stellvertretenden Staatsanwalts in Velletri, daß sie archäologische Funde aufgekauft hat.«

Ein Dachziegel nach dem anderen, von überallher, ein wahres Scherbengericht. Sie hatte die Angelegenheit der Steuern und der Gemälde noch nicht verdaut, die 1978 nach der soundsovielten Verhandlung mit der Justiz wieder eingerenkt worden war, als ihr schon ein neuer Gerichtstermin in Palermo drohte, wo ihr Film *Angela* uraufgeführt worden war. Sie sollte sich wegen des Vorwurfs der Obszönität verantworten.

Angela – ihre einzige Sünde war die Liebe ... ihre einzige Liebe war ihr Sohn, wie der komplette Titel dieses kanadischen Spielfilms des amerikanischen Fernsehregisseurs Boris Sagal lautet, ist ein dramatischer Klotz mit dick aufgetragenen Farben, der mehr schlecht als recht den Ödipus-Stoff zu kopieren versucht. Sophia ist die Frau eines Korea-Heimkehrers, der glaubt, daß sie ihn betrogen hat, und das Kind, das in Wirklichkeit sein eigenes ist, rauben läßt. Die Frau verläßt den Kriegsveteranen und eröffnet ein Restaurant. Zwanzig Jahre später verliebt sich ein junger Mann, der dem Restaurant Fleisch liefert, in sie und wird von ihr wiedergeliebt. Da taucht der Korea-Veteran wieder auf, tötet Angela und wird seinerseits von dem jungen Mann getötet, der sich als das einst geraubte Kind erweist. Eine Inzest-Geschichte, die bei der Kritik wenig Anklang fand und die das Publikum kühl über sich ergehen ließ. Ein Film, der weder eine Anzeige noch die Zeitverschwendung des Gerichts rechtfertigte.

Sophias Stern schien untergegangen. Doch es schien nur so, denn nun stieß die Schauspielerin auf ein Projekt von Ettore Scola, *Una giornata particolare*. Wie ein Wunder erweckte es jene Sophia wieder zum Leben, die Cesira in *La ciociara* gewesen war. Mit dreiundvierzig Jahren, nach so vielen Dummheiten und so vielen Rollen zum Vergessen, hatte sie wieder ein großartiges Drehbuch mit einer bewegenden Story.

Sophia ist – in einem Film, der ihr in Taormina den David di Donatello-Preis, in Locarno das Silberne Segel und in den USA den Golden Globe für ihre Darstellung bescherte – eine Hausfrau, die einem ehemaligen Rundfunkansa-

ger (Marcello Mastroianni) begegnet, der wegen seines unzureichenden Glaubens an den Faschismus und wegen homosexueller Neigungen entlassen worden ist. Die beiden, im Grund marginale Existenzen im imperialen Rom Mussolinis, fühlen sich zueinander hingezogen und tauschen schüchterne Zärtlichkeiten aus. Doch die Polizei kommt und bringt den Mann in ein Lager, während die Hausfrau sich wieder ihrem Trott zuwendet, in Erwartung der Rückkehr ihres Mannes und ihrer Söhne, die alle eingefleischte Schwarzhemden sind.
Es ist vielleicht ein Schwanengesang, der letzte Film, in dem es Sophia gelingt, nicht »mit Haarspray einbalsamiert« zu sein und sich einer maskenbildnerischen Kunst auszusetzen, die sie älter macht und ihr dennoch gerecht wird, indem sie ihr eine Menschlichkeit wiedergibt, die sie in so vielen kompromißlerischen Produktionen verloren hatte. Sie bewegt sich mit Lidern, die schwer von Müdigkeit sind, breiten Hüften, ungepflegtem Haar, in alltagsgrauen Kleidern. Aber die schöne Sophia tat nicht Buße, schob nur beiläufig die künstlichen Vamps beiseite, die sie, statt ihren reifen Reiz zu erhöhen, wie eine leere Hülle, aufgehängt an einer Krücke, präsentiert hatten.

Sophia war verunsichert genug und sehnsüchtig darauf bedacht, das Publikum die Rollen, die sie aus Habsucht angenommen hatte, und die diversen Affären mit der Justiz vergessen zu machen, um zu glauben, daß sie diesen Weg weiter verfolgen könne. Deshalb akzeptierte sie 1978 das Angebot, in Lina Wertmüllers Film *Fatto di sangue fra due uomini per causa di una vedova, si sospettano moventi politici / Blutfehde* mitzuwirken, der in den zwanziger Jahren spielt. Sophia ist Titina, eine Neapolitanerin, die es in ein kleines sizilianisches Dorf verschlagen hat,

und die sich zwischen zwei Männern teilt und nicht weiß, wer von den beiden der Vater des Kindes ist, mit dem sie schwanger geht. Ein Mafioso drängt sich dazwischen und läßt die beiden »Väter« von Faschisten umbringen, denen Titina auch im Angesicht des Todes nicht sagen kann, wer der wirkliche Vater ist. *Fatto di sangue* ist abermals ein Klotz von einem Drama, langweilig und selbst lächerlich, Welten entfernt von der Balance und dem Adel von *Una giornata particolare*.
Bei den Dreharbeiten ging es heiß her. Die Kleindarsteller und die Komparsen streikten für höhere Gagen und umringten den Kleinwagen, in dem Sophia saß, »getarnt« mit großer Brille und Seidenschal um den Kopf. Sie schwenkten Schilder mit dem Text: »Sophia, hau ab.« Sie brüllten, daß sie, die zehn, zwölf Stunden am Set ausharren mußten, 23 000 Lire pro Film verdienten, und die Schauspielerin 650 Millionen, und sich auch noch anmaßte, keine Steuern zu bezahlen.
Sophia hatte Angst. Italien wurde sich immer unähnlicher. Da war die Entführung und Ermordung von Aldo Moro gewesen. Der Terrorismus grassierte. Sie hatte Mühe, zu begreifen, was sich abspielte. Aber es dämmerte ihr, daß *Fatto di sangue* mit seinen »politischen« Absichten, seiner Sicht auf die Mafia, den Faschismus, die Arroganz der Macht und die Gewalt gewisse Gruppierungen verstimmen könnte. Und unter all dem litten ihre Intensität und Nuancierungskunst.

Vielleicht, um rasch wieder einen Erfolg zu haben, oder wegen ihrer Unfähigkeit, den Verlockungen von Produktionen mit internationalem Charakter zu widerstehen, kehrte Sophia gleich darauf zu Filmen zurück, die sich pauschal als spektakulär bezeichnen lassen – *The Brass*

58 Wieder ein Vittorio-De-Sica-Film mit literarischer Vorlage: »Die Reise nach Palermo«, 1974, nach einer Novelle von Luigi Pirandello. Partner in dieser Liebesgeschichte ohne Erfüllung war Richard Burton als Schwager und Reisebegleiter der todkranken sizilianischen Witwe Adriana De Mauro.

59 Als Mutter eines unter Mordanklage stehenden Sohnes mit Jean Gabin in seinem letzten Film: André Cayattes »Das Urteil«, 1974

60/61 Oben: Ihr erster Fernsehfilm war »Flüchtige Begegnung«, 1974, nach Noël Coward mit Richard Burton. – Mitte: Als »Bordsteinschwalbe« neben Marcello Mastroianni in der frivolen Komödie »Die Puppe des Gangsters«, 1974

Gegenüberliegende Seite ▷
63/64 Oben: Als Flüchtlingsfrau Mara mit John Cassavetes als Sicherheitsoffizier in »Verstecktes Ziel«, 1978. Thema dieses MGM-Films ist das Ende des legendären US-Panzergenerals George Patton. – Unten: In Lina Wertmüllers »Blutfehde«, 1978. Partner waren Marcello Mastroianni und Giancarlo Giannini.

62 Mit Martin Sheen und Richard Harris in dem Thriller »Cassandra Crossing«, 1977

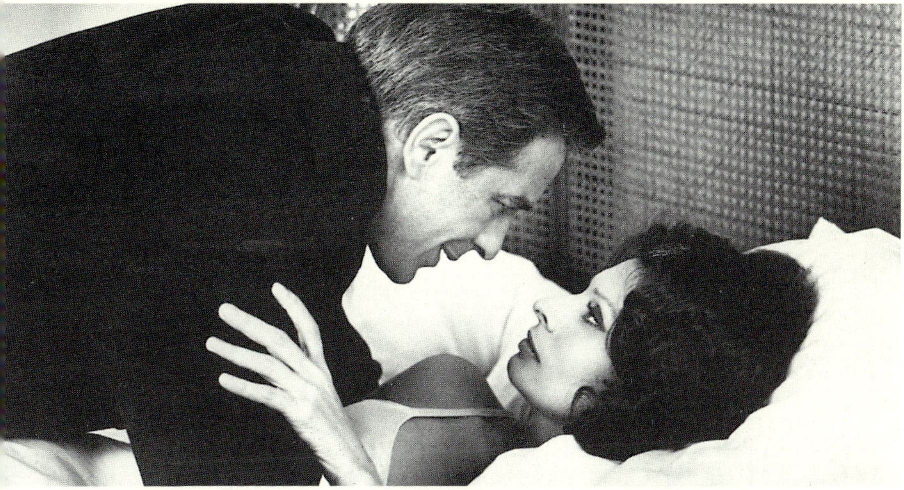

65 Mit Carlo Ponti auf einer Pressekonferenz in Hamburg, 1975

66 Als ihre eigene Mutter Romilda Villani (in Greta-Garbo-Maske) in dem TV-Film »Sophia Loren: Mein Leben«, 1980

7 In dem englischen Film »Firepower«, 1979

2/73 Oben: Mit Marcello Mastroianni
:meinsame Überreichung des Oscars für sein
:benswerk an Federico Fellini in Los
ngeles, 1993. – Mitte: Mit Sohn Edoardo,
991

Gegenüberliegende Seite
8–71 Oben links: Mit Edward James
lmos in der amerikanischen TV-Produktion
Mamma Lucia«, 1988. – Oben rechts: Noch
nmal Cesira – 1989 verfilmte Dino Risi fürs
ernsehen Moravias »La ciociara« ein zweites
lal. – Mitte: In Lina Wertmüllers TV-Film
Samstag, Sonntag, Montag«, 1990, als Prio-
n Donna Rosa. – Der bisher letzte Kinofilm:
obert Altmans »Prêt-à-porter«, 1995, wieder
it Marcello Mastroianni

4 Als Stargast bei der Berlinale, 1994

75 Bei der Verleihung des Golden Globe für ihr Lebenswerk, 1995

76 Die Familie: Mit Ehemann Carlo Ponti, den Söhnen Edoardo,Carlo jr. und dessen Freundin Odile della Fuente al Ortega, 1994

Target/Verstecktes Ziel und *Firepower*. Das eine Mal die x-te Andekdote über den Zweiten Weltkrieg und die mutmaßlichen Hintergründe des tödlichen Autounfalls des General Patton im Zusammenhang mit einem Goldschatz der Nazis, in der Sophia eine unglaubwürdige Hobby-Detektivin polnischer Abstammung zu spielen hat; das andere Mal ein Durcheinander, das in der Karibik gedreht wurde, in dem sich die Schauspielerin im Kostüm der auf Rache bedachten Witwe eines Chemikers erniedrigt, der ermordet wurde, weil er die schädlichen Wirkungen eines Arzneimittels herausgefunden hatte.
Zwei Filme, die Sophia nicht das Geringste bieten konnten, es sei denn, daß sie in *The Brass Target* neben dem von Intellektuellen geschätzten John Cassavetes spielen konnte und in *Firepower* mit James Coburn, Eli Wallach und anderen vorzüglichen amerikanischen Profis. Die Unsicherheit und Konfusion nahmen derartige Dimensionen an, daß gerüchtweise sogar verlautete, sie würde einen Film mit Muhammad Ali alias Cassius Clay drehen: die glorreiche Allianz von Sport und Spektakel, die Allianz zweier »Rekord«-Körper.

Inzwischen hagelte es weitere Dachziegel. Die Schauspielerin wurde in Italien zu dreißig Tagen Gefängnis wegen Steuerhinterziehung verurteilt. »Es ist nicht meine Schuld, daß ich in diese Situation geraten bin«, erklärte sie, »es ist nicht so, daß ich nicht zahlen wollte, es war ganz einfach ein Versehen meines Steuerberaters.«
In Wirklichkeit war die Geschichte ziemlich verwickelt. 1963 hatte sich ihr Steuerberater auf den Standpunkt gestellt, es sei nicht nötig, ihre Einkünfte in Italien anzugeben, da Sophia im Ausland lebte, französische Staatsbürgerin war und ihr Geld ausschließlich im Ausland verdient

und auch versteuert hatte. Zehn Jahre später machte sich der italienische Fiskus daran, die Fälle aller Steuerflüchtlinge nochmals zu überprüfen, um sie endlich auf die Reihe zu bringen. Sophias Steuerberater beging einen zweiten Irrtum. Statt sie ein Gesuch um Straferlaß unterzeichnen zu lassen, das ihr ermöglicht hätte, von der Amnestie zu profitieren, die im selben Jahr erging, ließ er sie ein anderes Dokument unterschreiben, in dem sie sich implizit schuldig bekannte, keine Angaben über ihre Einkünfte gemacht zu haben.

Es war ein vertitables Unglück. Auf eine erste und zweite Verurteilung zu vier Monaten Haft folgte 1980 das endgültige Urteil des Kassationsgerichts, das die vier Monate in eine einmonatige Haftstrafe und eine Geldbuße von 12 Millionen Lire umwandelte. Zum ursprünglichen Problem war noch ein weiteres gekommen – sie hatte für das Jahr 1974 ihre Einkünfte von 920 Millionen Lire nicht deklariert. Die Haftstrafe mußte abgebüßt werden.

Zwei Jahre lang betrat die Schauspielerin nicht italienischen Boden, um dem Gefängnis zu entgehen. Doch die Mutter Romilda wollte sie nicht besuchen, weil sie sich zu alt und schwach fühlte. Ponti hatte seine eigenen Scherereien und konnte ihr nicht beistehen. Schließlich beschloß Sophia nach Beratschlagung mit ihren Anwälten, sich der harten Prüfung zu unterziehen. Die Zeitungen versuchten, herauszubekommen, wo man sie einbuchten würde. Sie tippten auf das Gefängnis von Pesaro, in dem Sophia unter einem Dach mit dem Terroristen Patrizio Peci gewesen wäre; oder auf das von Rebibbia, auch dieses mit »politischen« Gefangenen überfüllt. Statt dessen traf sie mit einer Maschine aus Genf am 21 Mai 1982 in Rom ein und wurde in das Gefängnis von Caserta eskortiert.

Ein echtes Delirium brach aus, nicht nur in der Presse. So-

phia sagte, als sie aus dem Flugzeug stieg: »Ich bin gekommen, weil ich Italien liebe.« Ein Satz, der wie eine Wiedergutmachung jenes anderen klang, den Luigi Compagnone gebrandmarkt hatte, jenes Satzes, in dem sie feierlich kundgetan hatte, daß sie nie mehr in ihr Vaterland zurückkehren wolle. Die Massen drängten sich in Rom und Caserta um sie, als ob sie für eine Filmszene engagiert worden wären. Alle wollten sie berühren, schrien ihren Namen und reckten ihr Sträuße mit roten Rosen und Feldblumen entgegen. Sophia vergoß weitere Tränen, diesmal wieder vor Freude.
Die Haftzeit, die neunzehn Tage dauerte, wurde Minute für Minute verfolgt. Man erfuhr, daß sie geregelt Speisen zu sich nahm, die außerhalb des Gefängnisses gekauft worden waren, daß sie selbst ihre Zellenkleidung ausgesucht hatte, die aus einem Paar Jeans, einer gelbblauen Bluse und Schuhen mit niedrigen Absätzen bestand, daß sie sich sorgfältig schminkte und nicht um Zeitungen, sondern ein paar Bücher gebeten habe und daß sie mit dem Kindermädchen der Söhne Cipì und Dodò Kontakt hatte. Einige Fotografen verkauften Aufnahmen, die Sophia hinter Gittern zeigten, aber die Betroffene erklärte sie gelassen für Fotomontagen. Was waren Fälschungen schon wert?
Als die Diva aus dem Gefängnis kam, gab es ein neues Delirium. Man durfte erfahren, daß sie um 5 Uhr 30 aufgestanden war, sich geduscht und Kaffee mit Milch getrunken hatte. Kaum war sie in einen Mercedes gestiegen, wurde sie wie gewohnt von den Fotografen überfallen. Der Chauffeur rammte bei dem Versuch, ihnen zu entkommen, ein geparktes Auto. Die Fotografen hatten immerhin erkennen können, daß Sophia eine beige Bluse und einen rotgelben Seidenschal trug.

Erst in Rom, vor den Kameras und Mikrofonen einer Nachrichtensendung des Fernsehens, faßte die Schauspielerin die Eindrücke ihres Gefängnisaufenthalts zusammen: »Es waren unendlich lange, endlose Tage. Es ist eine Erfahrung, die einen außerordentlich bereichert, denn wenn man sich zwischen vier Mauern befindet, die von Gittern umgeben sind, mit Türen, die sich schließen, ohne daß man einen Schlüssel hat, sie wieder zu öffnen, gewinnt man Erkenntnisse, die man nie wieder vergißt.«
Der Interviewer hakte nicht nach, welche. Aber der Soziologe Franco Ferrarotti hatte den Kommentar bereits geliefert: »Wenn es auch zutrifft, daß ihre Entscheidung, sich zu stellen, von großer Stärke zeugt, so ist es ebenso wahr, daß es sich unausbleiblich um eine glänzende kommerzielle Unternehmung gehandelt hat, die sie wieder spektakulär puschen wird.«
Die »kommerzielle Unternehmung«, so hieß es, habe dazu gedient, das Terrain für einen neuen Film zu bereiten – die Adaption des Romans »Tieta aus Agreste« von Jorge Amado durch Lina Wertmüller –, eine Initiative, die Sophia allein ergriffen hatte, ohne dieses eine Mal auf die Ratschläge des Gatten zu hören. Was war zwischen den beiden vorgefallen? Hatte sie ihren Kopf durchgesetzt, oder war es ein Zeichen, daß Sophias Liebe wegen des 45jährigen Pariser Arztes erkaltet war?
Eine gewiße Abkühlung hatte es gegeben, wenn auch nur für kurze Zeit. Sophia schenkte Ponti wieder ihr Ohr, verzichtete auf die Anzahlung auf die von ihr geforderte üppige Gage und ließ die Regisseurin im Regen stehen. Gerade war der Bankier Roberto Calvi unter der Blackfriars Bridge in London erhängt aufgefunden worden. Der Banco Ambrosiano, der an der Finanzierung des Films beteiligt war, zog sich zurück. Ein Skandal hinter einem ande-

ren Skandal, dem von Michele Sindona, Licio Gelli, der Loge P2. Hatten Sophia und Carlo den Braten gerochen? Die Produzenten der Gaumont hatten ihre eigene Version: »Alles kam nur daher, weil Sophia nach ihrer Gefängnisgeschichte den Preis erhöhte, als ob das, was ihr der Vertrag zusicherte, nicht schon genug gewesen wäre...«
Das verhängnisvolle Jahr 1982 hatte noch mehr Unannehmlichkeiten in petto. Die Gemäldesammlung des Ehepaares Loren/Ponti, 156 Meisterwerke mit einem Gesamtwert von rund 5 Milliarden Lire, die Jahre vorher vom Zoll beschlagnahmt worden waren, bereits verpackt zum Abflug in die Schweiz, wurden zu Staatseigentum erklärt und wanderten in die Brera in Mailand und in das Museum in Caserta. Zehn Bilder von Morandi, elf Werke von Francis Bacon, vierzig Zeichnungen von Grosz, achtzig Arbeiten von Morlotti, Gemälde und Zeichnungen von Picasso, Modigliani, Balla, De Chirico, Magritte, Renoir, Matisse ... das waren die »Habseligkeiten«, die über die Grenze hatten gebracht werden sollen.

19. Kapitel

Lebendes Kulturgut

Als sie über die Schwelle des Gefängnisses von Caserta trat, hatte Sophia in ihrem Leben einen Strich gezogen. Von nun an war nichts mehr so wie früher. Ihre Entscheidung, was auch der Grund dafür gewesen war, markierte einen Abschied von der Vergangenheit und hatte unvorhersehbare Auswirkungen. Wenn auch Sophias Rückkehr in die Heimat, um eine Strafe abzubüßen, vielen wie eine Reue erschien, die man annehmen, der man aber auch als einer neuen Darbietung der Diva applaudieren konnte; wenn diese Rückkehr Sophia auch in die unmittelbare Nähe ihres Neapel zurückbrachte und damit symbolische Bedeutung bekam, so handelte es sich in Wirklichkeit doch um ein unerwartetes Schlußkapitel zum Roman des ehemaligen Mädchens aus Pozzuoli, um ein vorweggenommenes Finale.

In diesem Jahr 1982 war Sophia achtundvierzig, eine reiche und reife Frau, befrachtet mit Filmen, überhäuft mit Ehrungen, aber immer noch jung genug, um nicht der Versuchung zu erliegen, eine endgültige Billanz zu ziehen. Sie hätte sich ein Beispiel an Katharine Hepburn nehmen können, die mit achtundvierzig in *Summertime / Traum meines Lebens* mit Rossano Brazzi gespielt hatte und in höherem Alter dreimal den Oscar bekam – mit sechzig für

Guess Who's Coming to Dinner?/Rate mal, wer zum Essen kommt, mit einundsechzig für *The Lion in Winter / Der Löwe im Winter* und mit vierundsiebzig für *On Golden Pond / Am goldenen See*. Oder an Joan Crawford, die sich mit achtundvierzig nicht scheute, in *Johnny Guitar / Johnny Guitar, gehaßt, gejagt, gefürchtet* ihr Älterwerden schonungslos zur Schau zu stellen, und mit sechsundfünfzig in *Whatever Happened to Baby Jane / Was geschah wirklich mit Baby Jane?* eine alte Frau im Rollstuhl spielte. Beide waren in ihrer Jugend Schönheiten gewesen und hatten ihr Talent im Lauf der Zeit geläutert, nicht anders als Sophia.

Um andererseits nach den ehernen und erbarmungslosen ungeschriebenen Gesetzen des Films zu Legende zu werden, hatte eine wahre Diva entweder jäh und dramatisch aus dem Leben gerissen zu werden wie Marilyn, oder mußte nicht nur von der Leinwand, sondern auch von der Bildfläche verschwinden wie Greta Garbo.

Keine dieser Diven wäre auf die Idee gekommen – oder hätte sich von einem törichten Berater beschwatzen lassen –, vor der Zeit ihre Memorien zu schreiben. Sophia hatte es nicht lassen können und drei Jahre, bevor sie in ihre Zelle in Caserta gebracht wurde, fünfundvierzigjährig mit Aaron E. Hotchner ihre Autobiographie verfaßt: »Sophia. Leben und Lieben«. Das Buch, das dem Märchenklischee vom armen Mädchen aus Pozzuoli treu bleibt, das den Gipfel des Ruhms erreicht, schlug ein und erzielte in den Vereinigten Staaten und in den Ländern, in denen es übersetzt wurde, hohe Auflagen. Aber kein italienischer Verleger wollte die Rechte erwerben, sehr zum Mißvergnügen Sophias, die erkennen mußte, daß ihre verfrühte Selbstweihräucherung im Vaterland für wenig interessant gehalten wurde.

Allerdings kam ein amerikanischer Produzent auf den Gedanken, seinen Nutzen aus dem Erfolgsbuch zu ziehen und einen zweiteiligen Fernsehfilm, *Sophia Loren: Her Own Story/Sophia Loren: Mein Leben*, darüber zu drehen. Sophia spielt in einer Doppelrolle sich selbst und ihre Mutter; Edmund Purdom, der im Hollywood am Tiber vor allem wegen seiner wilden nächtlichen Streifzüge mit Linda Christian in Erinnerung geblieben war, strengt sich an, der große Vittorio De Sica zu sein; und John Gavin versucht, Cary Grant zu mimen, den einzigen Verehrer, den Sophia vor und nach der Hochzeit mit Ponti würdig erachtet hatte, ihr den Hof zu machen.
Der Film gefiel dem amerikanischen Fernsehpublikum nicht übermäßig und anderswo noch weniger. Viele Länder kauften ihn nicht einmal an. Sophia kam nicht gut dabei weg. Sie hatte schon öfter Fehler gemacht, in Filmen mitgespielt, die ihren Fähigkeiten und ihrer Schönheit nicht gemäß waren, diesmal irrte sie sich in der ersten Person Singular, indem sie sich in Szene setzte und ein Leben enthüllte, das keine speziellen Geheimnisse zu bieten hatte, aber immerhin die Würze einer wahren Geschichte aus Hoffnung und Leiden. Unter den Produktionsbedingungen für den kleinen Bildschirm bekam diese wahre Geschichte jedoch Ähnlichkeit mit *Dallas* oder *Denver Clan* und wirkte so »italienisch« wie eine Pizza von McDonald's.
Dieser Schimpf, der nicht so sehr die Schauspielerin betraf, sondern das doppelte kostenlose Monument, zu dem Sophia sich hatte hochstilisieren wollen, hatte gravierende Konsequenzen. So blieb das Remake von *The Rose Tattoo* eine Utopie, jenes Films, der Anna Magnani 1955 den Oscar eingebracht hatte. Sophia war bereit gewesen, die Erinnerungen an die Polemiken aus den Zeiten von *La*

ciociara zu begraben, aber Ponti gelang es nicht, die Produktion unter Dach und Fach zu bringen. Auch von ihm kam nur noch heiße Luft. Es platzte auch ein Projekt mit dem exaltierten englischen Regisseur Ken Russell, der sich hauptsächlich auf das Ausschlachten toter Komponisten spezialisiert hatte: eine filmische Paraphrase über Maria Callas. Für Sophia, die sich mit der gequälten Existenz der Primadonna in gewisser Weise solidarisch fühlte, wäre es außerdem eine erregende Reminiszenz an ihre stummen Anfänge in Opernfilmen gewesen. Doch die Finanziers zogen sich zurück, vielleicht, weil sei eine Profanierung befürchteten.

Es blieb nur noch ein Knalleffekt: der Gang ins Gefängnis. Einerseits konnte sie mit dieser einen Geste ihre Probleme mit der Justiz lösen, indem sie den Beweis für ihre Zerknirschung lieferte; andererseits konnte sie die Sympathien der Menschen wiedergewinnen, die sie inzwischen als habgierige, seelenlose Fremde ansahen, die sich egoistisch in ihrer Familie und den Geschäften einer Diva abgekapselt hatte.

Wie wir gesehen haben, stellte sich das Resultat ein. Das Bild des Stars in Ketten, oder zumindest der Strenge des Kerkers ausgeliefert, brachte die Menschen auf der Straße in Bewegung. Aber in ihrem Inneren berührte es sie nicht. Sophia war wieder die alte geworden, doch das Publikum hatte sich verändert.

Das Fernsehen diktierte die neuen Spielregeln. Die Filmsterne neigten sich dem Horizont zu, wurden durch weniger strahlende Sterne ersetzt, die aber ihren matteren Glanz in die Wohnzimmer scheinen ließen, in denen seit vielen Jahren Millionen und Abermillionen vor dem Fernseher hockten. Die Medienexperten, assistiert von Sachverständigen für Massenpsychologie, konnten bestätigen, daß sich die »schützende« Distanz zwischen den Stars und dem Publikum mit dem Fall des Star-Systems verringert hatte. Der Film hatte es zu Kenntnis genommen und neue glamourfreie Schauspielerinnen wie Diane Keaton und Sally Field kreiert. Das Fernsehen feierte die Garbo oder die Dietrich, indem es ihre Filme sendete, förderte aber seine Mündel, die blond und poliert wie die Barbiepuppen waren. Es handelte sich um eine genetische Mutation des Divatums, die das Phantasie-Potential des Star-Systems vernichtete und Stars hervorbrachte, die repräsentativ alles abdeckten und sich gewöhnlich und stinknormal gaben, als Menschen wie du und ich.

Sophia konnte es ablehnen – und das tat sie auch –, als Gaststar im *Denver Clan* aufzutreten, aber daß sie sich ausgerechnet mit ihrer eigenen Biographie in den Dunstkreis des Fernsehens begab, war eine Kapitulation: sie akzeptierte, daß Hollywoods große italienische Diva eine gewöhnliche, stinknormale Person wie du und ich wurde, des Charismas und des heiligen Schauers beraubt, ein entsextes Wesen. Vorbei die Zeiten, in denen die amerikanische Presse für ihre sexuelle Ausstrahlung Formulierungen gefunden hatte, die in die Alltagssprache eingingen. In denen man über einen faulen Sack spottete, daß er »nicht einmal vor einer nackten Sophia Loren« in Aktion kommen würde.

Natürlich war es auch eine Frage des Alters, doch das Fernsehen hatte den Prozeß der »Entzauberung« beschleunigt, wie Arthur Marwick in seiner »Sozialgeschichte der Schönheit« feststellt. Magie hatte im Weltbild einer gewöhnlichen, banalen Rationalität keinen Platz mehr. Aber zu diesem Verlust hatte Sophia beigetragen, indem sie sich als Diva assoluta selbst entthront hatte. Die

Leute liefen zum Gefängnis, um der Erinnerung an die Diva zu applaudieren, doch als Publikum hielten sie ihr im Kino immer weniger die Treue und verfolgten sie mit wenig Enthusiasmus auf dem Bildschirm. Sie war kein Symbol mehr, sondern nur noch ein berühmter Name.
Sophia war die Vertreterin einer »traditionellen« Auffassung der Schönheit gewesen, nach der, wer schön war, auch vollkommen war und mit dem Wahren und Göttlichen identifiziert wurde. Aber im zeitgenössischen Kino, im Fernsehen und in der Mode ist körperliche Schönheit sekundär. Was zählt, ist die Fähigkeit des Schauspielers, des Präsentators, des Modells, dem Publikum quasi »bekannt« vorzukommen, Held der Alltäglichkeit zu sein, einer Normalität, die zu häuslicher Vertraulichkeit führt. Der Fernseher im Wohnzimmer ist das Fenster in eine Realität, in der die eigene Realität reproduziert und erschaffen wird.

Sophia opferte dem neuen Moloch ihr Charisma, um weiter arbeiten zu können, weiter präsent zu sein. Aber sie wurde dadurch zum Wechselbalg, zu einem Zwitterwesen in der Schwebe zwischen dem »verratenen« Erbe ihrer Vergangenheit als Diva und dem neuen Image einer Frau für alle Tage, die zwar ihren Privatbereich hatte, aber kein Geheimnis, das des Nachforschens oder der Bewunderung wert gewesen wäre.
Der Schuh, den sich Sophia mit dem Medium Fersehen anzog, war ihr überdies zu klein. Nach *Her Own Story*, die Mutter Romilda auf die Palme brachte, weil sie darin als »Landpomeranze« dargestellt wurde, ließ sich Sophia 1984 darauf ein, in *Aurora–Qualcosa diy biondo/Aurora* zu spielen, der tränenreichen Pilgerfahrt einer Mutter von einem alten Liebhaber zum anderen, um das nötige Geld

für eine Augenoperation ihres Sohnes zusammenzukratzen. Diesen Sohn spielte ihr Zweitgeborener Edoardo. Die privaten Bezüge riefen nachgerade eine gewisse Antipathie hervor. *Aurora* brachte es in den italienischen Kinos mit Müh und Not auf 87 Millionen Lire und verlor sich anschließend in der großen Masse der Fernsehproduktionen.

Dort landete auch *Viva Sophia*, abermals eine biographische Sendung, hergestellt von einer privaten italienischen Fernsehgesellschaft, die sich anschließend an der Produktion von *Courage / Mit dem Mut der Verzweiflung* und Mario Puzos *Mamma Lucia – The Fortunate Pilgrim / Mamma Lucia* beteiligte, Mini-Serien, die der Kritik als schlecht genießbarer italoamerikanischer Brei erschienen. *Mamma Lucia* zumal war nicht vom Glück begünstigt. Sophia war in der Rolle einer einfachen Ehefrau und Mutter, die von einem Haus auf Long Island träumt, unter anderem durch scheußliche Kleider gehandikapt. Der Kritiker Alvise Sapori schrieb, daß ihre Perücken wie Schimützen gefertigt seien.

Auch ein Remake von *La ciociara*, 1989, erwies sich als keine gute Idee. Cesira war nicht mehr die kraftvolle, leidenschaftliche Sophia von einst, sondern eine müde Interpretin, die nicht viel mehr als guten Willen einbrachte. Der Film, zum Ge- und Verbrauch des Fernsehens hergestellt, lebte nur von den Erinnerungen. Regisseur war nicht mehr Vittorio De Sica, der inzwischen in den Zelluloidhimmel eingegangen war, sondern Dino Risi, der die alten Zeiten nur verbal zu beschwören vermochte: »Ich habe immer eine besondere Sympathie für Sophia gehabt. Ich erinnere mich, daß ich und Flaiano sie ›Miss Vorzimmer‹ nannten, weil sie halbe Tage vor Pontis Büro verbrachte, geduldig, in Erwartung einer kleinen Rolle.

Schon damals hatte sie natürliche Klasse, die Allüre einer Fürstin.«
Schließlich kam 1990 *Sabato, domenica e lunedì/Samstag, Sonntag, Montag*, die berühmte Komödie von Eduardo De Filippo, auf den Bildschirm. Sophia hätte gerne die alte Kumpanei mit Mastroianni erneuert, aber die Produzenten setzten auf De Filippos Sohn Luca. Alles stimmte, bis zu den Interieurs der neapolitanischen Häuser, vollgestopft mit armseligem Mobiliar. Nur die Überzeugungskraft fehlte. Als ob sie sich entschuldigen wollte, gab sich Sophia in Interviews feministisch auf ihre Art: »Im Grunde ist Rosa eine Ehefrau und Mutter, die sich immer für ihre Angehörigen aufgeopfert hat, die aber an einem bestimmten Punkt ihres Lebens verlangt, daß ihre Rolle, ihre Wichtigkeit endlich in ihrem Wert anerkannt werden, und auch die Opfer, die damit verbunden sind. Ein Kampf, den wir Frauen immer noch auszufechten haben.«

Es war der x-te Wendepunkt in ihrem Leben. Nach all den Rollen, die sie gespielt hatte, eroberte sich Sophia mit Entschiedenheit, vielleicht auch mit einem gewissen Zynismus, ein neue Rolle: die der Frau der Öffentlichkeit, ermächtigt durch die zahlreichen Anerkennungen, die ihr zuteil wurden. 1991 wurde ihr der Honorary Academy Award, der Ehren-Oscar für ihr Lebenswerk, verliehen, der sie neben Chaplin, Kurosawa, Greta Garbo, Mary Pickford, Orson Welles, Barbara Stanwyck und den Freund Cary Grant stellte. Darauf empfing sie aus den Händen von Präsident Mitterrand das Abzeichen der französischen Ehrenlegion und bekam den César, den französischen Oscar. 1992 war sie die Berufenste, um in Hollywood, gemeinsam mit Marcello Mastroianni, Fellini den Ehren-Oscar zu überreichen. Und im März 1994 setz-

te sie die Abdrücke ihrer Hände vor Grauman's Chinese Theatre neben die der anderen Götter Hollywoods.
Sophia wurde zum lebenden Kulturgut. Früher war sie für ihre – spontane oder wohlpräparierte – Schlagfertigkeit zitiert worden: »Alles, was Sie sehen, verdanke ich den Spaghetti.« Oder: »Sex-Appeal ist zu fünfzig Prozent das, was man mitbekommen hat, und zu fünfzig Prozent das, was die Leute denken, daß man mitbekommen hat.« Nun wurde sie ständig über alles nur Denkbare interviewt. Über den Golfkrieg: »Es kommt mir vor, als ob im Fernsehen ein Alptraum zurückkommt, die Bestialität Hitlers, der Terror, der durch den Luftschutzalarm angekündigt wurde, die Zerstörung durch die Bombenangriffe. Es ist nicht anders als damals. Und auf wessen Seite soll man stehen? Wenn Krieg ausbricht, haben alle unrecht.« Über das Fernsehen: »Die Medien sind gewalttätig. Ich bin über das Tollhaus Fernsehen schockiert. Über all die Verkleidungen und Maskeraden. Als ob ständig Karneval wäre.« Über Somalia, wohin sie die UNO als Friedensbotschafterin in der Nachfolge von Audrey Hepburn entsandt hatte: »Ich bin gegangen, weil mein Name helfen konnte, der Welt diese Tragödie bewußt zu machen. Nachdem ich gesehen habe, wie sehr die Kinder und die Erwachsenen leiden, bete ich, daß – wie Salvatore Di Giacomo in einem Gedicht schreibt – all diese Verlassenen von den Schutzengeln aufgelesen und ins Paradies geführt werden.«

Inzwischen verlor der italienische Film Millionen von Zuschauern, reduzierte drastisch seine Produktion (von 277 Titeln im Jahr 1972 auf 127 im Jahr 1992), während der amerikanische Marktanteil auf achtzig Prozent stieg. Konnte Sophia helfen? Von einem Verein der Freunde der darstellenden Kunst wurde sie Präsident Cossiga als Senatorin auf Lebenszeit vorgeschlagen. Andere hätten sie lieber als Bürgermeisterin von Pozzuoli gesehen. Die Schauspielerin hatte der Stadtbücherei gerade fünftausend Bände geschenkt. Pozzuoli, geschlagen von der Strandverschiebung, der auch das Haus, in dem sie als Kind gelebt hatte, zum Opfer gefallen war, versprach ihr sogleich ein veritables Standbild in der Mitte des Ortes. Und Pozzuoli wollte sie auch als Schirmherrin der Archäologischen Sektion in der Region gewinnen.

Alle wollten sie, nur nicht der Film und nicht einmal das Fernsehen, in dem die Tänzerinnen und Showgirls mit blauen Augen und Locken obligatorisch geworden waren. Bei Umfragen hielt sich Sophia noch immer an der Spitze der bekanntesten italienischen Persönlichkeiten, das war zwar angenehm und tröstlich, hatte aber keine Auswirkungen. Die Illustrierten schrieben noch über sie, aber nur, um zu erwähnen, daß sie die Tante von Alessandra Mussolini sei, oder daß sie durch Vermittlung ihrer Schwester Maria, deren Ehe mit Romano Mussolini inzwischen auseinandergegangen war, während der Dreharbeiten zu *Boccaccio '70* Mussolinis Witwe Donna Rachele kennnengelernt habe, und daß die beiden Höflichkeiten ausgetauscht hätten.

»Ich lebe in einem Jahrhundert, das mir nicht gemäß ist«, erklärte sie nun jenen Journalistinnen, die sie vor vielen Jahren nach der Verleihung des Oscar oder nach der zweiten Eheschließung mit Ponti aufgesucht hatten. »Meine Ansichten sind von der alten Art. Ich bin ein geruhsamer Mensch. Ich fühle mich mehr der Generation meiner Großmutter zugehörig. Das hier ist eine verworrene Gesellschaft. Es ist ermüdend, in dieser Welt zu leben. Ich möchte nicht mit Nachrichten bombardiert werden. Ich

möchte meine eigene Auswahl treffen. Aber auszuwählen ist die schwierigste Sache der Welt geworden.«
Und Ponti? Er schwieg. Er hörte zu, wie die schöne Frau, die er beim Schönheitswettbewerb um die Miss Lazio kennengelernt hatte, sagte: »Ich glaube an die Unsterblichkeit der Seele, nicht an die Wiedergeburt«; oder: »Die Leiden, auch die grausamsten, willkürlichsten und ungerechtesten, haben ihre Existenzberechtigung. Irgend jemand – ich glaube, Saul Bellow – hat geschrieben, daß das Leiden das Schweigen der Seele durchbricht«; oder auch: »Das Unglück dient dazu, den Menschen zu läutern. Aus Schmerzen habe ich jedesmal neue Energie gewonnen.«
Der Ex-Produzent, der ehemalige Korsar auf den Weltmeeren des Kinos, schaute mit Liebe auf diese fast sechzigjährige Frau, die Saul Bellow zitierte, und zwar an die Unsterblichkeit der Seele, aber nicht an die Wiedergeburt glaubte, ausgerechnet sie, die der Triumph des Fleisches gewesen war. Ponti war glücklich. Er hatte an der Seite einer der meistgeliebten und -begehrten Frauen des Films gelebt und konnte in Ruhe vor dem Fernseher auf dem weichen Sofa im Haus in Los Angeles einschlafen. Und vielleicht davon träumen, daß sie auf die Frage Roberto Gervasos: »Welche Rolle würden Sie in einer Revolution für sich in Anspruch nehmen?« geantwortet hatte: »Kandidatin für das Bild auf den neuen Briefmarken«; und auf die Frage: »Wer ist Ihrer Meinung nach die schönste Frau der Welt?« geseufzt hatte: »Die Sphinx.«
Sophia ist eine Sphinx: schön, geistvoll, zutiefst unruhig, trotz des äußeren Scheins. Und Ponti wartet, bis sie wieder von einer Mission im Ausland zurückkehrt, oder von der Präsentation eines ihrer »restaurierten« Filme, der Publicity-Campagne für ein Parfüm oder dem Besuch eines ihrer Stylisten.

Anhang

Filmographie
(soweit feststellbar)

Diese und die nachfolgende TV-Übersicht wurden auf der Basis der Verzeichnisse der Original-Buchausgabe von Maurus Pacher und Peter Spiegel ergänzt.

Die deutschen Kinotitel (ggf. auch ein zweiter Verleihtitel) werden nach dem bzw. den Originaltitel(n) und hinter dem Schrägstrich genannt. Fehlt diese Angabe, wurde der Film im deutschsprachigen Raum, ausgenommen der Schweiz, nicht gezeigt bzw. ausgestrahlt. Sind Original- und deutscher Titel identisch, wird dieser nach dem Schrägstrich ein zweites Mal genannt. Bei Filmen mit mehreren Produktionsländern wurde nur der Kinotitel des Hauptproduktionslandes genannt.

A = österreichischer Kinotitel (wenn er vom deutschen abweicht; I, F, USA, E, Pa, GB, BRD, CDN = Produktionsland Italien, Frankreich, USA, Spanien, Panama, Großbritannien, BRD, Kanada); TV = Fernsehtitel in Deutschland und Österreich.

P = Produzent; R = Regisseur, D = Drehbuch, M = Musik, ML = Musikalischer Leiter, K = Kameramann, Ch = Choreograph

Als Sofia Scicolone:

1949
Cuori sul mare (I/F)
P: Cine/Albatros, R: Giorgio Bianchi
Mit Jacques Sernas, Milly Vitale, Doris Dowling, Charles Vanel, Marina Berti, Sofia Scicolone (Ein Mädchen im Ristorante »Zì Teresa«)

1950
Il voto (I)
P: A.R.A. Film, R: Mario Bonnard
Mit: Doris Duranti, Maria Grazia Francia, Giorgio De Lullo, Roberto Murolo, Sofia Scicolone (Ein Mädchen aus dem Volk beim Fest von Piedigrotta)

Totò-Tarzan (I)
R: Mario Mattoli
Mit Totò, Marilyn Buferd, Tino Buazzelli, Sofia Scicolone (Ein Mädchen aus dem Tototarzan-Verein)

1951

Quo vadis / Quo vadis (USA)
P: Sam Zimbalist (für MGM), R: Mervyn Le Roy, D: John Lee Mahin, S. N. Behrman, Sonya Levien nach dem Roman von Henryk Sienkiewicz, K: Robert Surtees, William V. Skall, M: Miklos Rosza
Mit Robert Taylor, Deborah Kerr, Peter Ustinov, Leo Genn, Patricia Laffan, Sofia Scicolone (Das Mädchen, das dem Triumphzug des Vinicius zujubelt)

Luci del varietà / Lichter des Varieté (I)
P: Federico Fellini und Alberto Lattuada (für Capitolium Film), R: Alberto Lattuada, Federico Fellini, D: Federico Fellini, Alberto Lattuada, Tullio Pinelli, Ennio Flaiano, K: Otello Martelli, M: Felice Lattuada
Mit Peppino De Filippo, Carla Del Poggio, Giulietta Masina, John Kitzmiller, Folco Lulli, Franca Valeri, Carlo Romano, Sofia Scicolone (Eine Tänzerin, die die Treppe herunterkommt)

Le sei mogli di Barbablù (I)
P: Golden Film, R: Carlo Ludovico Bragaglia
Mit: Totò, Isa Barzizza, Mario Castellani, Luigi Pavese, Carlo Ninchi, Arturo Bragaglia, Sofia Scicolone (Eines der Mädchen, die von Blaubart entführt werden)

Io sono il Capataz (I)
P: Jolly Film, R: Giorgio Simonelli
Mit Renato Rascel, Silvana Pampanini, Marilyn Buferd, Luigi Pavese, Virgilio Riento, Sofia Scicolone (Die Sekretärin des Diktators)

Milano Miliardaria (I)
P: Mambretti Prod., R: Vittorio Metz, Marcello Marchesi, Marino Girolami, D: Vittorio Metz, Marcello Marchesi, Marino Girolami, K: Tonino Delli Colli
Mit Tino Scotti, Isa Barzizza, Aroldo Tieri, Dante Maggio, Franca Marzi, Vera Carmi, Sofia Scicolone (Das Buffetfräulein)

Anna / Anna (I)
P: Carlo Ponti und Dino De Laurentiis (für Lux Film), R: Alberto Lattuada, D: G. Berti, Dino Risi, Ivo Perilli, Franco Brusati, Rodolfo Sonego, K: Otello Martelli, M: Nino Rota
Mit Silvana Mangano, Raf Vallone, Vittorio Gassman, Jacques Dumesnil, Gaby Morlay, Sofia Scicolone (Gassmans Assistentin im Nightclub)
Erst 1952 angelaufen.

Lebbra bianca (I)
R: Enzo Trapani
Mit Ermanno Randi, Louis Maxwell, Amedeo Nazzari, Sofia Scicolone (Ein Mädchen in der Pension Gorini)

Il sogno di Zorro / Zorro, der Held – Im Zeichen des Zorro (I)
P: Niccolo Theodili (für ICS), R: Mario Soldati, D: Vittorio Metz, Ruggero Maccari, Toni Amendola, Alessandro Continenza, K: Carlo Montuori
Mit Walter Chiari, Delia Scala, Michèle Philippe, Vittorio Gassman, Luigi Pavese, Carlo Ninchi, Sofia Scicolone (Conchita)

Il mago per forza (I)
P: Giuseppe Amato (für Mambretti Prod.), R: Vittorio Metz, Marchello Marchesi, Marino Girolami, D: Vittorio Metz, Marcello Marchesi, Marino Girolami, K: Mario Albertelli
Mit Tino Scotti, Isa Barzizza, Adriano Rimoldi, Aroldo Tieri, Dorian Gray, Franco Volpi, Mirella Umberti, Sofia Scicolone (Die Braut)
Erst 1952 angelaufen.

Als Sofia Lazzaro:

È arrivato l'accordatore (I)
P: Itala/Titanus, R: Duilio Coletti, D: Mario Amendola, Ruggero Maccari, Ange Borselli, K: Renato Del Frate, M: Armando Fragna
Mit Nino Taranto, Alberto Sordi, Tamara Lees, Antonella Lualdi, Ave Ninchi, Virgilio Riento, Sofia Lazzaro (Eine Freundin von Antonella Lualdi)

Era lui ... sì, sì! (I/F)
P: Giovanni Amati und Dario Sabatello, R: Vittorio Metz, Marcello Marchesi, D: Vittorio Metz, Marcello Marchesi, Marino Girolami,

K: Tonino Delli Colli, M: Nino Rota
Mit Walter Chiari, Silvana Pampanini, Isa Barzizza, Carlo Campanini, Enrico Viarisio, Fanfulla, Nita Dover, Sofia Lazzaro (Das Modell im Brautkleid/ Die Odaliske)

1952
La favorita (I)
P: M.A.S., R: Cesare Barlacchi, D: Cesare Barlacchi nach der gleichnamigen Oper von Gaetano Donizetti, K: Massimo Dallamano, M: Gaetano Donizetti
Mit Paolo Silveri, Sofia Lazzaro (Leonora di Guzman – Gesangsstimme: Palmira Vitali Marini), Gino Sinimberghi, Franca Tamantini

Als Sofia Loren:

1953
Africa sotto i mari / Weiße Frau in Afrika (I)
P: Titanus/Phoenix, R: Giovanni Roccardi, D: Alessandro Di Stefani, K: Angelo Jannarelli, M: Angelo F. Lavagnino
Mit Steve Barclay, Sophia Loren (Barbara), Alessandro Fersen, Antonio Bardi, Umberto Malnati

La tratta delle bianche / Mädchenhandel (I)
P: Carlo Ponti und Dino De Laurentiis (für Excelsa), R: Luigi Comencini, D: Massimo Patrizi, Ivo Perilli, K: Antonio Trasiotti, M: Armando Trovaioli
Mit Eleonora Rossi Drago, Silvana Pampanini, Ettore Manni, Vittorio Gassman, Marc Lawrence, Sophia Loren (Elvira)

Aida (I)
P: G.Castilli (für Oscar Film), R: Clemente Fracassi, D: G. Castilli, A. Gobbi, Y. Salvucci nach der gleichnamigen Oper von Giuseppe Verdi, Ch: Margarita Wallmann, K: Piero Portalupi, M: Giuseppe Verdi, ML: Renzo Rossellini, Ch: Margarita Wallmann
Mit Sophia Loren (Aida – Gesangsstimme: Renata Tebaldi), Lois Maxwell, Luciano Della Marra, Afro Poli, Vittorio Caprioli, Yvette Chauviré, Léonide Massine

Ci troviamo in galleria (I)
P: Athena/Enic, R: Mauro Bolognini, D: Fede Arnaud, Steno, Ales-

sandro Continenza, Lucio Fulci, Mauro Bolognini, K: Mario Scarpelli, M: Carlo Rustichelli
Mit Carlo Dapporto, Sophia Loren (Marisa), Nilla Pizzi, Gianni Cavalieri, Alberto Sordi

La domenica della buona gente (I)
TV: »Sonntag in Rom«
P: Giovanni Addassi (für Trionfalcine), R: Anton Giulio Majano, D: Vasco Pratolini, Gian D. Giani, Massimo Mida, K: Alberto Albertini, M: Nino Rota
Mit Maria Fiore, Sophia Loren (Ines), Renato Salvatori, Fiorenzo Fiorentini, Carlo Romano

Un giorno in pretura / Drei Sünderinnen – Die Sünderinnen (I)
P: Carlo Ponti und Dino De Laurentiis (für Excelsa/Documento), R: Steno (Stefano Vanzina), D: Lucio Fulci, Alberto Sordi, Alessandro Continenza, K: Marco Scarpelli
Mit Peppino De Filippo, Giulio Calì, Turi Pandolfini, Silvana Pampanini, Sophia Loren (Die Diebin Anna), Leopoldo Trieste, Tania Weber, Walter Chiari, Alberto Sordi

Il paese dei campanelli (I)
P: Dino De Laurentiis (für Valentia Film), R: Jean Boyer, D: nach der Operette von Lombardo und Ronzato
Mit Sophia Loren (Bonbon), Alda Mangini, Mario Riva, Carlo Dapporto, Alberto Sorrentino, Achille Togliani, Les Frères Jacques

Tempi nostri / Tempi nostri (Episode: La macchina fotografica / Der Fotoapparat) (I/F)
P: V. Pratolini (für Cines/Lux/Comp. Cin. De France), R: Alessandro Blasetti, D: Suso Cecchi D'Amico, Alessandro Blasetti, K: Gabor Pogany
Mit Totò, Sophia Loren (Die junge Frau), Silvio Bolognini

Pellegrini d'amore / Für Männer gefährlich – ... und keinen läßt sie schlafen (I)
P: Tullio Aleardi (für Pisorno), R: Andrea Forzano, D: Andrea Forzano, T. Ziglini, K: Flavio Mogherini
Mit Alda Mangini, Enrico Viarisio, Sophia Loren (Beppina Delli Colli/Giulietta), Charles Rutherford, Vic Dane

1954

Due notti con Cleopatra / Zwei Nächte mit Kleopatra – Liebesnächte mit Cleopatra (I)
P: Excelsa/Rosa, R: Mario Mattoli, D: Ruggero Maccari, K: Karl Strauss, Riccardo Palottini
Mit Sophia Loren (Kleopatra/Die Sklavin Nisca), Alberto Sordi, Ettore Manni, Paul Muller, Alberto Telegalli

Miseria e nobiltà / Die verkaufte Unschuld (I)
TV: »Arme Leute, reiche Leute«
P: Carlo Ponti und Dino De Laurentiis (für Excelsa), R: Mario Mattoli, D: nach einem Stück von Eduardo Scarpetta
Mit Totò, Sophia Loren (Gemma), Enzo Turco, Franca Faldini, Dolores Palumbo, Carlo Croccoli

Carosello napoletano / Karussell Neapel (I)
A: »Neapolitanisches Karussell«
P: Carlo Ponti (für Lux Film), R: Ettore Giannini, D: Ettore Giannini, Remigio De Grosso, Giuseppe Marotta nach der Bühnenversion von Ettore Giannini, K: Piero Portalupi, M: Raffaele Gervasio, Ch: Léonide Massine
Mit Paolo Stoppa, Clelia Matania, Sophia Loren (Sisina), Nadia Gray, Maria Fiore, Maria Pia Casilio, Folco Lulli, Yvette Chauviré, Léonide Massine

Attila – flagello di dio / Attila, die Geißel Gottes (I/F)
P: Carlo Ponti, Dino De Laurentiis und Giorgio Adriani (für Lux), R: Pietro Francisci, D: Ennio De Concini, Primo Zeglio, Ivo Perilli, Frank Gervasi, K: Aldo Tonti, Karl Strauss, M: Enzio Masetti
Mit Anthony Quinn, Sophia Loren (Honoria), Henri Vidal, Irene Papas, Ettore Manni

L'oro di Napoli / Das Gold von Neapel (Episode: Pizze a credito / Pizza auf Kredit) (I)
P: Carlo Ponti und Dino De Laurentiis, R: Vittorio De Sica, D: Cesare Zavattini, Vittorio De Sica, Giuseppe Marotta nach einem Roman von Giuseppe Marotta, K: Otello Martelli, M: Alessandro Cicognini
Mit Sophia Loren (Sofia), Giacomo Furia, Alberto Farnese

1955

Peccato che sia una canaglia / Schade, daß du eine Kanaille bist (I)
A: »Schade, daß sie eine Kanaille ist«
P: Documento Film, R: Alessandro Blasetti, D: Alessandro Continenza, Suso Cecchi D'Amico, Ennio Flaiano nach einer Geschichte von Alberto Moravia
Mit Sophia Loren (Lina Stroppiani), Vittorio De Sica, Marcello Mastroianni, Umberto Malmatti, Margherita Bagni

Il segno di Venere / Männer mögen's so (I)
A: »Im Zeichen der Venus«
P: Marcello Girosi (für Titanus/Gala), R: Dino Risi, D: Luigi Comencini, Franca Valeri, Agenoie Incrocci, Cesare Zavattini, Ennio Flaiano nach einer Erzählung von Anton Tschechow, K: Carlo Montuori, M: Renzo Rossellini
Mit Franca Valeri, Sophia Loren (Agnese), Raf Vallone, Vittorio De Sica, Alberto Sordi, Peppino De Filippo

La donna del fiume / Die Frau vom Fluß (I/F)
P: Carlo Ponti (für Excelsa und Les Films de Centaur), R: Mario Soldati, D: Basilio Franchina, Giorgio Bassani, Pier Paolo Pasolini, Florestano Vancini, Antonio Altoviti, Mario Soldati nach einer Idee von Ennio Flaiano und Alberto Moravia, K: Otello Martelli, M: Angelo F. Lavagnino, Armando Trovaioli
Mit Sophia Loren (Nives Mangolini), Rik Battaglia, Gérard Oury, Lise Bourdin, Enrico Olivieri

La bella mugnaia / Eine Frau für schwache Stunden (I)
P: Carlo Ponti und Dino De Laurentiis (für Titanus), R: Mario Camerini, D: Mario Camerini, Ennio De Concini, Alessandro Continenza, Ivo Perilli nach der Erzählung »Der Dreispitz« von Pedro Antonio de Alarcón y Ariza
Mit Sophia Loren (Die Müllerin Carmela), Marcello Mastroianni, Vittorio De Sica, Paolo Stoppa, Yvonne Sanson, Virgilio Riento

Pane, amore e… / Liebe, Brot und 1000 Küsse (I/F)
P: Marcello Girosi (für Titanus/S.G.C.), R: Dino Risi, D: Ettore Margadonna, Marcello Girosi, Vincenzo Talarico, Dino Risi, K: Giuseppe Rotunno, M: Gastone Medini
Mit Vittorio De Sica, Sophia Loren (Donna Sofia, die Aufschneiderin), Lea Padovani, Antonio Cifariello, Tina Pica

1956

La fortuna di essere donna / Wie herrlich, eine Frau zu sein (I/F)
P: Raymond Alexandre und Gianni Hecht (für Le Louvre/Documento), R: Alessandro Blasetti, D: Suso Cecchi D'Amico, Ennio Flaiano, Alessandro Continenza, Alessandro Blasetti, K: Otello Martelli, M: Alessandro Cicognini
Mit Sophia Loren (Antonietta Fallari), Marcello Mastroianni, Charles Boyer, Nino Besozzi, Titina De Filippo

1957

The Pride and the Passion / Stolz und Leidenschaft (USA)
P: Stanley Kramer (für United Artists), R: Stanley Kramer, D: Edna und Edward Anhalt nach dem Roman »Die Kanone« von C. S. Forester), K: Franz Planer, M: Georges Antheil
Mit Cary Grant, Sophia Loren (Juana), Frank Sinatra, Theodore Bikel, John Wengraf, Jay Novello, Philip van Zandt

Boy on a Dolphin / Der Knabe auf dem Delphin (USA)
P: Samuel G. Engel (für 20th Century Fox)), R: Jean Negulesco, D: Ivan Moffat, Dwight Taylor nach dem Roman von David Divine, K: Milton Krasner, M: Hugo Friedhofer
Mit Alan Ladd, Sophia Loren (Phädra), Clifton Webb, Laurence Naismith, Alexis Minotis, Jorge Mistral

Legend of the Lost / Die Stadt der Verlorenen (Pa/I)
P: Henry Hathaway und Robert Haggiag (für Batjac/Panama Inc./Dear Film), R: Henry Hathaway, D: Robert Presnell Jr., Ben Hecht, K: Jack Cardiff, M: A. Francesco Lavagnino
Mit John Wayne, Sophia Loren (Nita), Rossano Brazzi, Kurt Kaznar, Sonia Moser, Angela Portaluri

1958

Desire under the Elms / Begierde unter Ulmen (USA)
P: Don Hartman (für Paramount), R: Delbert Mann, D: Irwin Shaw nach dem Theaterstück von Eugene O'Neill, K: Daniel L. Fapp, M: Elmer Bernstein
Mit Sophia Loren (Anna), Burl Ives, Anthony Perkins, Frank Overton, Pernell Roberts, Anne Seymour

Houseboat / Hausboot (USA)
P: Jack Rose (für Paramount/Scribe), R: Melville Shavelson, D: Mel-

ville Shavelson, Jack Rose, K: Ray June, M: George Dunning
Mit Cary Grant, Sophia Loren (Cinzia Zaccardi), Martha Hyer, Eduardo Ciannelli, Harry Guardino

The Key / Der Schlüssel (GB)
P: Aubrey Baring und Carl Foreman (für Open Road), R: Carol Reed, D: Carl Foreman nach dem Roman »Stella« von Jan de Hartog, K: Oswald Morris, M: Malcolm Arnold
Mit William Holden, Sophia Loren (Stella), Trevor Howard, Oscar Homolka, Kieron Moore, Rupert Davies, Carl Möhner

1959
The Black Orchid / Die schwarze Orchidee (USA)
P: Carlo Ponti und Marcello Girosi (für Paramount), R: Martin Ritt, D: Joseph Stefano, K: Robert Burks, M: Alessandro Cicognini
Mit Sophia Loren (Rose Bianco), Anthony Quinn, Ina Balin, Jimmy Baird, Mark Richman

That Kind of Woman / So etwas von Frau (USA)
A: »Das Mädchen Kay«
P: Carlo Ponti und Marcello Girosi (für Paramount), R: Sidney Lumet, D: Walter Bernstein nach einer Geschichte von Robert Lowry (Remake von »Shopworn Angel«, 1928, nach dem Theaterstück »Private Pettigrew's Girl« von Dana Burnet), K: Boris Kaufman, M: Daniele Amfitheatrof
Mit Sophia Loren (Kay), Tab Hunter, George Sanders, Jack Warden, Barbara Nichols, Keenan Wynn

1960
Heller in Pink Tights / Die Dame und der Killer (USA)
P: Carlo Ponti und Marcello Girosi (für Paramount), R: George Cukor, D: Dudley Nichols, Walter Bernstein nach dem Roman von Louis L'Amour, K: Harold Lipstein, M: Daniele Amfitheatrof
Mit Sophia Loren (Angela Rossini), Anthony Quinn, Steve Forrest, Eileen Heckart, Edmund Lowe, Margaret O'Brien, Ramon Novarro

It Started in Naples / Es begann in Neapel (USA)
P: Jack Rose (für Paramount/Capri), R: Melville Shavelson, D: Melville Shavelson, Jack Rose, Suso Cecchi D'Amico nach einer Geschichte von Michael Pertwee und Jack Davies, K: Robert L. Surtees, M: Alessandro Cicognini

Mit Clark Gable, Sophia Loren (Lucia Curcio), Vittorio De Sica, Marietto, Paulo Carlini

Olympia – A Breath of Scandal / Prinzessin Olympia (I/USA)
A: »Olympia«
P: Carlo Ponti und Marcello Girosi (für Paramount/Titanus), R: Michael Curtiz, Mario Russo, D: Walter Bernstein, Sidney Howard (gest. 1939) nach der Komödie »Olympia« von Franz Molnár, K: Mario Montuori, M: Alessandro Cicognini
Mit Sophia Loren (Prinzessin Olympia), Maurice Chevalier, John Gavin, Isabel Jeans, Angela Lansbury, Roberto Risso, Friedrich Ledebur, Tullio Carminati, Milly Vitale, Adrienne Gessner

The Millionairess / Die Millionärin (GB)
P: Pierre Rouve und Dimitri de Grunwald (für 20th Century Fox), R: Anthony Asquith, D: Wolf Mankowitz nach dem Theaterstück von George Bernard Shaw, K: Jack Hildyard, M: Georges van Parys
Mit Sophia Loren (Epifania Parerga), Peter Sellers, Alastair Sim, Vittorio De Sica, Dennis Price, Gary Raymond, Alfie Bass, Miriam Karlin, Noel Purcell

La ciociara / Und dennoch leben sie (I/F)
A: »... und dennoch leben sie«
P: Carlo Ponti (für Champion/Les Films Marceau/Cocinor/S.G.C.), R: Vittorio De Sica, D: Cesare Zavattini, Vittorio De Sica nach dem Roman von Alberto Moravia, K: Gabor Pogany, M: Armando Trovaioli
Mit Sophia Loren (Cesira), Eleonora Brown, Jean-Paul Belmondo, Raf Vallone, Renato Salvatori

1961
El Cid / El Cid (USA/E)
P: Samuel Bronston und Robert Haggiag (für Bronston/Dear Film), R: Anthony Mann, D: Frederic M. Frank, Philip Yordan, K: Robert Krasker, M: Miklos Rosza
Mit Charlton Heston, Sophia Loren (Ximene), Raf Vallone, Geneviève Page, John Fraser, Gary Raymond, Herbert Lom, Hurd Hatfield, Massimo Serato, Fausto Tozzi

1962

Madame Sans-Gêne / Madame sans Gêne – Ungezähmte Cathérine (F/I/E)
P: Maleno Malenotti (für 20th Century Fox / Cine Alliance / Gesi / Champion/Agata), R: Christian-Jaque, D: Henri Jeanson, Ennio De Concini, Jean Ferry, Franco Solinas, Christian-Jaque nach dem Lustspiel von Victorien Sardou und Emile Moreau, K: Roberto Gerardi, M: Francesco Lavagnino
Mit Sophia Loren (Cathérine Huebscher), Robert Hossein, Julien Bertheau, Marina Berti, Carlo Giuffré

Boccaccio '70 / Boccaccio '70 (Episode: La riffa / Der Hauptgewinn) (I/F)
P: Antonio Cervo und Carlo Ponti (für 20th Century Fox/CCC/Cineriz/Francinex/Gray Films), R: Vittorio De Sica, D: Cesare Zavattini, inspiriert durch das »Dekameron« des Boccaccio, K: Otello Martelli
Mit Sophia Loren (Zoe), Luigi Giuliani, Alfio Vita

Five Miles to Midnight – Le couteau dans la plaie – La troisieme dimension – Il coltello nella piaga / Die dritte Dimension (USA/F/I)
P: Anatole Litvak, André Smagghe und Louis Wipf (für United Artists/Filmsonor/Dear Film), R: Anatole Litvak, D: Peter Viertel, Hugh Wheeler nach einer Idee von André Versini, K: Henri Alekan, M: Mikis Theodorakis
Mit Sophia Loren (Lisa Macklin), Anthony Perkins, Gig Young, Jean-Pierre Aumont, Yolande Turner, Tommy Norden

I sequestrati di Altona / Die Eingeschlossenen (I/F)
P: Carlo Ponti (für Titanus/S.G.C.), R: Vittorio De Sica, D: Cesare Zavattini, Abby Mann nach dem Schauspiel »Die Eingeschlossenen von Altona« von Jean-Paul Sartre, K: Roberto Gerardi, Sante Achilli, M: 11. Symphonie von Dmitrij Schostakowitsch
Mit Sophia Loren (Johanna), Maximilian Schell, Fredric March, Robert Wagner, Françoise Prévost

1963

Ieri, oggi e domani / Gestern, heute und morgen (I)
P: Carlo Ponti und Joseph E. Levine (für CCC/Concordia/Titanus), R: Vittorio De Sica, D: Eduardo De Filippo, Cesare Zavattini (die

2. Episode »Anna« nach einer Geschichte von Alberto Moravia), K: Giuseppe Rotunno, M: Armando Trovaioli
Mit Sophia Loren (Adelina Sbaratti, Anna Morteni, ein Callgirl), Marcello Mastroianni, Aldo Giuffré, Tina Pica, Giovanni Ridolfi, Armando Trovaioli

1964

The Fall of the Roman Empire / Der Untergang des römischen Reiches (USA/I)
P: Samuel Bronston, Michael Waszynski und Jaime Prades (für Bronston Prod./Roma Film), R: Anthony Mann, D: Ben Barzman, Basilio Franchina, Philip Yordan, K: Robert Krasker, John Moore, M: Dmitri Tiomkin
Mit Alec Guinness, Christopher Plummer, Stephen Boyd, James Mason, Sophia Loren (Lucilla), John Ireland, Eric Porter, Anthony Quayle, Mel Ferrer, Omar Sharif

Matrimonio all'italiana / Hochzeit auf italienisch (I/F)
P: Carlo Ponti und Joseph E. Levine (für Champion/Concordia), R: Vittorio De Sica, D: Eduardo De Filippo, Renato Castellani, Antonio Guerra, Leo Benvenuto, Pier de Benardi nach der Komödie »Filumena Marturano« von Eduardo De Filippo, K: Roberto Gerardi, M: Armando Trovaioli
Mit Sophia Loren (Filumena Marturano), Marcello Mastroianni, Aldo Puglisi, Tecla Scarano, Pia Lindstrom, Marilù Tolo, Vincenzo Alta

1965

Operation Crossbow / Geheimaktion Crossbow (GB/I)
P: Carlo Ponti (für MGM), R: Michael Anderson, D: Robert Imrie (Emeric Pressburger), Derry Quinn, Ray Rigby nach einer Geschichte von Duilio Coletti, K: Erwin Hillier, M: Ron Goodwin
Mit George Peppard, Tom Courtenay, John Mills, Sophia Loren (Nora), Lilli Palmer, Anthony Quayle, Patrick Wymark, Jeremy Kemp, Paul Henreid, Trevor Howard, Sylvia Syms, Richard Todd

Lady L / Lady L (USA/F/I)
P: Carlo Ponti (für Concordia/Champion/MGM), R: Peter Ustinov, D: Peter Ustinov nach dem Roman von Romain Gary, K: Henri Alekan, M: Jean Françaix

Mit Sophia Loren (Lady Luise Lendale), David Niven, Paul Newman, Peter Ustinov, Claude Dauphin, Philippe Noiret, Michel Piccoli, Marcel Dalio, Cecil Parker, Caterine Allegret, Eugène Deckers

1966

Judith / Judith (GB)
P: Kurt Unger und Phil Breen (für Paramount/Cumulus/Command), R: Daniel Mann, D: John Michael Hayes nach der Geschichte von Lawrence Durrell, K: John Wilcox, M: Sol Kaplan
Mit Sophia Loren (Judith), Peter Finch, Jack Hawkins, Hans Verner, Zaharia Charifai, Shraga Friedman, Joseph Gros, Zipora Peled

Arabesque / Arabeske (USA/GB)
P: Stanley Donen und Denis Holt (für Universal), R: Stanley Donen, D: Julian Mitchell, Stanley Price, Pierre Martin nach dem Roman »The Cipher« von Gordon Cotler, K: Christopher Challis, M: Henry Mancini
Mit Gregory Peck, Sophia Loren (Yasmin Azir), Alan Badel, Kieron Moore, Carl Duering

1967

A Countess from Hong Kong / Die Gräfin von Hongkong (GB)
P: Jerome Epstein (für Universal), R: Charles Chaplin, D: Charles Chaplin, K: Arthur Ibbetson, M: Charles Chaplin
Mit Marlon Brando, Sophia Loren (Natascha), Tippi Hedren, Patrick Cargill, Margaret Rutherford, Charles Chaplin, Sydney Chaplin, Oliver Johnston, John Paul

C'era una volta / Schöne Isabella (I/F)
A: »Bella Isabella«
P: Carlo Ponti (für Champion/Concordia), R: Francesco Rosi, D: Tonino Guerra, Raffaele La Capria, Giuseppe Patroni Griffi, Francesco Rosi, K: Pasquale De Santis, M: Piero Piccioni
Mit Sophia Loren (Isabella Candeloro), Omar Sharif, Dolores Del Rio, Georges Wilson, Leslie French

1968

Questi fantasmi / Die Über-Sinnliche (I/F)
A: »Die Übersinnliche«
P: Carlo Ponti (für Champion/Les Films Corona), R: Renato Castel-

lani, D: Renato Castellani, Adriano Barracco, Leo Benvenuti, Piero De Bernardi nach dem gleichnamigen Stück von Eduardo De Filippo, K: Tonino Delli Colli, M: Luis Enriquez Bacalov
Mit Sophia Loren (Maria Lojacono), Vittorio Gassman, Mario Adorf, Margaret Lee, Aldo Giuffré

1970

I girasoli / Sonnenblumen (I/F)
P: Carlo Ponti, Arthur Cohn und Joseph E. Levine (für Avco Embassy/Champion/Mosfilm/Concordia), R: Vittorio De Sica, D: Antonio Guerra, Cesare Zavattini, Georgij Mdivani
Mit Sophia Loren (Giovanna), Marcello Mastroianni, Ljudmila Sawaljewa, Galina Andrejewa, Anna Carena, Germano Longo

1971

La moglie del prete / Die Frau des Priesters (I/F)
P: Carlo Ponti, Pio Angeletti und Adriano de Micheli (für Champion/P.E.C.F), R: Dino Risi, D: Ruggero Maccari, Bernardino Zapponi, Dino Risi, K: Alfio Contini, M: Armando Trovaioli
Mit Sophia Loren (Valeria Billi), Marcello Mastroianni, Venantino Venantini, Jacques Stany, Pippo Starnazza

La mortadella / Mortadella (I/F)
P: Carlo Ponti (für Champion/Concordia), R: Mario Monicelli, D: Suso Cecchi D'Amico, Mario Monicelli, Ring Lardner jr., K: Alfio Contini, M: Lucio Dalla, Rosalino Cellamore
Mit Sophia Loren (Maddalena Ciarrapico), William Devane, Luigi Proietti, Beeson Carroll, Maria Luisa Sala

Bianco, rosso e... / Die Sünde (I/F/E)
P: Carlo Ponti und Gianni Checci (für Champion/Concordia/Columbia/Midega/C.I.P.), R: Alberto Lattuada, D: Iaia Fiastri, Alberto Lattuada, Tonino Guerra, Ruggerino Maccari, K: Alfio Contini, M: Fred Bongusto
Mit Sophia Loren (Schwester Germana), Adriano Celentano, Fernando Rey, Juan Luis Gagliardo, Luis Marin, Tina Aumont, Alessandra Mussolini

1972

Man of La Mancha / Der Mann von La Mancha (USA/I)
P: Alberto Grimaldi und Saul Chaplin (für United Artists/P.E.A),

R: Arthur Hiller, D: Dale Wasserman nach seinem Fernsehspiel »I, Don Quixote« und seinem Musical »Man of La Mancha«, K: Goffredo Rotunno, M: Mitch Leigh, Gesangstexte: Joe Darion, ML: Laurence Rosenthal
Mit Peter O'Toole, Sophia Loren (Dulcinea/Aldonza), James Coco, Harry Andrews, John Castle, Brian Blessed, Ian Richardson

1974
Il viaggio / Die Reise nach Palermo (I/F)
P: Carlo Ponti und Turi Vasile (für Champion/Capac), R: Vittorio De Sica, D: Diego Fabbri, Massimo Franciosa, Luisa Montagnana nach dem Roman von Luigi Pirandello, K: Ennio Guarnieri, M: Manuel De Sica
Mit Sophia Loren (Adriana Di Mauro), Richard Burton, Ian Bannen, Barbara Pilavin, Annabella Incontrera

Verdict / Das Urteil (F/I)
P: Carlo Ponti und Jacques Bourdon (für Concordia/P.E.C.F./CCC), R: André Cayatte, D: André Cayatte, Henri Coupon, Pierre Dumayet, Paul Andreota nach dem Roman von Henri Coupon, K: Jean Badal, M: Loui-guy
Mit Jean Gabin, Sophia Loren (Teresa Leoni), Henri Garcin, Julien Bertheau, Michel Albertini, Gisèle Casadessus

La pupa del gangster / Die Puppe des Gangsters (I)
P: Carlo Ponti (für Champion), R: Giorgio Capitani, D: Ernesto Gastaldi nach dem Roman von Cornel Woolrich, K: Alberto Spagnoli, M: Piero Umiliani
Mit Sophia Loren (Pupa), Marcello Mastroianni, Aldo Maccione, Pierre Brice, Dalila Di Lazzaro

1975
Un sorriso, uno schiaffo, un bacio in bocca (I)
Filmmontage mit Sequenzen aus *Il segno di Venere*, *La bella mugnaia*, *Pane, amore e…* , *La ciociara*

1977
The Cassandra Crossing / Cassandra Crossing – Treffpunkt Todesbrücke (USA/I/D)
P: Lew Grade, Wolfdieter von Stein und Carlo Ponti (für

AGF/CCC/International Cine), R: George Pan Cosmatos, D: Tom Mankiewicz, Robert Katz, George Pan Cosmatos, K: Ennio Guarnieri, M: Jerry Goldsmith
Mit Sophia Loren (Jennifer Chamberlain), Richard Harris, Ava Gardner, Burt Lancaster, Martin Sheen, Ingrid Thulin, Lee Strasberg, John Phillip Law, Lionel Stander, Ann Turkel, O.J.Simpson, Alida Valli

Angela / Angela (CDN)
P: Zev Braun und Benjamin (für Classic), R: Boris Sagal, D: Charles E. Israel, K: Marc Champion, Henry Mancini
Mit Sophia Loren (Angela Kincaid), John Vernon, John Huston, Steve Railsback

Una giornata particolare (I/CDN)
A und TV: »Ein besonderer Tag«
P: Carlo Ponti (für Champion/Canafox), R: Ettore Scola, D: Ettore Scola, Ruggero Maccari, Maurizio Constanzo, K: Pasqualino De Santis, M: Armando Trovaioli
Mit Sophia Loren (Antonietta), Marcello Mastroianni, John Vernon, Françoise Berd, Antonio Garibaldi

1978

Fatto di sangue fra due uomini per causa di una vedova, si sospettano moventi politici (I)
TV: »Blutfehde«
P: Harry Colombo (für HPH), R: Lina Wertmüller, D: Lina Wertmüller, K: Tonino Delli Colli, M: Nando De Luca, Dangio De Luca
Mit Sophia Loren (Titina Paternò), Marcello Mastroianni, Giancarlo Giannini, Turi Ferro

Brass Target / Verstecktes Ziel (USA)
P: Arthur Lewis (für MGM), R: John Hough, D: Alvin Boretz nach dem Roman »The Algonquin Project« von Frederick Nolan, K: Tony Imi, M: Laurence Rosenthal
Mit Sophia Loren (Deana), John Cassavetes, George Kennedy, Max von Sydow, Patrick McGoohan, Robert Vaughn, Bruce Davidson, Heinz Bennent, Brad Harris

1979

Firepower / Firepower (GB)

P: Sir Lew Grade und Michael Winner (für ITC), R: Michael Winner, D: Gerald Wilson nach einer Geschichte von Michael Winner und Bill Kerby, K: Robert Paynter, Dick Kratina, Richard Kline, M: Gato Barbieri

Mit Sophia Loren (Adele Tasca), James Coburn, Eli Wallach, Anthony Franciosa, O.J.Simpson, George Grizzard, Vincent Gardenia, Victor Mature

1995

Prêt-à-porter (USA)

P: Robert Altman, Scott Bushnell und Jon Kilik (für Miramax Film International), R: Robert Altman, D: Robert Altman, Barbara Shulgasser, K: Pierre Mignot, Jean Lépine, M: Michel Legrand

Mit Marcello Mastroianni, Sophia Loren (Isabella de la Fontaine), Jean-Pierre Cassel, Anouk Aimée, Lauren Bacall, Kim Basinger, Rupert Everett, Teri Garr, Ute Lemper, Chiara Mastroianni, Sam Robarts, Julia Roberts, Jean Rochefort, Tracey Ullman

Fernsehen

Die deutschen Titel werden
nach dem Originaltitel genannt.
V = Videotitel

1974

Brief encounter / Flüchtige Begegnung (GB/I)
P: Carlo Ponti und Sir Lew Grade (für Transcontinental), R: Alan Bridges, D: John Bowen nach dem Stück von Noël Coward, K: Arthur Ibbelson, M: Cyril Ornadel
Mit Richard Burton, Sophia Loren (Anna Jesson), Jack Hedley, Rosemary Leach, Gwen Cherell, Madeline Hinde, Christopher Benjamin, David Cook

1980

Sophia Loren: Her Own Story / Sophia Loren: Mein Leben (USA/GB)
P: Peter Katz und Alex Ponti (für NBC), R: Mel Stuart, D: Basilio Franchina, Mark Princi, Sophia Loren nach einer Idee von Joanna Crawford und der Autobiographie »Sophia: Living and Loving« (gemeinsam mit A. E. Hotchner), K: Alberto Sagnoli
Mit Sophia Loren (Romilda Villani/Sophia), Armando Assante, Edmund Purdom, John Gavin, Rip Torn, Ritza Braun, Anna Miserocchi

1985

Aurora – Qualcosa di biondo / Aurora (USA/I)
P: Carlo Ponti (für Roger Gimbel Productions/Peregrine Producers Group/Sacis), R: Maurizio Ponzi
Mit Sophia Loren (Aurora), Daniel J. Travanti, Edoardo Ponti, Philippe Noiret, Angela Goodwin, Ricky Tognazzi

Viva Sophia (I)
Dreiteiler, R: Stefano Ferrari

1986

Courage / Mit dem Mut der Verzweiflung – Courage (USA)
V: »Drug Fighter«
P: Highgate Pictures/New World Television, R: Jeremy Paul Kagan

Mit Sophia Loren (Courage), Billy Dee Williams, Hectore Elizondo, Val Avery, Mary McDonnell, Dan Hedaya

1988
Mamma Lucia – The Fortunate Pilgrim / Mamma Lucia (I/USA)
P: Alex Ponti und Carlo Ponti, R: Stuart Cooper, D: Mario Puzo
Mit Sophia Loren (Lucia), Edward James Olmos, John Turturro, Anna Strasberg, Annabella Sciorra

1989
La ciociara / Cesira – Eine Frau besiegt den Krieg (I/D/E)
R: Dino Risi
Mit Sophia Loren (Cesira), Andrea Occhipinti, Sydney Penny

1991
Sabato, domenica e lunedì / Samstag, Sonntag, Montag (I)
P: Alex Ponti, R: Lina Wertmüller, D: nach der Komödie von Eduardo De Filippo
Mit Sophia Loren (Donna Rosa Priore), Luca De Filippo, Pupella Maggio, Alessandra Mussolini

Auszeichnungen und Preise
(Auswahl)

1956 Beste Darstellerin beim Filmfestival in Buenos Aires für *Peccato che sia una canaglia*

1958 Japanischer Oscar für *The Key*

1959 Coppa Volpi bei der Mostra di Venezia für *The Black Orchid*
David di Donatello beim Filmfestival in Taormina für *That Kind of Woman*

1961 Beste Darstellerin beim Filmfestival in Cannes für *La ciociara*

1962 Oscar für *La ciociara* – sowie Golden Globe, Golden Laurel von Santiago, Preis der British Film Academy und 14 weitere internationale Preise

1964 David di Donatello und Golden Globe für *Ieri, oggi e domani*

1965 David di Donatello, Golden Globe für *Matrimonio all'italiana*
Alexander-Korda-Preis des British Film Institute als internationaler Star des Jahres

1969 Diplom der UdSSR als beste ausländische Darstellerin für *Matrimonio all'italiana*

1970 David di Donatello für *I girasoli*

1972 Helen-Curtiz-Preis, USA

1974 David di Donatello für *Il viaggio*

1986 Premio Simpatia

1987 Maschera d'oro

1988 Christopher Columbus Award für ihren Beitrag zu den italo-amerikanischen Beziehungen
Telegatto
Premio Napoletani illustri

1989 Premio Fiuggi

1991 Honorary Award der Academy of Motion Picture Arts & Sciences (Ehren-Oscar)
César für das Lebenswerk
Mitglied der französischen Ehrenlegion

1995 Golden Globe für das Lebenswerk

sowie

1960
bis
1968 achtmal Bambi als beliebteste ausländische Schauspielerin in der BRD

Bibliographie

Allegri, R., *La vera storia di Maria Callas,* Milano, Mondadori, 1991.

Aristarco, G., *Il mito dell'attore,* Bari, Dedalo, 1983.

Aspesi, N., *Il lusso e l'anarchia,* Milano, Rizzoli, 1982.

Bertoldi, S. *Dopoguerra,* Milano, Rizzoli, 1993.

Bocca, G., *Miracolo all'italiana – Italiani Avanti!,* Milano 1962.

Brunetta, G. P., *Cent'anni di cinema italiano,* Bari, Laterza, 1991.

Cafagna, L., *La grande slavina,* Venezia, Marsilio, 1993.

Carrano, P., *Sophia Loren,* in *Le Dive,* Bari, Laterza, 1985.

Castel Chiarelli, C., *Maria Callas*, Venezia, Marsilio, 1982.

Castello, G. C., *Il Divismo,* Torino, ERI, 1957.

Cederna, C., *Nostra Italia del miracolo,* Milano, Longanesi, 1980. In Deutsch: *Reise in die Geheimnisse Italiens,* Freiburg im Breisgau, Beck & Glückler, 1985.

Cinti, S., *Dizionario mitologico,* Milano, Sonzogno, 1989.

De Giorgio, M., *Le italiane dall'unità ad oggi,* Bari, Laterza, 1992.

Duerr, H. P., *Nudità e vergogna,* Venezia, Marsilio, 1991. In Deutsch: »Der Mythos vom Zivilisationsprozeß«, Bd. 1: *Nacktheit und Scham*, Frankfurt/M., Suhrkamp 1988.

Faldini, F. / Fofi, G., *L'avventurosa storia del cinema italiano,* Milano, Feltrinelli, 1980.

Giardina, R., *In difesa delle donne rosse,* Milano, Rizzoli, 1988.

Guareschi, G., *Chi sogna nuovi gerani?*, Milano, Rizzoli, 1992.

Hotchner, A. E. *Living and loving*, New York, William Morrow and Company, Inc., 1979. In Deutsch: *Sophia Loren. Leben und Lieben*, Wien, München, Zürich, Innsbruck, Molden, 1979.

La Capria, R., *L'armonia perduta,* Milano, Mondadori, 1986.

Lanaro, S., *Storia dell'Italia repubblicana,* Venezia, Marsilio, 1992.

Loren, S., *Women Beauty*, New York, William Morrow and Company, Inc., 1984.

Lucherini, E. / Spinola, M., *C'era questo, c'era quello*, Milano, Mondadori, 1984.

Masi, S. / Lancia, E., *Sophia Loren,* Roma, Gremese, 1985.

Mida, M. / Quaglietti, L., *Dai telefoni bianchi al neorealismo,* Bari, Laterza, 1980.

Mirti, G., *Astrologia e seduzione,* Milano, Rizzoli, 1989.

Patellani, F., *La più bella sei tu,* Milano, Editrice Magma, 1979.

Pellizzari, L., *Cineromanzo. Il cinema italiano 1945–1955*, Milano, Longanesi, 1978.
Petacco, A., *La regina del Sud*, Milano, Mondadori, 1992.
Pirro, U., *Celluloide*, Milano, Rizzoli, 1983.
Pizzetti, S., *I rotocalchi e la storia,* Roma, Bulzoni, 1982.
Pulcini, E., *Amour-Passion e amore coniugale,* Venezia, Marsilio, 1990.
Quaglietti, L., *Storia economico-politica del cinema italiano 1965–1980,* Bari, Laterza, 1980.
Ramperti, M., *L'alfabeto delle stelle,* Palermo, Sellerio, 1981.
Rea, D., *Ninfa plebea*, Milano, Leonardo, 1993.
Romano, S., *Don Achille 'o comandante,* Milano, Sperling & Kupfer, 1992.
Sartori, C., *La fabbrica delle stelle,* Milano, Mondadori, 1983.
Scalfari, E., *La sera andavamo a via Veneto*, Milano, Mondadori, 1986.
Sorcinelli, P., *Eros – Storie e fantasie degli italiani dall'Ottocento a oggi,* Bari, Laterza, 1993.
Turone, S., *Corrotti & corruttori dall'Unità d'Italia alla P2,* Bari, Laterza, 1984.
Vené, G. F., *Vola colomba,* Milano, Mondadori, 1990.

Außerdem wurden für diese Darstellung Bücher von B. Dijkstra, S. Ford, Nancy Friday, Gomez de la Serna, George Herman, H. Kaufman / G. Lerner, Jacques Le Goff, A. Marwick, D. Steernberg, Gore Vidal und B. P. F. Wanroij herangezogen.

Namenregister